Erwin Seitz
Kunst der Gastlichkeit

22 Anregungen
aus der deutschen Geschichte
und Gegenwart

Insel Verlag

Erste Auflage 2015
© Insel Verlag Berlin 2015
Alle Rechte vorbehalten, insbesondere das der Übersetzung,
des öffentlichen Vortrags sowie der Übertragung
durch Rundfunk und Fernsehen, auch einzelner Teile.
Kein Teil des Werkes darf in irgendeiner Form
(durch Fotografie, Mikrofilm oder andere Verfahren)
ohne schriftliche Genehmigung des Verlages reproduziert
oder unter Verwendung elektronischer Systeme verarbeitet,
vervielfältigt oder verbreitet werden.
Satz: Satz-Offizin Hümmer GmbH, Waldbüttelbrunn
Druck: Pustet, Regensburg
Printed in Germany
ISBN 978-3-458-17642-8

Meiner Mutter
Franziska Seitz

Inhalt

An den Leser

Von alters her ist Gastlichkeit ein Laboratorium des Guten und Menschlichen. Leute, die sich mehr oder minder nahe sind, lassen sich für eine Weile aufeinander ein – ein heiteres Spiel, ein Geben und Nehmen, nicht frei von Überraschungen. Unerwartete Freude mag einem der Gastraum bereiten, die Folge der Speisen und das Gespräch. Gast wie Gastgeber erleben wonnige Momente, Freimütigkeit, Geborgenheit. Jeder fühlt sich irgendwie verwandelt und kann sagen: Hier darf ich Mensch sein.

Gastlichkeit ist ein Geschenk des Gastgebers, für das sich der Gast auf irgendeine Art bedankt. Es entsteht eine Atmosphäre des gegenseitigen Wohlverhaltens; alle sollen sich als Gemeinschaft empfinden und sich miteinander einen guten Tag machen. Tatsächlich gehen bedeutende Dinge vor sich, indem der Gast mit Grundgütern des Lebens versorgt wird: Er erhält Nahrung und ein Dach über dem Kopf; er erlebt Respekt, wenn nicht Großzügigkeit und Freundschaft. Alle Beteiligten können ein neues Zutrauen gewinnen: zum Leben, zum anderen und zu sich selbst.

In frühgeschichtlicher Zeit, als noch nicht so viele Menschen unterwegs waren, fand Gastlichkeit fast nur privat oder öffentlich bei Hofe statt; sei es aus religiös gebotenem Mitgefühl für den mittellosen Fremden, sei es aus Diplomatie gegenüber einer hohen Standesperson. Im beginnenden Mittelalter gab es hierzulande kaum Schenken und Herbergen. Die Reisenden erhielten entweder in fürstlichen Pfalzen und ländlichen Herrenhöfen oder in Klöstern entsprechende Verpflegung und Unterkunft. Erst mit wachsendem Wohlstand nahm neben der mildtätigen Gastfreundschaft oder höfischen Bewirtung die gewerbliche Gastlichkeit zu und eröffnete neue Möglichkeiten.

Der Blick in die Geschichte kann die Merkmale der Gastlichkeit besser erhellen als abstrakte Definition. Was sich in ihr, der Historie, bewährt, kann so falsch nicht sein. Das Buch schildert weniger das moralische Gebot der Gastlichkeit, als vielmehr ein ästhetisches Phänomen: die Kunst der Gastlichkeit, das Können des Connaisseurs, überhaupt das Delikate und Entzückende. Das Augenmerk richtet sich nicht so sehr auf ältere Normen höfischer Bewirtung; es liegt vielmehr auf Entwicklungen, die zu bürgerlicher Gastfreundschaft führen sowie zu gewerblicher Gastronomie. Es geht nicht um eine erschöpfende Geschichte des Themas, sondern um Stichproben, die lohnend sind.

Eine Betrachtung deutscher Gastlichkeit von den Urzeiten bis heute gibt es bisher nicht, vielleicht auch deshalb, weil diese Tradition unterschätzt wird. Immerhin war in jüngerer Zeit das Motto der Fußballweltmeisterschaft in Deutschland 2006, »Die Welt zu Gast bei Freunden«, ersonnen von dem Österreicher André Heller, ein gelungener Coup. Der Begriff des Deutschen soll hier nicht allzu eng gemeint sein, sondern auch die Vor- und Frühgeschichte einbeziehen, um die allmähliche Entfaltung des Gastlichen nördlich der Alpen vor Augen zu führen und dem Land in dieser Sache eine Geschichte zu geben: Anregungen, die über die Zeit hinaus reizvoll sind.

Das Buch ist sowohl eine Kulturgeschichte – eine Erkundung der musisch-zivilen Entwicklung der Deutschen – als auch eine Gastrosophie: eine Lehre von gutem Essen und Trinken und von Geselligkeit. Eingeschlossen ist eine Hommage an Europa und an die frühen Einflüsse aus dem Vorderen Orient. Gastlichkeit ist kein Phänomen, das sich nur national erklären ließe. Dahinter steckt auch eine menschheitsgeschichtliche, anthropologische Dimension.

Die Darstellung entwischt aber auch der Geschichte und geht auf die Praxis der Gegenwart ein, schlägt Brücken von der Vergangenheit ins Heute und Morgen, schaut sich um, was im Augenblick passiert, wie der Tisch gedeckt, wie das Menü komponiert wird, wie sich die Leute unterhalten, kurzum, worauf es denn eigentlich ankommt, wenn Gastlichkeit entzücken soll.

Mein Buch »Die Verfeinerung der Deutschen« hat das Thema der Gastlichkeit bereits berührt, rückte es jedoch nicht ins Zentrum. Es ergab sich wie von selbst, das Profil dieses Stoffes in einem neuen Buch zu schärfen. Der eine oder andere Gesichtspunkt findet sich da wie dort, doch stets in etwas anderer Beleuchtung. Verfeinerung und Gastlichkeit lassen sich halt nicht ganz voneinander trennen.

Erwin Seitz   *Berlin, im Sommer 2015*

Einleitung

ERFINDUNG DER GASTLICHKEIT

Seit sich die Spezies des Menschen entwickelt, rangeln zwei starke Gene in der menschlichen Brust: das eigensüchtige – und das soziale. Das erstere rührt daher, dass der Mensch seinem Ursprung nach ein wildes Tier ist, das auf die Jagd geht und Beute macht. Auch das Zusammenleben untereinander war von Strategien des Hetzens bestimmt: Konkurrenz, Gewaltbereitschaft, Überleben des Stärkeren. Steven Pinker zeichnet in seinem Buch über »Gewalt« ein solches Bild – und ein Gegenbild.

Der moderne Mensch, der Homo sapiens, wörtlich der wissende Mensch, trat vor rund zweihunderttausend Jahren auf die Bühne und erreichte seine jetzige äußere Form: den aufrechten Gang für die gute Übersicht, ein hochgebautes Gehirn für neue Denkmöglichkeiten, verbesserte Stimmbänder, die eine komplexe Sprache erlaubten, und geschickte Hände für das Handwerk. Neben dem ichbezogenen Gen festigte die Natur im Homo sapiens mehr und mehr das soziale, weil es sich immer häufiger als lebenstüchtiger erwies: mit Fähigkeiten wie Einfühlungsgabe, Selbstbeherrschung, Mäßigung, Verständigung, Verfeinerung.

Vor rund hunderttausend Jahren wanderte der Homo sapiens von Afrika über den Nahen Osten auch nach Europa aus. Die Einwanderer waren noch Steinzeitmenschen und erlebten in den nördlichen Breiten die letzte Eiszeit. An den Randzonen von Eis und Schnee gab es kurze Sommer und üppige Graslandschaften, wo man Mammuts oder Rentiere jagen konnte, auch hierzulande auf der Schwäbischen Alb. Dortige Höhlenfunde, die rund vierzigtausend Jahre alt sind, bezeugen die ersten figürlichen Kunstwerke: etwa geschnitzte Mammuts aus Mammutelfenbein, ebenso Flöteninstrumente. Man veranstaltete vermutlich frühe Feste mit Musik und Tanz. Rhythmische Klänge, vergorene Beerenfrüchte und reichliches Mammutfleisch dürften so besänftigend wie berauschend gewesen sein und das Gemeinschaftsgefühl gestärkt haben.

Überschaubare Gruppen von zwanzig bis zweihundert Menschen schlossen sich mit Hilfe gastlicher Rituale zu größeren Verbänden zusammen. Der Bau der berühmten Kultanlage von Göbekli Tepe im Osten der heutigen Türkei wurde vor rund zwölftausend Jahren von Jägern und Sammlern begonnen. Unmöglich, dass eine einzelne Sippe in der Lage gewesen wäre, diese kolossale Kultstätte auf einem Höhenkamm emporwachsen zu lassen: mit Kreisen aus meterhohen Steinpfeilern. Die Bildreliefs darauf lassen noch keine Haustiere erkennen, sondern wilde Tiere und Fabelwesen.

Bereits dieser Beginn der Künste: der Steinbaukunst, der bildenden Kunst, der Kunst der Gastlichkeit, der Musik und des Tanzes, kam einer Zäsur in der menschlichen Entwicklung gleich – und mit dem Ende der letzten Eiszeit, als die Kultanlage von Göbekli Tepe fertig wurde, erfolgte die nächste Umwälzung: die Erfindung der Landwirtschaft mit Haustieren und Ackerbau.

In Göbekli Tepe pflegten die Jäger und Sammler bei Festen üppig zu schmausen, wie es Berge von Tierknochen bezeugen. Es blieb gar nichts anderes übrig, als mit der Zeit wilde Tiere zu zähmen und zu züchten, um den großen Bedarf an Fleisch bei bestimmten Feierlichkeiten zu decken. Der sogenannte Fruchtbare Halbmond wurde zum Ursprungsgebiet von Viehzucht und Ackerbau: mit Mesopotamien, dem Land zwischen Euphrat und Tigris im heutigen Irak, mit dem östlichen Teil der Türkei, Syriens und Palästinas, sich ausdehnend bis nach Ägypten. Die wichtigste Frucht des Ackers stellte das Getreide dar: für Getreidebrei, Brot und Bier.

Eine weitere Umwälzung ließ nicht lange auf sich warten. Auf der Grundlage reicherer Ernährung und vielseitigerem Handwerk entstanden in Mesopotamien vor rund fünftausend Jahren die ersten wirklich großen Städte und Königreiche. Es gab auf diese Art nicht zwei, sondern drei menschliche Urveränderungen: erstens den Beginn von Kunst und Gastlichkeit vor rund vierzigtausend Jahren; zweitens die Erfindung der Landwirtschaft mit Viehhaltung und Ackerbau vor rund zwölftausend Jahren; drittens die Gründung von Städten und Stadtstaaten vor rund fünftausend Jahren.

Weiter im Osten, zwischen dem Jangtse und dem Gelben Fluss im heutigen China, passierte dasselbe, nur ein wenig später. Jan Morris stellt in seinem Buch »Wer regiert die Welt?« diese zwei zivilisatorischen Ur-Pole vor und vergleicht sie miteinander: den »Westen«, der aus dem Fruchtbaren Halbmond hervorgeht, und den »Osten«, der sich zwischen dem Jangtse und dem Gelben Fluss herausbildet, ohne dass dabei allzu große Unterschiede bemerkbar wären. Die Menschen waren in unterschiedlichen Regionen der Welt ähnlich einfallsreich, wenngleich zeitlich leicht versetzt. Hermann Parzinger dehnt in seinem Buch »Die Kinder des Prometheus« den Blick auf alle Kontinente aus, um die vor- und frühgeschichtliche Entwicklung der Menschheit zu erkunden.

Der Prozess der Befriedung und Zivilisation erfuhr mit der Gründung der ersten Städte in Mesopotamien einen entscheidenden Schub. Uruk wurde zur ersten großen Stadt im »Westen«, es folgten Ur, Babylon, Assur. Die Gastlichkeit bildete von nun an feinere Formen aus und wurde regelrecht zu einem Instrument der Staatskunst. Ein beeindruckendes Zeugnis davon gibt die »Standarte von Ur«, die im Grab einer Königin aus der Zeit zwischen 2600 und 2400 v. u. Z. gefunden wurde und sich heute im Britischen Museum in London befindet. Es handelt sich um eine Holztafel, die auf beiden Seiten mit Mosaiken bebildert ist. Die zwei Seiten der Tafel verdeutlichen die wesentlichen Züge königlicher Herrschaft: hier militärische Gewalt – dort höfische Kultur.

Auf der einen Seite marschiert in drei Reihen die Armee auf, angeführt vom König. Auf der anderen Seite erscheinen in zwei Reihen die Bürger, die Steuern und verschiedene Naturalien, Ziegen, Schafe und Rinder, am königlichen Hof abgeben. Darüber, in der dritten Reihe, thront der König und veranstaltet für sein nächstes Gefolge, wohl vornehme Krieger, Beamte und Priester, ein Gastmahl. Niemand trägt irgendwelche Waffen, alle erscheinen in Zivil, sitzen bequem auf Stuhlsesseln, erhalten von Dienern die Trinkbecher, während ein Musiker auf der Leier spielt. Die Herren prosten sich zu und entfalten eine kultivierte Aura. Ähnliche Szenen erlebt man heute noch bei einem Staatsbankett: Der Gastgeber erhebt das Glas, alle Gäste erheben ebenfalls das Glas und bekunden ihre Verbundenheit. Man trinkt gemeinsam und fühlt sich beschwingt.

Mit solchen Vergnügungen band seinerzeit der Herrscher seine Gefolgschaft an sich und hielt sie bei guter Laune. Noch war es offenbar bloß die höfische Gesellschaft, welche die neuen Güter der Zivilisation verschmausen konnte; doch der Kreis der Leute, die Gastlichkeit pflegten, wuchs. Es war von Anfang an nicht nur der Königshof, sondern auch der Kommerz, der den Prozess der Befriedung und Zivilisation voranbrachte. Obwohl alle Bewohner des Landes unfreie Untertanen des Königs waren, gab es in den Städten schon so etwas wie eine bürgerliche Oberschicht.

Ein Handelsarchiv aus Tontafeln, das aus der Zeit um 2000 v. u. Z. in der vorderasiatischen Stadt Kanīš gefunden wurde, gibt Aufschluss über die Gruppe der Fernkaufleute. Händler aus Assur am Tigris unterhielten in Kanīš, rund tausend Kilometer vom Heimatort entfernt, eine Handelsstation, geschützt von den lokalen Machthabern. Aus den Befunden geht hervor, dass die Geschäftsleute ihren Handel privat und auf eigenes Risiko betrieben, ohne durch irgendeinen Palast gedeckt zu sein. Neben Handelsbriefen und Transportverträgen gab es auch bereits Krediturkunden.

Die Kaufleute wollten ihre Handelspartner zufriedenstellen und auf Dauer gute Geschäfte machen. Es kam darauf an, Einfühlungsgabe zu entwickeln, sich Manieren anzueignen, Vertrauen zu schaffen und aufgeschlossen gegenüber dem Fremden zu sein. Die Händler aus Assur heirateten schließlich auch Frauen aus Kanīš und trugen so oder so das ihrige zu friedlichen Verflechtungen bei. Neben der höfischen Gesellschaft war es von jeher die wohlhabende bürgerliche Schicht, die den Vorgang der Verfeinerung förderte: sei es im Hinblick auf das soziale Verhalten, sei es im Hinblick auf die materielle Kultur. Wo die Fernhändler auftraten, blühte die private wie die gewerbliche Gastlichkeit auf, entstanden Schenken und Herbergen.

Etwa in derselben Periode, in der die Standarte von Ur gefertigt wurde, regierte in Uruk König Gilgamesch, wie es aus Königslisten hervorgeht. Er war vermutlich die historische Ursprungsgestalt für das Gilgamesch-Epos: das erste Epos der Weltliteratur. Vorläufig wohl nur mündlich überliefert, konnten aus der Periode zwischen 1800 und 1600 v. u. Z. bereits größere Fragmente in Keilschrift gefunden werden, während der Haupttext zwischen 700 und 600 v. u. Z. in Ninive niedergeschrieben wurde.

Auch dieses Werk beleuchtet die eminente Rolle der Gastlichkeit bei der Entstehung der Zivilisation, eng verknüpft mit der Galanterie. König Gilgamesch und sein Gefährte Enkidu sind die männlichen Helden: ruhm- und ehrsüchtige Kraftprotze. Sie werden, soweit möglich, von Frauen gezähmt und gemäßigt: bemerkenswerterweise auch von einer Dirne und einer Schenkin, wobei die Grenzen zwischen Priesterin, Palast- und Haremsdame, Kultdirne, Dirne und Schenkin fließend waren.

Schamchat, die Dirne am königlichen Hof in Uruk, wird in die Steppe geschickt, um den wilden Enkidu für die Zivilisation zu gewinnen, damit er der Beschützer des Königs werde. Schamchat schafft es, indem sie sage und schreibe sieben Tage und Nächte lang mit diesem Kraftpaket schläft und die Liebe genießt. Zu guter Letzt macht sie ihm die Vorzüge des städtischen Lebens schmackhaft: »Komm, Enkidu, zum Hürden-Uruk, / wo die jungen Männer (schon schöne) Gürtel tragen. / Tagtäglich wird dort ein Fest gefeiert, / wo ständig die Trommeln laut dröhnen / – und die Dirnen sind von vollkommener Schönheit, / geschmückt mit Liebreiz, voll der Freunden.«

Uruk, die erste größere Stadt der Menschheit, lockt mit ungeahnter materieller Kultur und raffinierten Vergnügungen: mit Palästen und Bürgerhäusern, Sälen und Schlafgemächern, duftendem Zedernholz und Gold, bequemen Sesseln und weichen Betten, Badehäusern und wohlriechenden Ölen, Festgewändern und Gürteln, Schmuck aus Bernstein und Elfenbein, gebackenem Brot und Butter, geröstetem Fleisch, Körben voll Datteln, Bier und Wein.

Später, als Enkidu stirbt, ist König Gilgamesch außer sich; er will selbst nach dem ewigen Leben und dem Totenreich suchen und unsterblich werden. Er irrt endlos umher, bis an die Ränder der damals bekannten Welt, und trifft schließlich auf Siduri, »die Schenkin, die am flachen Gestade des Meeres haust, / dort wohnt sie in ihrer Taverne«. Es wird erklärt: »Gefäßständer hat sie, Bierfässer und Becher, dicht verhüllt ist sie, und ein Schleier bedeckt ihr Gesicht.« Als ihr Gilgamesch sein Vorhaben erzählt, die Unsterblichkeit zu finden, erklärt sie ein solches Unternehmen für unmöglich. Sie rät ihm, er möge sich als Mensch fassen und an die Freuden des irdischen Lebens halten.

Gegenüber dieser Version der Endfassung fallen manche Worte im älteren Gilgamesch-Fragment aus der Periode zwischen 1800 und 1600

v. u. Z. noch deutlicher aus, um die Vorzüge eines verfeinerten Lebens hervorzuheben. Siduri hält hier den überspannten Plänen des Gilgamesch eine veritable Genusslehre entgegen. Er möge sich an einer reichgedeckten Tafel delektieren, im Hier und Jetzt leben und sich vermenschlichen. Kultivierter Genuss und die Liebe werden zum Zeichen des Humanen: »Tag und Nacht magst du dich ergötzen, / feiere täglich ein Freudenfest, / tanze und spiele bei Tag und Nacht! / Deine Kleidung sei rein, / gewaschen dein Haupt, mit Wasser sollst du gebadet sein! / Schau den Kleinen an deiner Hand! / Die Gattin freue sich oft über deine Umarmung, / denn das ist die Bestimmung des Menschen, / der da lebt auf dieser Welt.«

Das Ziel ist die Selbstverfeinerung des Menschen sowie die Verbesserung der materiellen Güter. Das eine kommt ohne das andere nicht aus. Schamchat, die hier Schamkatu heißt, sagt ihrerseits zu Enkidu, der anfänglich als Wilder in der Steppe die Segnungen des Ackerbaus und des Stadtlebens noch nicht kennt: »Iss Brot, Enkidu, / das gehört zum Leben! / Trink das Bier, wie es Brauch ist im Lande!« Es geht nicht einfach nur um harte Gras- oder Getreidekörner, sondern um fermentierte Dinge: um zauberhafte Verwandlung. Die pflanzlichen Waren werden bearbeitet und gemaischt, bis Hitze und Hefe köstliche Aromen und Wirkstoffe freisetzen. Gegenüber bloßem Getreidebrei sind Brot und Bier von ganz anderer Delikatesse. Die überraschend guten Sachen verwandeln den Helden selbst. Der Dichter sagt: »Da wurde sein Gemüt frei, er singt, / sein Herz jubelt, / sein Antlitz erstrahlt. / Ein Barbier bearbeitet / seinen zottigen Leib. / Mit Öl reibt er sich ein – und / wurde ein Mensch.«

Die natürliche Lust an Essen, Trinken und Sex wird nicht verachtet, sondern genutzt, um ein komplexeres Zusammenleben zu schaffen. Künste der Gastlichkeit wie der Galanterie bändigen das Rohe, Grobe und Gewaltsame. Es kommt nicht mehr nur darauf an, die Grundtriebe des Menschen zu stillen, sondern es geht auch darum, dabei Raffinesse zu entfalten, ein gewisses Maß an Freude und Wonne hervorzurufen und damit das gegenseitige Vertrauen zu stärken.

Elemente der Gastlichkeit wie der Galanterie sind Spiel, Überraschung, Verwandlung: sei es durch Worte; sei es durch Gefälligkeiten und Unternehmungen; sei es durch materielle Anreize. Es sollen nicht irgendwelche sein, sondern solche, die bearbeitet, verfeinert sind, die

Auswahl, Stil und Geschmack bezeugen. Brot und Bier oder Badehaus und Barbier waren seinerzeit die Zeichen einer neuen Zivilisation, in welcher die Menschen angenehmer und aufregender lebten als bisher. Mesopotamische Tontafeln nahmen vorläufig von der benachbarten Hochkultur in Ägypten keine Notiz. Erst nach 1500 v. u. Z. schaute man vom Euphrat aus auch zum Nil. Doch längst schon spielten sich da wie dort parallele Vorgänge ab. Die mesopotamische Zikkurat, die zum Unendlichen hochstrebte, fand ihr Gegenbild in der ägyptischen Pyramide. Desgleichen zählten Brot und Bier am Nil wie am Euphrat zu den Speisen und Getränken, die eines Königs würdig sind.

Pharao Cheops, der etwa von 2554 bis 2531 v. u. Z. regierte, ließ die große Pyramide von Gizeh errichten: das größte Bauwerk der Antike, das zu den Sieben Weltwundern zählte. Als ihm sein Sohn, Prinz Chefren, eine Geschichte über den früheren Pharao Nebka vortrug, war Cheops so bewegt, dass er Nebka umgehend ein Totenopfer als Totenmahl darbrachte: tausend Brote, hundert Krüge Bier, einen Ochsen und Weihrauch, damit der Ahne im Jenseits auf das feinste verpflegt sei. Der Papyrus Westcar mit den »Wundergeschichten vom Hof des Cheops« berichtet darüber.

Die große Zeit der Pyramidenbauten war aber schon bald vorbei. Ähnlich wie das mesopotamische Gilgamesch-Epos dem Herrscher nahelegte, vom Wahn des ewigen Lebens abzulassen und sich lieber den Vergnügungen und Aufgaben der Zivilisation zuzuwenden, rieten ägyptische Weise den Pharaos, sich vom Jenseitskult der Pyramiden zu lösen und das Glück im Diesseits zu suchen.

Ägypten war dafür noch besser geeignet als Mesopotamien. Denn das Land zwischen Euphrat und Tigris lag in einer riesigen Ebene offen da, ungeschützt vor Einfällen benachbarter Stämme und Völker. Mesopotamien war in der Regel politisch zersplittert und häufig von Kriegen heimgesucht; nur ein Babylon oder ein Assur konnten vorübergehend ein übergreifendes Imperium bilden, das vom Persischen Golf bis zum Mittelmeer reichte. Ägypten war dagegen fast immer unter einem Pharao vereint und genoss den Frieden. Die nährreichen Ufer des Nils besaßen im Osten wie im Westen durch Wüstengebiete einen natürlichen Schutz, der die Feinde einigermaßen fernhielt. Die Ägypter gewannen eine verhältnismäßig hohe politische Stabilität, Lebenssicherheit und Zutrauen.

Obwohl die Ägypter den Begriff der Philosophie noch nicht kannten, besaßen sie bereits, ähnlich wie in Mesopotamien, Denker und Weise, die auf eine magisch-schamanenhafte Sprache verzichteten und sich nüchtern, sachlich und abwägend gaben. Ein Ptahhotep war um 2370 v. u. Z. als Wesir der höchste Beamte der ägyptischen Verwaltung und mit den Verhältnissen im Reich der Pharaonen bestens vertraut. Er fasste seine weltläufigen Erfahrungen in einer »Weisheitslehre« zusammen. Jedenfalls legten ihm spätere Texte, die seit 2200 v. u. Z. entstanden, diese Lehre in den Mund.

Ptahhotep gibt sich biegsam, elegant. Er weiß, dass er selbst nicht alles wissen kann, und lässt auch die Meinung anderer gelten, egal welchen Ranges. Das höfische und städtische Leben sind offenbar längst viel zu vielschichtig geworden, als dass man in solcher Gesellschaft noch länger einfältig oder selbstsüchtig hätte bleiben können: »Sei nicht eingebildet auf dein Wissen, / (sondern) unterhalte dich mit dem Unwissenden wie mit dem Wissenden. / Nie erreicht man die Grenze der Kunst.«

Eine solche Gewandtheit führte wie von selbst auch zur Lehre der Gastlichkeit: zur Gastrosophie. Wenn alle Teilnehmer der Tafelrunde eine vergnügliche Zeit haben sollen, kommt es für den Einzelnen darauf an, sich zu benehmen: »Wenn Du ein Gast bist / am Tische eines, der größer ist als du, dann nimm entgegen, was er dir gibt, was vor dich gelegt wird. / Schau (nur) auf das, was vor dir liegt, / und belästige ihn nicht mit vielen Blicken. / Es verschlägt den Appetit, wenn man ihn stört. / Rede ihn nicht an, bis er das Wort ergriffen hat. – / Man weiß ja nicht, was (er) für Sorgen hat. / Doch rede, wenn er dich dazu auffordert, / und was immer du sagst, soll (ihm) angenehm sein.« Es sind Kernsätze der Gastlichkeit, die bis heute Bestand haben: Achtsamkeit walten lassen; Rücksicht auf den anderen nehmen; ein nettes Gespräch führen; dem anderen eine Freude sein. Gastrosophie, Lebenskunst und Ethik, die Lehre von den Sitten, gehen auseinander hervor.

Theben, das heutige Luxor am Nil, wurde um die Mitte des zweiten Jahrtausends v. u. Z. als neue Residenz der Pharaonen zum Zauberort: beginnend mit der 17. Dynastie, die ab 1625 v. u. Z. regierte, gefolgt von der noch glanzvolleren 18. Dynastie, ab 1540 v. u. Z. Es entstanden keine hohen Pyramiden mehr wie in Gizeh, sondern horizontale Tempel mit königlichen Grablegen: so der beeindruckende Terrassentempel der Königin Hatschepsut.

Auch das »Harfnerlied des Antef« hat seine historische Wurzel in dieser Zeit. Es ist Zeugnis einer Aufbruchsstimmung: weg vom Jenseits, hin zum Diesseits! Es ist, als verkünde bereits ein Horaz: Nutze den Tag! Mache etwas aus deinem Leben und genieße es! Der König soll sein Gemüt nicht länger mit Gedanken an den Tod verdüstern: »Du aber erfreue dein Herz und denke nicht daran! / Gut ist es für dich, deinem Herzen zu folgen, solange du bist. / Gib Myrrhen auf dein Haupt, kleide dich in feinstes Linnen, / salbe dich mit echtem Öl des Gottesschatzes, / vermehre deine Schönheit, lass dein Herz nicht müde werden, / folge deinem Herzen in Gemeinschaft deiner Schönen, / tu deine Arbeit auf Erden ohne dein Herz zu kränken, / bis jener Tag der Totenklage zu dir kommt.«

Wie ein Pharao im Hier und Jetzt verwoben war, wie er die Gemeinschaft seiner Schönen pflegte, deutet ein Bericht des Bürgermeisters Ineni an, in dem er Thutmosis II., den Vorgänger Hatschepsuts, als einen liebenswürdigen Herrscher vorstellt und dabei auch die Speisen der königlichen Küche erwähnt: »Ich war ein Vertrauter des Königs an allen seinen Plätzen. (…) Man ernährte mich von der königlichen Tafel, mit Brot und Frühstück des Königs, Bier gleichfalls, Fleisch, fettes Fleisch, Gemüse, verschiedene Früchte, Honig, Kuchen, Wein und Öl. Man begrüßte mich mit ›Gesundheit, Leben‹, wie Seine Majestät selbst sagte, ›aus Liebe zu mir‹.« Beiläufig zeichnet sich hier eine Menüfolge ab, denn nach einigen herzhaften Speisen werden Früchte und Gebäck serviert. Augenscheinlich gibt es bereits einen Nachtisch, um die Mahlzeit unterhaltsam zu verlängern. Das süß-säuerliche Spiel der Früchte und die Honigsüße des gerösteten Gebäckes bilden den Höhepunkt und Abschluss des Essens! Reifes Obst ist von sich aus schon bunt, weich und saftig, komplex im Aroma. Die Speisefolge erhält im Ansatz eine dramaturgische Struktur: Auftakt, Steigerung, Ausklang.

Die lebensbejahende Art der Pharaonen spiegelt sich auch in der plastischen Kunst. Während mesopotamische Herrscher oft recht grimmig dreinschauen, geben sich ägyptische Pharaonen milder, liebenswürdiger. Einen Höhepunkt ägyptischer Plastik bildet die Darstellung von Thutmosis III. in grüner Grauwacke, heute im Luxor-Museum. Unter ihm erreichte das Reich der Pharaonen zwischen 1459 und 1426

v. u. Z. seine größte Ausdehnung. Er war als Feldherr ein ausgezeichneter Stratege, aber kein Hasardeur, der mit dem Kriegführen nicht aufhören konnte. Thutmosis III. erscheint als eine Figur mit schlankem athletischen Körper und bezaubernd sanftem Lächeln im Antlitz; er ist sich seiner eigenen Kraft bewusst, strahlt Sammlung und Eleganz, Selbstvertrauen und Würde aus. Kaum eine Figur zuvor führte so eindringlich vor Augen, wie schön der Mensch sein kann.

Das alte Ägypten erreichte den Zenit seiner Entwicklung, dokumentiert auch durch die Ausmalung der Grabkammern in Theben-West. Berühmt wurde das Grab des Nacht, eines mittleren Beamten in der Periode von Thutmosis IV. Obwohl es sich um eine Totenstätte handelt, entdeckt der Betrachter an den Wänden ein Fest des Lebens: voll von Bewegung, leuchtenden Farben, kostbarem Grün und Blau, Szenen des Alltags, mit guter Laune in den Gesichtern, mit Freude am Fischfang wie an der Vogeljagd oder an der reichen Ernte landwirtschaftlicher Arbeit. Zu sehen sind ebenfalls vergnügliche Momente beim »Schönen Fest vom Wüstental«; im einzelnen eine feierliche Prozession mit Musik sowie ein Gastmahl mit Verwandten und Freunden. Es geht hier offensichtlich nicht um höfische Repräsentation, sondern um das Wohlleben einer großbürgerlichen Schicht.

Unglaublich ist die Lust am Detail, die auch einiges über Auswahl, Stil und Geschmack der Gastlichkeit verrät. Während beispielsweise die ältere mesopotamische Standarte von Ur stolz große Haustiere vorführte, Ziege, Schaf, Rind, die am königlichen Hof abgegeben wurden, sieht man hier nur junge Tiere, etwa ein Kalb, dessen Fleisch zarter und leichter verdaulich ist als das eines ausgewachsenen Ochsen. Hinzu kommen Fisch und Geflügel, die mindestens ebenso delikat schmecken wie vierbeinige Jungtiere. Solche kleineren Lebensmittel tauchten auf der Standarte von Ur überhaupt nicht auf und erschienen auch in anderen mesopotamischen Dokumenten nur spärlich; an Obst wurden dort oft nur Datteln genannt, während Nacht seinen Gästen reichlich Weintrauben, Feigen und Granatäpfel reicht. Es deutet sich eine neue Ordnung der feinen Küche an: Fisch, Geflügel, junge Haustiere, Obst und Wein – mehr oder minder ein urbaner Stil: jung, zart und mild.

Gastgeber wie Gäste sind im Nacht-Grab sorgsam herausgeputzt, zumal die Frauen. Sie erscheinen teils im strahlenden Weiß der Linnen, teils in gefalteten farbigen Kleidern. Die Haare sind da und dort minutiös zu Zöpfen geflochten, man sieht Ohrringe und Halsschmuck. Besonders elegant ist die Gruppe der drei Musikerinnen, die unterschiedliche Instrumente spielen, Flöte, Laute und Harfe. Die mittlere Figur wendet sich graziös zur hinteren. Linien und Formen bilden harmonische Rhythmen, ganz so, als könne man die Musik noch hören, die damals gespielt wurde.

Allmählich machten auch andere Gebiete von sich reden. Die Grenzregion zwischen Ägypten und Mesopotamien bildete die Ostküste des Mittelmeeres: die Levante. Zeitweise war diese Region von den Ägyptern, zeitweise von den Mesopotamiern beherrscht. Als gegen Ende des zweiten Jahrtausends v. u. Z. die ägyptische Herrschaft über die Levante zerbröckelte und mesopotamische Machthaber nicht gleich nachrückten, bildeten sich hier neue Ethnien und Völker heraus. Nördlich gründeten die Phönizier Städte und Stadtstaaten, südlich machten es die Philister ähnlich, während das bergige Hinterland der Philister zum Kerngebiet der Israeliten wurde.

Israel Finkelstein und Neil A. Silberman schildern in Ihrem Buch »David und Salomo« die frühe Geschichte der Israeliten, indem sie archäologische Erkenntnisse sowie schriftliche Quellen der Ägypter und Mesopotamier mit den Schilderungen der Bibel vergleichen. Vom 15. bis zum 10. Jahrhundert v. u. Z. lebten im felsigen Hinterland der Philister teils umherziehende Nomaden mit Viehherden, teils sesshafte Bauern mit Obst- und Ackerbau, angeführt von Stammesvätern und Patriarchen. Im ersten Buch Mose, der »Genesis«, wird dieses bäuerlich-dörfliche Leben beschrieben, nicht zu vergleichen mit der entwickelten Hochkultur in Ägypten oder Mesopotamien.

Die Genesis liest sich wie eine Einübung in den Gehorsam. Der Text schlägt einen erhabenen, beschwörenden, wenn nicht magisch-schamanenhaften Ton an. Die Menschen sollen das Land kultivieren; aber sobald sie nicht gehorchen, wie Adam und Eva, macht ihnen Gott das Leben schwer: »Und zum Manne sprach er: Weil du gehorcht hast der Stimme deines Weibes und gegessen hast von dem Baum, von dem ich dir gebot und sprach: Du sollst nicht davon essen –, verflucht sei der Acker um deinetwillen! (…) Dornen und Disteln soll er dir tragen und du sollst das Kraut auf dem Felde essen. Im Schweiße deines Angesichts sollst du dein Brot essen.« Arbeit als Fluch und Zwang! Ganz so, als ob es nicht auch anderes ginge. Doch die Leute sollten für Moses genügsame Dörfler sein, während das verfeinerte Leben in den Städten in Bausch und Bogen abgelehnt wurde.

Geschmeidigkeit und Gastlichkeit sind nicht die vorherrschenden Themen der »Genesis«, wenngleich sie auch nicht ganz ausgespart werden und eine eigene Note erhalten. Gott erscheint Abraham im Hain Mamre in Gestalt von drei Engeln. Der Patriarch zögert nicht, die drei himmlischen Wesen, die er als solche erkennt, als Gäste zu bewirten. Er tischt das Beste auf, was er hat: »Und er trug Butter und Milch auf und von dem Kalbe, das er zubereitet hatte, und setzt es ihnen vor und blieb stehen vor ihnen unter dem Baum, und sie aßen.« Es entsteht nicht die typische Tafelrunde, bei der sich Gäste und Gastgeber einigermaßen auf Augenhöhe begegnen, um das Gemeinschaftsgefühl zu heben. Doch wird hier die bedingungslose Form der Gastfreundschaft belohnt, indem Abraham und Sara erfahren, dass sie mit Hilfe Gottes im fortgeschrittenen Alter noch einmal Eltern werden.

Die historischen Wurzeln der »Genesis« reichen ins zweite Jahrtausend v. u. Z. zurück, während die ersten israelitischen Könige erst um die Jahrtausendwende erscheinen: Saul, David und Salomo. Nach Finkelstein und Silberman amtierte Salomo irgendwann im 10. Jahrhundert v. u. Z. Allerdings passen die archäologischen Funde aus dieser Periode nicht zu den Beschreibungen der Bibel.

Salomo wird im ersten »Buch der Könige« wie auch im zweiten »Buch der Chronik« regelrecht zur Gegenfigur des Moses. Er baut Jerusalem zu einer glanzvollen Metropole aus, errichtet einen großen Tempel sowie einen kostbaren Palast, umgibt sich mit Gelehrten und Beamten, fördert Handel und Verkehr, leistet sich ein pompöses Hofleben, einschließlich eines sagenhaften Harems von tausend Frauen. Solche Eskapaden hätte ein Moses nie und nimmer gebilligt.

Nach archäologischer Erkenntnis war Jerusalem im 10. Jahrhundert v. u. Z. bestenfalls ein größeres befestigtes Dorf mit tausend Einwohnern, in dem gerade einmal Salomos Harem Platz gefunden hätte. Erst Ende des 8. Jahrhunderts v. u. Z. wuchs Jerusalem stark an und hatte mit einem Male über zehntausend Einwohner: nach damaligen Maßstäben eine ansehnliche Stadt.

Dieser Vorgang hatte etwas mit überregionaler Politik zu tun. Längst schon gab es das Nordreich Israel und das Südreich Juda. Doch 732

v. u. Z. eroberte der König von Assur das Nordreich und löste es kurz danach auf. Viele Israeliten flüchteten zu ihren Stammesverwandten ins Südreich mit dem Hauptort Jerusalem. Der Untergang des Nordreichs begünstigte den Aufstieg des Südreichs: als ein echtes Königtum mit organisierter Verwaltung und umfangreicher Bautätigkeit. Juda wurde als ein tributpflichtiges, aber halbautonomes Königreich in das assyrische Imperium eingegliedert.

Erst von da an, ab dem 8. Jahrhundert v. u. Z., wurden mündliche Überlieferungen der israelitisch-judäischen Geschichte als das Alte Testament der Bibel schriftlich fixiert. Das biblische Jerusalem von König Salomo ist in Wahrheit das historische Jerusalem von König Hiskia, der von 727 bis 698 v. u. Z. regierte, wenngleich das Bild Jerusalems in der Bibel immer noch groß ausgemalt wurde: als Residenz eines steinreichen, unabhängigen und weisen Königs, gleichrangig neben mesopotamischen Machthabern und ägyptischen Pharaonen – was historisch nie der Fall war.

In die geschichtliche Figur des Salomo lässt die Bibel Erdichtetes, Utopisches einfließen. Er regiert in der Bibel so, wie Hiskia ansatzweise wirklich regierte oder zukünftig regieren wollte. Salomo trumpft als Gastgeber mit assyrisch-babylonischer Üppigkeit auf, ganz so, als herrsche er selbst über ein Imperium: »Und Salomo musste täglich zur Speisung haben dreißig Sack feinstes Mehl, sechzig Sack anderes Mehl, zehn gemästete Rinder und zwanzig Rinder von der Weide und hundert Schafe, ohne die Hirsche und Gazellen und Rehe und das gemästete Federvieh. / Denn er herrschte im ganzen Lande diesseits des Euphrat, (…) und hatte Frieden mit allen seinen Nachbarn ringsum, so dass Juda und Israel sicher wohnten, jeder unter seinem Weinstock und unter seinem Feigenbaum.«

Es ließe sich die Botschaft daraus ableiten: Je mehr der König ein gastliches Hofleben entfaltet, desto mehr wachsen Frieden und Wohlstand im Land. Tatsächlich hält Salomo in der Bibel viel von Diplomatie. Zu Ehren des Besuchs der Königin von Saba veranstaltet er ein großes Staatsbankett, das Etikette, Ordnungssinn und Stil verrät: »Und als die Königin von Saba die Weisheit Salomos sah und das Haus, das er gebaut hatte, / die Speisen für seinen Tisch, die Rangordnung seiner Großen, das Aufwarten seiner Diener und ihre Kleider, seine Mundschenken mit ihren Kleidern und seine Brandopfer, die er im Hause des Herren darbrachte, da geriet sie vor Staunen außer sich.«

Die Autoren, welche die Bücher der Könige und der Chronik verfassten, dachten in manchem anders als die Autoren der Bücher Mose. Der Ton wird urbaner, menschenfreundlicher. Zivilisatorische Elemente der mesopotamischen wie ägyptischen Tradition machen sich bemerkbar. Ein weiteres Buch der Bibel unter dem Titel der »Sprüche Salomos« ist der »Weisheitslehre« eines Ptahhotop nicht ganz unähnlich und gehört im Kern ebenfalls der Periode von König Hiskia an.

Der biblische Salomo wurde zum Mythos des idealen Herrschers: zum Vorbild, das über Jahrhunderte und Jahrtausende fortwirkte. So ließ Kaiser Otto der Große oder einer seiner Nachfolger im 10./11. Jahrhundert u. Z. auf der Krone des Heiligen Römischen Reiches unter anderem ein Emailbild von Salomo anbringen. Auch der türkische Sultan Süleyman der Prächtige wollte im 16. Jahrhundert regieren wie Salomo, der seinerseits im Koran Süleyman heißt.

Die Menschen der frühen Hochkulturen, die Mesopotamier, die Ägypter, die Israeliten, wurden alle von Monarchen regiert. Demgegenüber wagten die Griechen etwas Neues. Vorläufig unbedroht von einer Großmacht, beschränkten sie sich darauf, Städte und Stadtstaaten zu gründen, ohne ein großes Königreich zu bilden. Selbst die Stadtkönige wurden nach und nach entmachtet und jeweils von mehreren Aristokraten oder Bürgern ersetzt. An einem übergreifenden Machtaufbau war niemand so recht interessiert. Es schien für die führenden Kreise der Griechen lohnender zu sein, in der jeweils eigenen Stadt selbständig zu bleiben und ein Leben in Muße zu führen.

Nicht nur die Monarchie wurde fragwürdig, auch die religiösen Instanzen traten ins Glied zurück. Delphi, das religiöse Zentrum des Landes, machte keine genauen Vorschriften, sondern gab Rätsel auf, verkündete Orakel, deren Deutung den Menschen überlassen blieb. Die Priesterschaft erzog die Leute dazu, selbst nachzudenken. Im delphischen Tempelbezirk wurden berühmte Sprüche eingemeißelt: »Erkenne dich selbst!« und »Nichts zu sehr!« Es sollte heißen: Gedenke, dass Du ein sterblicher Mensch bist, begrenzt in Deiner Kraft; nimm dich nicht so wichtig, sei gefasst, geduldig, gelassen; suche nach Mitte und Maß, bleibe freundlich, nachsichtig, gütig.

Völlig neu mag das alles nicht gewesen sein. Schon den Mesopotamiern, Ägyptern und Israeliten war der eine oder andere dieser Gedanken vertraut. Doch erhoben die Griechen nun das freie Nachdenken über den Menschen, die Natur, die Geschichte und Gesellschaft regelrecht zum Volkssport und erfanden dafür den Begriff des Philosophierens. Wie selten zuvor übernahm eine breitere Schicht von Aristokraten und Bürgern auch das Geschäft des Regierens. Das Gros der Bürger machte sich kundig, was inner- und außerhalb der Stadt vor sich ging, hielt sich auf dem laufenden, urteilte über den Gang der Dinge und fasste Beschlüsse. Der wichtigste Ort dafür war der öffentliche freie Platz, die Agora: Versammlungs- und Marktplatz in einem – Zentrum der Polis.

Waren einst die magischen Orte der Menschen die steinzeitliche Höhle oder die ägyptische Pyramide, so waren es jetzt neben dem horizontalen Tempel auch zivile Bereiche: der freie Platz in der Stadt, wo man sich zeigte, die privaten Säle der Aristokraten und Bürger für Gastmahle und Trinkgelage, das öffentliche Theater und die Sportarena, schließlich das arkadische Landhaus. Die Erfindung von Freiheit und Demokratie hatte viel mit Gastlichkeit, Freundschaft und Muße zu tun.

Etwa in derselben Periode, als in Jerusalem unter König Hiskia der Salomo-Mythos herausgebildet wurde, machte sich, um 700 v.u.Z., in Griechenland ein Homer daran, am Odysseus-Mythos zu arbeiten. Der eine wie der andere, Salomo wie Odysseus, ein Lebemann! Beide der Gastlichkeit wie der Galanterie zugetan! Viel stärker als Salomo durchläuft Odysseus jedoch als Mensch eine Entwicklung. Homer breitet in der »Odyssee« die Welt wunderbar weit aus, lässt seinen Helden das Gebiet des Mittelmeeres durchstreifen, soweit es den Griechen damals bekannt war. Noch nie zuvor wurden Götter, Menschen, Natur oder Güter der Kultur und Zivilisation so ausführlich beschrieben. Mehr als je ein Volk zuvor bemühten sich die Griechen, das Leben zu verstehen.

Odysseus wird zur Gegenfigur des Achill, der sich in der »Ilias« als Mensch nicht fassen kann und in den Tod rast. Auch Odysseus ist anfänglich, wie Achill oder Gilgamesch, ein Kraftprotz, ein Rabauke, übermütig, roh und grob. Doch dank weltläufiger Erfahrungen, des Erlebnisses fremder Sitten, der Vergnügungen der Gastlichkeit wie der Galanterie verwandelt er sich in einen Gentleman und Kosmopoliten.

Beraten von den olympisch-delphischen Göttern, gibt er sich mehr und mehr duldend, gleichmütig, gelassen; er redet und handelt überlegt und ist gleichzeitig kühn und mutig.

Circe umgarnt Odysseus mit den Freuden der Tafel und des Bettes, ganz so, als sei sie Schamchat und Siduri in einer Person – oder als seien überhaupt Gastlichkeit und Galanterie ihrem Ursprung nach weiblich. Die schöne Zauberin und Göttin empfängt den Helden mit den Worten: »Lieber, so stecke dein Schwert in die Scheide und lass uns zusammen / Unser Lager besteigen, damit wir, beide versöhnet / durch die Freuden der Liebe, hinfort einander vertrauen!« Auch in der »Odyssee« ist der Liebesakt nicht nur dazu da, um Kinder zu zeugen; die Liebenden sollen sich vergnügen und einander näherkommen. Circe verspricht Odysseus, seinen Freunden zu helfen, und verwöhnt ihn in ihrem Palast. Eine Magd schenkt ihm süßen herzerfreuenden Wein ein; eine andere lässt für ihn ein Bad mit lieblichen Düften einlaufen, wäscht ihm das Haar, salbt ihn mit Öl, zieht ihn an. Dienerinnen tragen im Saal eine goldene Kanne mit Wasser über silbernem Becken auf, damit sich der Gast noch einmal die Hände waschen kann, und servieren das Mahl: Gerichte vom Besten, was die Vorräte hergeben.

Wieder und immer wieder beschreibt Homer solche Rituale der Gastlichkeit und Galanterie. Leitmotivisch lässt er Odysseus sagen: »Weh mir! Zu welchem Volke bin ich nun wieder gekommen? / Sind's unmenschliche Räuber und sittenlose Barbaren / Oder Diener der Götter und Freunde des heiligen Gastrechts?« Die Freuden der Tafel und des Bettes verwandeln die Menschen, besänftigen sie, machen sie gesprächiger. Ebenfalls leitmotivisch heißt es: »Und nachdem er gegessen und seine Seele gelabet, / Da begann er und sprach (…).« Oder: »Jene, nachdem sie die Fülle der seligen Liebe gekostet, / Wachten noch lang, ihr Herz mit vielen Gesprächen erfreuend.«

Homer wird zum ersten Connaisseur und Charmeur in Europa: die »Odyssee« zu einem Grundbuch der Gastlichkeit. Bemerkenswerterweise gehören bereits die Freuden der Körperpflege dazu. Immer wieder wird der Empfang eines hohen Gastes beschrieben, das Baden vor dem Essen, das Einölen, das Umkleiden, dann das Betreten des komfortablen Saales, der Service, das Essen und Trinken, die anschließenden Tanzvorführungen, der Gesang des Dichters und die Gespräche.

Es ist das Ergebnis einer uralten Einübung des Gastlichen, mittlerweile kunstvoll geregelt mit Hilfe von Ritual, Dramaturgie, Szenenfolge, nicht unähnlich den Gewohnheiten des religiösen Kultes, der Mysterienspiele und des Theaters. Homer ist es wichtig, dass sich die Menschen in einem solchen Rahmen näher kennenlernen, mehr voneinander erfahren oder etwas davon hören, was draußen in der Welt vor sich geht. Einmal wird empfohlen, sich beim Gastmahl über Mitternacht hinweg zu unterhalten, weil die Stimmung in diesen nächtlichen Stunden so einzigartig sei.

Es geht nie darum, wahl- und maßlos zu essen und zu trinken oder zu lieben. Ständig herrscht ein Widerspiel: zwischen Hingabe und Verzicht, Sirenengesang und Biedersinn, Ausfahrt und Heimkehr. Der Held soll genießen, aber dem Genuss nicht verfallen. Er soll Auswahl, Stil und Geschmack erlernen. Selbst wenn sich das, was man darunter versteht, von Zeit zu Zeit ein wenig ändert.

Die Trias von gebratenem Fleisch, Brot und Wein wird bei Homer so gut wie immer serviert. Gemüse treten nach wie vor selten in Erscheinung, zumal ein großer Teil der heute bekannten Gemüsesorten noch nicht gezüchtet worden war. Als besondere Delikatessen gelten die Rückenstücke gemästeter Schweine und Rinder, quasi Kotelett, Entrecôte, Rumpsteak, Filet – eher noch ein ländlich-aristokratischer Stil, doch Fleisch kann hier auch schon Fisch oder Geflügel bedeuten, Gans oder Taube, ebenso Wild, Hirsch und Wildschwein, weil das Fischen und Jagen dieser Tiere beschrieben wird. Als besondere Köstlichkeit erscheint das Obst im königlichen Garten: »Voll balsamischer Birnen, Granaten und grüner Oliven, / Oder voll süßer Feigen und rötlichgesprenkelter Äpfel.« Herzhaften Gerichten folgen im Menü, wie am Hof der Pharaonen, wohl süße Früchte.

Die Stadt der Phäaken ist im Epos der utopische Ort einer friedlicheren Gesellschaft. König Alkinoos, dem der besagte Garten gehört, ist dort nur noch Erster unter Gleichen und teilt sich die Macht mit Aristokraten und Bürgern, die er täglich zum Gastmahl einlädt. Alkinoos erklärt Odysseus, was die Phäaken unter einem guten Leben, Lust und Freude verstehen: nicht gewaltbereiten Kampf, sondern sportlichen Wettstreit, Lebensart und Muße: »Denn wir suchen kein Lob im Faustkampf oder im Ringen; / Aber die hurtigsten Läufer sind wir und die trefflichsten Schiffer, / Lieben nur immer den Schmaus, den

Reigentanz und die Laute, / Oft veränderten Schmuck und warme Bäder und Ruhe.«

Mag Gastlichkeit ein wichtiges Mittel der Kulturbildung sein, der Befriedung und Zivilisation, so ist sie auch ein Wert an sich und kann unbeschreiblich glücklich machen, womöglich glücklicher als alles andere. Es kann sich das Gefühl einstellen, als bleibe der ewige Fluss der Zeit für Momente stehen, als bezaubernder Augenblick, schwebend, transzendent. Odysseus schwärmt: »Denn ich kenne gewiss kein angenehmeres Leben, / Als wenn ein ganzes Volk ein Fest der Freude begeht / Und in den Häusern umher die gereihten Gäste des Sängers / Melodien horchen und alle Tische bedeckt sind / Mit Gebackenem und Fleisch, und der Schenke den Wein aus dem Kelche / fleißig schöpft und ringsum die vollen Becher verteilet. Siehe, das nennet mein Herz die höchste Wonne des Lebens!«

Aus der deutschen Geschichte und Gegenwart

1

URSPRÜNGLICHE VERZAUBERUNG

Vor rund sieben Millionen Jahren spaltete sich in Afrika eine Gruppe der Affen von den anderen Primaten ab. Man zog vom dichten Tropenwald in lichtere Wälder, dann vor rund drei Millionen Jahren ganz hinaus ins Freie: in die weiten Ebenen der Savannen mit Gras und offenem Gehölz. Die ursprünglichen Baumbewohner und Pflanzenfresser veränderten ihre Gewohnheiten, wurden zu Jägern und Sammlern, die nun alles aßen, Pflanzen wie Fleisch, variabler als jedes andere Tier.

Es entstand der frühe Mensch, der den aufrechten Gang einübte, um die anderen Tiere in der Savanne besser sehen zu können. Weil es ihm jedoch gegenüber hergebrachten Raubtieren an körperlicher Kraft fehlte, suchte der frühe Mensch vorläufig nach jungen und verletzten oder altersschwachen Tieren. Nach und nach verlor sich dabei das eigene Fell, damit man beim Jagen nicht nur sprinten, sondern auch dauerlaufen und andere Tiere lange verfolgen konnte. Die nackte Haut ermöglichte das Schwitzen und Abkühlen des menschlichen Körpers.

Der Jagderfolg bot eine fleisch- und eiweißreiche Kost, die das menschliche Gehirn anwachsen ließ und die denkerischen Fähigkeiten förderte. Man entwickelte allmählich die Möglichkeiten der eigenen Hände, der Greifhände, stellte Geräte aus Rollgestein her, bald Faustkeile mit messerscharfen Kanten, irgendwann auch Holzspeere. Die Leute verständigten sich untereinander, jagten in kleinen Gruppen und suchten nach Möglichkeiten, den Nahkampf mit anderen Tieren zu vermeiden. Der Mensch wurde zum Läufer, Erfinder, Handwerker, beweglich, neugierig, lernfähig.

Es lässt sich schwer sagen, ab wann der Mensch in der Lage war, auch mit dem Feuer umzugehen: mit dem Symbol menschlich-prometheischer Spielmöglichkeiten überhaupt. Vermutlich erkannte man schon früh bei zufälligen Steppenbränden, dass gebratenes Fleisch und Gemüse besser und aromatischer schmeckte als rohes, dazu angenehmer zu beißen ist. Fragte sich nur, wie sich das Feuer handhaben ließe, um es für das eigene Wohlergehen zu nutzen. Früher oder später entdeckten die Menschen den Feuerstein, mit dem man Funken schlagen konnte. Allmählich wurde die Feuerstelle gebräuchlich, um die herum die Menschen saßen und sich wärmten. Zugleich briet man dort das Fleisch am Spieß, machte es würziger und feiner.

Für den Anthropologen Richard Wrangham machte erst der kontrollierte Umgang mit dem Feuer den Menschen zum Menschen. In seinem Buch »Feuer fangen« führt er aus, dass gegarte Nahrung leichter verdaulich ist und mehr Energie liefert als rohe. Das Erhitzen der Lebensmittel übernimmt quasi die Vorverdauung. Der Urmensch nutzte mit Hilfe des Feuers ungeahnte Ressourcen der Natur. Er musste selbst nicht mehr so viel Zeit für das Verdauen aufbringen, konnte mehr Energie in die Entwicklung des Gehirns stecken. Während sich die Verdauungsorgane verkleinerten, wuchs der Schädel. Der stärkere Verzehr von rohem Fleisch hätte dazu noch nicht geführt; es musste gegartes Fleisch sein. Das biologisch-genetische Programm im Menschen notierte sich: Düfte und Aromen von gebratenem Fleisch sind etwas Feines und Begehrenswertes; der Verzehr von solchem Fleisch stärkt einen gegenüber anderen Tieren, macht einen einfallsreicher und erhöht die Überlebenschancen.

Es war eine merkwürdige, extravagante Sippe, die vor Urzeiten mitten in der Savanne um ein Feuer hockte und das Garen der Nahrung erlernte: Zauberer, Verwandlungskünstler mit regelrecht dandyhaften Allüren. Bis heute ist das sommerliche Grillen im Garten, bei dem es raucht und duftet, für viele Menschen ein unwiderstehlicher Spaß. Wie gern sitzt man auch winters vor einem offenen Kamin, in dem das Feuer knackst, das Leib und Seele wärmt. Der Umgang mit dem Feuer sowie das Grillen und Braten als Ur-Symbole menschlichen Selbstverständnisses!

Die Verdauungsorgane des Menschen gewöhnten sich an die Mischkost aus Pflanzen und Fleisch, aus Rohem und Gegartem. Es prägt sich tief bei ihm ein, dass gegartes Fleisch etwas ist, wodurch das Essen wertvoller und verlockender erscheint. Die Pflege der Gemeinschaft in Form von Festen verlangte sowohl nach der Wärme der Feuerstelle als auch nach gegartem Fleisch. Die Feuerstelle wurde in handwerklicher wie sozialer Hinsicht die Keimzelle menschlicher Kultur.

The Point of no Return! Es gab von nun an kein Zurück mehr zum fraglosen Dasein als Tier. Die frühen Menschen freundeten sich damit an, ihr Leben selbst in die Hand zu nehmen und ihre Lebensverhältnisse zu verbessern. Das wachsende Gehirn erlaubte Spielereien, die es unmöglich machten, noch einmal ein gewöhnliches Tier zu sein. Die Menschen brauchten fortan stets neue Herausforderungen, um das eigene Selbst zu beschäftigen und sich glücklich zu fühlen.

Nur dann und wann traten später Moralisten auf, die den Menschen geboten: Zurück in den Wald, wieder unschuldig sein, pflanzliche Rohkost essen, sich auf das Notwendige beschränken, das Leben vereinfachen, die Launen des Menschen überwinden, ganz so, als ließe sich das Rad der Evolution zurückdrehen! Was folgen könnte, wäre nicht mehr der Homo ludens, der spielfreudige Mensch, sondern ein anderes Wesen: eingeschränkter, simpler, starrer.

Vorläufig musste man sich keine großen Sorgen machen, dass das Fleisch und das Gegarte überhandnähmen, weil man nicht jeden Tag vom Jagdglück begünstig war. Bekömmlich wirkte wohl von jeher eine ausgewogene Ernährung: ein Essen mit Pflanzen und mit Fleisch, Rohkost und Gegartem, begleitet von viel Bewegung. Während gegartes Fleisch viel Energie und Kraft bot, sorgte pflanzliche Rohkost für ein vitaminreiches Essen und ein Gefühl der Lebendigkeit. Der Mensch blieb flexibel, konnte sich der Situation anpassen, mal mehr von diesem, mal mehr von jenem essen.

Heute, da viele Menschen weder Läufer sind noch körperlich schwer arbeiten, tut der Verzehr von pflanzlicher Rohkost der Regulierung des Gewichts und der Gesundheit gut. Bei entsprechender Bewegung sind jedoch nach wie vor Fisch und Fleisch als Nahrung lebenerhaltend und bekömmlich. Ernährungswissenschaftler wie Claus Leitzmann empfehlen eine vorwiegend pflanzliche Nahrung, roh wie gegart, in Maßen ergänzt von Fisch und Fleisch. Die menschlichen Verdauungsorgane sind nun einmal für die Mischkost geschaffen, und es gehört zu den wunderlichen Vorzügen des Menschseins, so vielfältig essen und den Reichtum der Natur schmecken zu können. Im Zeitalter der Empathie, der Einfühlung, ist es jedoch geboten, die Tiere, die man verzehren will, artgerecht zu behandeln.

Der frühe Mensch wurde nach dem Verlassen des afrikanischen Tropenwaldes zu einem so eigentümlichen wie einzigartigen Wesen, und vielleicht ist der Traum vom guten Leben bis heute mehr von der Savanne geprägt, als man denkt. Möglicherweise steckt hinter der legendären Sehnsucht nach dem Süden die uralte Sehnsucht nach dem endlosen Land der Serengeti: nach dem Freien, nach Weite und Helle, Licht und Wärme, nach neuen Spielmöglichkeiten, reicheren Genüssen, besserer Geselligkeit, ohne allzusehr von anderen gemaßregelt zu werden.

Die frühen Menschenarten gingen nacheinander aus Afrika hervor. Der Homo erectus, der aufgerichtete Mensch, gilt als der erste, der vor rund zwei Millionen Jahren problemlos aufrecht gehen und laufen konnte und die Jagd beherrschte, dabei schon den Faustkeil und das Feuer nutzte. Er wanderte über den Nahen Osten auch nach Europa aus. Eine späte Variante des Homo erectus zog vor rund dreihunderttausend Jahren, in einer Zwischeneiszeit, auch im heutigen Deutschland umher.

Im niedersächsischen Schöningen, südöstlich von Braunschweig, konnten Archäologen einen Lagerplatz des späten Homo erectus aus dieser Periode erkunden. Es ließ sich hier die Ursituation des menschlichen Essens und Trinkens erstmals genauer belegen: der Lagerplatz mit Feuerstelle, einschließlich eines angekohlten Holzstabs, der vermutlich als Bratspieß diente, daneben die Jagdwaffen, lange Holzspeere und eine Lanze, ebenso die Knochen der Beute. Verzehrt wurde hauptsächlich das Fleisch von wilden Pferden, Bären, Fischen, aber auch von Auerochsen und Waldelefanten. Die Jäger mussten als Team gut eingespielt sein, sonst hätten sie die großen Tiere nicht erlegen können. Nach erfolgreicher Jagd konnte man großzügig sein und üppige Portionen verteilen. Diese frühen Menschen waren ansatzweise schon sprechfähig und konnten sich unterhalten. Eine Gruppe bestand mindestens aus zwanzig Personen, Männern und Frauen. Beim Schlachtfest eines Waldelefanten war es möglich, auch andere Sippen um die Feuerstelle herum einzuladen und frühe Formen der Gastlichkeit zu pflegen, was wohl gelegentlich auch geschah.

Das deutsche Wort des Gastes leitet sich vom lateinischen Begriff »hostis« her. Der Ausdruck meint den Fremden, der auch feindlich gesinnt sein kann. Im Deutschen wurde aus dem Hostis der Gast. Gastlichkeit brächte demnach nichts Geringeres fertig, als aus dem Fremden oder Feind einen Freund zu machen.

Gewöhnlich gehört der Gast einer anderen Sippe an. Manchmal werden einem aber auch die eigenen Familienangehörigen fremd: die Eltern, die Geschwister, die eigene Frau, der eigene Mann. Da können das gemeinsame Hocken um die Feuerstelle, das Sitzen um den Herd in der Küche oder das Platznehmen am gedeckten Tisch helfen, das vorübergehende Fremdsein zu überwinden und erneut Vertrauen zu schaffen, gestärkt von gegenseitiger Fürsorge, belebt an Leib und Seele. Gastlichkeit beginnt, wo zwei Menschen zusammensind und gemeinsam speisen. Entsprechend heißt Gastmahl im Lateinischen »convivium«; darin stecken »con« und »vivere«: gemeinsam leben.

Begriffe wie Mahlzeit, Tischgemeinschaft und Gastmahl bilden fließende Übergänge. Vielleicht sollte sogar jeder einzelne Mensch sich selbst gegenüber gastlich sein, sich etwas gönnen und dabei wieder zu sich kommen. Der antike Geschichtsschreiber Plutarch überliefert in seinem biographischen Werk »Große Griechen und Römer« ein Bonmot des Lucullus. Als dieser einmal daheim allein speiste und nur ein mittelmäßiges Essen aufgetragen wurde, machte er dem eigenen Aufseher der Tafel Vorwürfe, weil jener annahm, dass der Hausherr für sich selbst kein üppiges Essen verlangen würde. Er rief: »Wusstest Du nicht, dass heute Lucullus bei Lucullus speist?«

Während vor Urzeiten in Europa aus dem Homo erectus der Neandertaler wurde, der sich dauerhaft an die Temperaturen der Eiszeit anpassen konnte, entwickelte sich in Afrika aus dem Homo erectus vor rund zweihunderttausend Jahren der Homo sapiens, der wissende oder der moderne Mensch, mit größeren Denkfähigkeiten als alle anderen menschlichen Vorfahren. Vor rund hunderttausend Jahren wanderte der Homo sapiens von Afrika in den Nahen Osten aus und erreichte vor rund vierzigtausend Jahren auch Europa und das heutige Deutschland. Da und dort traf er noch auf den Neandertaler. Gelegentlich paarte man sich vermutlich, wie es genetische Untersuchungen nahelegen, doch spielte das Erbe des Neandertalers beim modernen Menschen keine große Rolle. Der Neandertaler war kräftiger gebaut, an purer Muskelkraft dem modernen Menschen überlegen; auch gewisse ästhetische Empfindungen scheinen dem Neandertaler nicht fremd gewesen zu sein, fand man doch von ihm abstrakte Felsgravuren, überkreuzte Linien, in einer Höhle in Gibraltar. Doch konnte der Homo sapiens komplexer denken, gab sich geschmeidiger, war anpassungsfähiger und somit auch fitter. Während der Neandertaler bald ausstarb, blühte der moderne Mensch auf.

Der Homo sapiens entdeckte vor rund vierzigtausend Jahren sein künstlerisches Talent, schuf erstmals kleine Plastiken, schnitzte Frauenfiguren aus Elfenbein, desgleichen Jagdtiere, Mammuts, Pferde oder Mischwesen aus Mensch und Tier. Er stellte Musikinstrumente her: Flöten, indem er die Hohlräume von Geierknochen nutzte oder Elfenbeinstäbe halbierte, aushöhlte, Löcher einbohrte und die Hälften wieder zusammensetzte. Es zeigte sich mit einem Mal ein neues handwerkliches Geschick, eine neue Beobachtungsgabe, ein neues Vorstellungsvermögen, feineres Empfinden.

Die weltweit ältesten Zeugnisse dieses Kunstschaffens, die vor rund vierzigtausend Jahren entstanden, fanden die Archäologen bis heute in den Höhlen auf der Schwäbischen Alb: im Achtal und im Lonetal westlich und nördlich von Ulm, ausgegraben und ausgewertet unter der Leitung von Nicholas J. Conard. Das kreative Zentrum der Menschheitsgeschichte war jetzt offenbar nicht mehr die Serengeti mit anderen afrikanischen Savannen, sondern die Schwäbische Alb mit anderen europäischen Gegenden, solchen, die in der letzten Eiszeit nicht vom Dauerfrost erfasst wurden, sondern eis- und schneefreie Sommer mit üppiger Vegetation aufwiesen: mit grasigen Mammutsteppen und Strauchtundren, wo auch Pilze und Beerenfrüchte gediehen, Himbeeren, Brombeeren oder Preiselbeeren. Gelegentlich gab es Haselnusssträucher, da und dort verkrüppelte Kiefern. Holz war knapp, aber getrocknete Fladen aus Mammutkot brannten ebenfalls gut in den Höhlen oder in den Zelten und sorgten für die obligate Feuerstelle.

Die Mammuts waren die beherrschenden Tiere der Eiszeit; daneben stießen die Jäger auf Riesenhirsche, Rentiere, Steppenbisons oder ebenso auf Wollnashörner, Höhlenlöwen und Steinböcke. Es gab allem Anschein nach Jagdtiere in Hülle und Fülle, große Beute. Nach der Theorie des Evolutionsbiologen Josef H. Reichholf macht nicht die Not erfinderisch, sondern der Überfluss. Die reichlichen Mengen an Fleisch konnten teilweise konserviert werden, sommers durch Lufttrocknung, winters, zu Beginn des Dauerfrostes, durch das Aufbewahren in tiefen Gruben, die sich gleichsam in Gefriertruhen verwandelten. Fast scheint es, als habe sich der moderne Mensch auf der Schwäbischen Alb von den neuen Möglichkeiten wie berauscht gefühlt. Er musste sich nicht jeden Tag mit der Jagd beschäftigen, sondern fand auch Zeit für die Kunst.

Eine kleine Frauenfigur aus der Höhle Hohler Fels im Achtal hebt die Geschlechtsmerkmale hervor: große Brüste, ein breites Gesäß und den Genitalbereich. Es fehlt der Kopf, dafür ist eine Öse da, damit man das Figürchen an eine Schnur anbinden und um den Hals tragen konnte. Womöglich sollten sich die Kräfte dieser Plastik, einer Fruchtbarkeitsgöttin, auf eine weibliche Trägerin übertragen und ihre Schwangerschaft fördern oder für Mut bei der Geburt sorgen. Es klingen die Themen von Geschlechtlichkeit, Sex, Fortpflanzung an. Mit der Kunstfertigkeit der Hände dürfte sich auch die magische Phantasie entwickelt haben. Eine weitere Menschenfigur aus Elfenbein zeigt einen Löwenkopf und stellte vielleicht einen Zauberer oder Schamanen mit Löwenmaske dar, auf dass sich von diesem Tier die Kräfte übertragen ließen. Es gab zudem wohl schon weise Frauen, Hebammen, Hexen, die aus giftigen Pflanzen, Fliegenpilzen oder Tollkirschen, Arzneien und Rauschmittel herstellten. Berauschend konnte auch Beerensaft sein, der in Lederbeuteln vergor.

Die Sprechfähigkeit des Homo sapiens war dank verbesserter Stimmbänder ausgefeilter als beim Neandertaler. Die Vermittlung von Wissen und Können wurde dadurch erleichtert. Man konnte problemloser an Traditionen anknüpfen, ob das nun die Jagd- und Waffentechnik betraf oder die Herstellung von Arzneien, die Pflege von Musik und Mythen. Der Mensch war nicht länger nur ein Jäger und Sammler, Läufer und Handwerker, Rôtisseur und Spießbrater, sondern auch bildender Künstler und Dichter, ein Sprachzauberer, der mit der Macht der Worte einiges bewegen konnte.

Jedenfalls dürften Elemente des homerischen Gastmahls im Ansatz schon vorhanden gewesen sein: gebratenes Fleisch, Beerenwein, Obst zum Nachtisch, Musik, Tanz, die Lieder des Sängers, die gegenseitige Unterhaltung. Es entfaltete sich die Fähigkeit, verschiedene Künste zusammenzuführen und für unvergessliche Momente zu sorgen. Es ging wohl nicht mehr bloß um kurze, leidenschaftliche Aufwallungen beim Essen und Trinken oder beim Sex, sondern um die Ausdehnung des Vergnügens: um eine Kultivierung von Luxus und Muße, menschlicher Selbstachtung und Würde. Das Gastmahl bot Abwechslung, Rausch, gesteigertes Menschsein. Der Überfluss ließ die täglichen Sorgen vergessen; die Vergänglichkeit des Lebens spielte für eine Weile keine Rolle. Man konnte der Zeit ein Schnippchen schlagen und etwas vom Unendlichen erhaschen.

Ursprüngliche Herausforderung

Der Psychologe Mihály Csíkszentmihályi macht in seinem Buch über den »Flow«, dem dahinfließenden, verzaubernden Glücksgefühl des Menschen, die aufschlussreiche Unterscheidung zwischen dem Vergnügen und der Freude. Das Vergnügen an Essen, Trinken, Sex, Ruhe, Schlaf ist vorübergehend angenehm, weil es dem biologisch-genetischen Programm oder dem gewöhnlichen sozialen Verhalten entspricht. Aber das Vergnügliche wie das Angenehme werden leicht zur Routine und stimmen stumpf, weil das Neuartige fehlt, was die Sinne wie die Seele beleben könnte. Es findet kein psychologisches Wachstum statt, dem Selbst vermittelt sich keine fesselnde Komplexität. Das Leben wird erst lebenswert, wenn sich das Vergnügliche und das Angenehme mit anderen Erfahrungen überlappen, die nicht der üblichen Programmierung und Konvention folgen, sondern etwas Unerwartetes bieten, nämlich dann, wenn der Mensch einer Sache mehr Aufmerksamkeit schenkt als bisher; wenn er an seine Grenzen geht, neue Fähigkeiten entwickelt und Herausforderungen meistert: dann herrschen Freude und Verzauberung.

Das erste große Erlebnis der Verzauberung dürfte für die Menschen die Handhabung des Feuers gewesen sein. Wie kein anderes Tier bildete man das Geschick aus, dieses Urelement zu entzünden und nutzbringend einzusetzen. Das Spiel mit dem Feuer bedeutete einen unglaublichen Luxus, den sich der Mensch jetzt leistete. Mit einem Male standen Unmengen an Energie zur Verfügung. Der Umgang mit dem Feuer bot die Möglichkeit, der Notdurft des Lebens phasenweise zu entkommen.

Vermutlich war dann die Epoche vor rund vierzigtausend Jahren der Big Bang in der Entwicklung des Homo sapiens. Um die Feuerstelle, um das gemeinsame Mahl oder Gastmahl herum gab es plötzlich lauter Phänomene, die biologisch nicht notwendig waren, sondern puren Luxus darstellten. Die Formel lautete: Gastmahl mit Kunst – mit Musik, Tanz, Gesang, Mythen, rauschhaften Kräutern und Getränken, phantasievoller Kleidung, Schmuck aus Elfenbein, mit Gesprächen über Mitternacht hinaus und langen geistigen Auseinandersetzungen. Die Mahlzeit oder das Gastmahl gewannen magische Dimensionen, welche die Menschen miteinander verbanden. Man fühlte sich für Momente von den Zwängen des Daseins entbunden, frei von der Erdenschwere, und schaute in die Zukunft.

Feste und Feuerglanz, Freuden und Muße, Luxus und Verzauberung gehören wesensmäßig zur Geschichte der Menschheit. Kaum etwas anderes ist für den Homo sapiens notwendiger, kaum etwas anderes bringt seine Fähigkeiten besser zur Entfaltung. Es entstanden größere Gruppen, Sippen und Stämme. Doch so mancher Moralist deutet die Sehnsucht nach Luxus und Verzauberung als menschliche Ur- und Erbsünde, die es einzudämmen gelte. Ein anspruchsloses frommes Leben, so die Illusion, unterbinde Neid und Streit, sorge für leidliches Auskommen und Gleichheit der Menschen. In Wahrheit führt ein solches Leben eher zu Einfallslosigkeit, Langeweile und Verzweiflung.

Selbst die säkular gesteigerte Arbeitsgesellschaft von heute möchte gern das Rausch- und Sündhafte verbieten: den würzigen Duft von gebratenem Fleisch, schäumendes Bier, süffigen Wein, Zigarrenrauch, Träumereien, Gespräche über Mitternacht hinaus. Man singt das Hohelied der Rationalität, der Funktionstüchtigkeit und Fitness. Die Eliten, Minister, Manager, Großprofessoren, Chefredakteure, etablierte Künstler, nehmen ein Unmaß an Arbeit auf sich, sprechen stolz von einem vollen Terminkalender, der die eigene Bedeutung unterstreicht. Die Generation der Bachelorstudenten weiß nicht mehr, was Seminare mit langen Diskussionen sind, kann die Kunst des Diskurses nicht mehr üben, weil Bürokraten glauben, dass dabei nichts herauskommt. Der Rationalist zögert nicht, musische Phänomene des Lebens zu vernachlässigen.

Tatsächlich sind die Aufgaben nicht gut verteilt. Ein Teil der Leute, egal welchen Alters, findet überhaupt keine sinnvolle Beschäftigung und hat Unmengen an freier Zeit. Wieder andere klagen, dass sich Arbeit und Familie schlecht vereinbaren ließen. Fast scheint es, als würden in allen sozialen Kreisen jene Menschen weniger werden, welche die wohltuende, ausgleichende, anregende Art des gemeinsamen Essens und Trinkens und Feierns noch erleben können. Man möchte prophezeien: Eliten, die keinen allgemein menschenwürdigen Lebensstil entwickeln, bleiben keine Eliten.

Es käme darauf an, die Orte der kreativen Muße zu schützen, zu hegen und zu pflegen: den unterhaltsamen Familientisch, die freundschaftliche Tafelrunde, die Gasthäuser und Restaurants, die Markthallen und Vereinslokale, die Landhäuser und Landhotels, die Kindergärten und Schulen sowie die Seminarräume der Universitäten. Wo sonst, wenn nicht an diesen Orten, hat man die Gelegenheit, urmenschliche, demokratische Dinge zu erlernen: das Reden, die Verständigung, den gegenseitigen Respekt und die Rücksichtnahme, das Benehmen, Witz, Phantasie, die Kennerschaft der Genüsse und der Künste – ein Gefühl menschlicher Würde.

2

HIMMLISCHE FESTTAGE

Nach dem Ende der letzten Eiszeit, um 9500 v. u. Z., nahm das Landschaftsbild hierzulande ein ganz anderes Gesicht an. Die endlosen Weiten der offenen Mammutsteppen und Strauchtundren verloren sich, Bäume überzogen das Land, bis alles von dichtem Wald geprägt war. Auch die großen eiszeitlichen Tiere verschwanden, die Mammuts, die Riesenhirsche, die Wollnashörner oder Höhlenlöwen, weil sie im Wald nicht mehr genügend Gräser fanden.

Es entstanden eine Flora und Fauna, die heute noch vertraut wirken. Haselnusssträucher breiteten sich aus, dann Birken und Kiefern, bald auch Eichen und Ulmen, Linden und Eschen. Die beherrschenden Tiere des Waldes waren jetzt das Wildschwein, der Rothirsch, das Reh, gelegentlich kam auch schon ein Hase dazu. Über die Eiszeit hinaus gab es Pilze und Waldbeeren, schließlich konnten sich auch die Fische in den Bächen, Flüssen und Seen prächtig vermehren, Delikatessen wie Bachäsche, Bachforelle, Seesaibling, Huchen, Lachs, Flussbarsch, Zander, Waller. Die Menschen, die dieser Region als Jäger und Sammler treu blieben, fanden keine schlechten Sachen.

Hätten die Leute ihre Lebensweise nicht geändert, wäre Deutschland auch heute noch größtenteils von dichtem Wald überzogen. Doch um 5500 v. u. Z. veränderten die Menschen ihre Gewohnheiten, verwandelten sich von umherziehenden Jägern und Sammlern zu sesshaften Bauern und Dorfbewohnern. Die Vorfahren der Deutschen schufen Licht, rodeten die Wälder, bauten Häuser, betrieben Viehzucht und Ackerbau, um in Zukunft weniger von den Launen der Natur abhängig zu sein und für mehr Vergnügen und Freude zu sorgen. Das landwirtschaftliche Know-how kam aus dem Nahen Osten und der Mittelmeerregion, wo sich die bäuerliche Kultur seit etwa 10 000 v. u. Z. entwickelt hatte. Teils wanderten die Bauern über die Wege an der Donau in den Norden, teils übernahmen hier die Einheimischen die neuen Lebensgewohnheiten der Fremden, bis beide Gruppen verschmolzen. Auch von Westen her, über das Tal der Rhône, zogen Bauern in den Norden.

An Getreide säte man hauptsächlich Varianten des Weizens, Emmer und Einkorn, da und dort auch Gerste, etwas Dinkel, Nacktweizen und Rispenhirse. An Hülsenfrüchten gab es Linse und Gelbe Erbse, etwas später auch die Dicke Bohne, die Saubohne, an Ölfrüchten Mohn und Lein, dazu kam die gewohnte Haselnuss. Jens Lünig hat archäologische Einzeluntersuchungen und Funde der letzten Jahrzehnte erfasst und in seiner Studie »Steinzeitliche Bauern in Deutschland« ausgewertet.

Zu den bäuerlichen Haustieren zählten Schwein, Rind, Schaf und Ziege. Vermutlich erzeugte man aus der Milch der Nutztiere auch schon Quark und andere Käsesorten. Europa, zumal Mitteleuropa, gehört ja bis heute zu jenen Weltgegenden, wo die Einheimischen den Milchzucker, die Laktose, gut vertragen. Die Tradition der Milchprodukte sowie die Verträglichkeit der Laktose dürfte sich hier schon seit der bäuerlichen Jungsteinzeit eingespielt haben. Dementsprechend finden sich seit dieser Periode auch bereits Spuren des Salzhandels. Salz stabilisierte nicht bloß die Reifung des Käses, sondern bereicherte die Speisezubereitung ungemein, machte das Essen würziger und aromatischer. Für Vielfalt sorgten neben den Haustieren natürlich auch Wild und Wildgeflügel, eben Wildschwein, Hirsch, Reh, Hase, ferner Wachtel, Schnepfe, Rebhuhn; ebenso finden sich Hinweise auf den Verzehr von Gänsen, seien es Wildgänse gewesen oder domestizierte.

Nicht nur die bäuerlichen Lebensmittel vervielfältigen sich, auch die Methoden des Garens. Die ursprüngliche Gartechnik, das Braten von Fleisch am Spieß, konnte dank der Erfindung der Keramik variiert werden: durch das Kochen von Fleisch und Gemüse im Topf; hinzu kam das Backen von Brot im Ofen. Diese Öfen befanden sich in Erdgruben; später wurden sie ebenerdig gebaut. Das wichtigste bäuerliche Produkt, das Getreide, konnte unterschiedlich verarbeitet werden: als Brot aus Sauerteig, als Fladen oder als Brei. Vermutlich stellte man aus eingeweichten Fladen und dem Getreideschrot auch schon Frühformen des Bieres her und vermehrte die begehrten rauschhaften Mittel.

Ungeahnte Talente der steinzeitlichen Bauern sorgten für unerwartete Freuden. Von nun an nutzte man alle vier Urelemente der Natur bei der Zubereitung von Lebensmitteln: neben dem Feuer zum Braten auch das kochende Wasser im Topf, die heiße Luft zum Backen und die Erde in Form von Hefen, Bakterien und Pilzen für das Gären, Fermentieren, beispielsweise von Brotteig, Bier und Käse.

Es vollzogen sich gegenläufige Prozesse: Teils entfernten sich die steinzeitlichen Bauern mehr denn je von einem bloß natürlichen Dasein, indem sie die Erde urbar machten und kultivierten; teils rückten sie den Urelementen der Natur wieder näher, indem sie lernten, deren Eigenschaften besser zu verstehen und zu nutzen. Michael Pollan plädiert heute in seinem Buch über das »Kochen« dafür, dass man die elementaren Methoden der vor- und frühgeschichtlichen Menschen bei der Zubereitung von Speisen erneut in den Alltag einbinde: selbst wieder einmal das Fleisch am Spieß braten, eine Suppe kochen, Brot bakken, Bier herstellen oder Käse machen und somit zu einem tieferen Verständnis der Natur und der besonderen Rolle unserer Spezies darin kommen.

Gerade das Kochen mit Wasser im Topf schuf seinerzeit ganz neue Dimensionen der Esskultur. Für das Mundgefühl war die flüssige Speise, die Suppe, die Brühe, die Soße, etwas ganz Neues, etwas unbeschreiblich Schmeichlerisches, hergestellt durch das Kochen und Extrahieren von Fleisch, Gemüse, Kräutern. Vielleicht ist in der Kochkunst nichts reizvoller als dieses Zusammenspiel von Fleisch, Gemüse, Soße: diese Balance zwischen zart Gegartem und sämig Flüssigem. Bedauerlich, wenn sich der Koch heute nur noch als bildender Künstler versteht und die Soße lediglich zitiert in Form von Tupfen und Fäden, ohne dass diese am Gaumen eine Rolle spielen. Was für eine Verarmung!

Suppen, Brühen und Soßen können so charmant, so komplex und subtil sein, wie es das von Natur aus nicht gibt. Bereits den steinzeitlichen Bauern standen dafür hierzulande allerhand Würzmittel zur Verfügung – neben den Grundzutaten, Fleisch und Gemüse, auch Kräuter, Samen, Butter und Öle. Man konnte wildwachsende Würzmittel und Gemüsesorten sammeln, quasi als die mitteleuropäischen Urpflanzen der Küche, und einiges davon mit der Zeit gezielt ergänzen: Pilze, Champignons, Pfifferlinge, Steinpilze, Spitzmorcheln und dergleichen, ferner Zwiebeln, Knoblauch, Bärlauch, Sauerampfer, Melde, Brennnessel, Feldsalat, Möhre, Pastinake, Kohl, Beifuß, Eisenkraut, Hopfen, schließlich auch wilden Majoran, Kümmel und Wacholder. An Obst gab es neben den Waldbeeren in wilder Form Äpfel, Birnen und Kirschen, ebenso Schlehe, Sanddorn und Holunder.

Wer heute nach Produkten einer althergebrachten mitteleuropäischen Küche sucht, kann sich daran orientieren. Gewisse Kombinationen dürften uralt sein: Feldsalat mit Haselnussöl; Wildbret mit Pilzen und Preiselbeeren; Seesaibling mit Bärlauch und Sauerampfer; Schwein mit Kümmel und Knoblauch. Angesichts der unendlichen kulinarischen Möglichkeiten einer modernen globalen Welt wird es mittlerweile wieder reizvoll, Dinge in der Küche zu verbinden, die auf natürlich-traditionelle Weise zusammengehören und den Gout eines bestimmten Ökosystems wiedergeben. Man würze einmal Schwein mit Wacholder, Kümmel, Knoblauch und Lindenblütenhonig – schmeckt nach Mitteleuropa.

Ansatzweise schuf man damals auch schon Gärten, in denen die Pflanzen aufwendiger gepflegt wurden. Gehäufte archäologische Nachweise von wilden Äpfeln und Kirschen an bestimmten Stellen deuten darauf hin, dass man das Obst gezielt anpflanzte und dafür die Kerne von besonders großen oder süßen Früchten auswählte, ohne schon das Pfropfen zu beherrschen. Selbst mediterrane Gemüsesorten und Kräuter wie Petersilie, Dill, Zitronenmelisse, Fenchel und Sellerie gab es zuweilen.

Die vorhandenen Ölfrüchte, Mohn, Lein und Haselnuss, wurden zu Öl gepresst, sei es für die Haut- und Schönheitspflege, sei es als Würzmittel. Möglicherweise erzeugte man aus den unreifen Mohnsamen auch Opium, um wiederum die rauschhaften Mittel und Arzneien zu ergänzen. Schließlich dürften die Bienen schon Honig zur Verfügung gestellt haben, aus dem man auch Met, Honigwein, machen konnte. Selbst wilde Weintrauben können die Archäologen für die mitteleuropäische Jungsteinzeit belegen. Die Ursprünge des Weinbaus verweisen auf den Kaukasus; von hier aus erreichte er die steinzeitlichen Bauern an der unteren Donau. Nicht auszuschließen, dass auch in Mitteleuropa schon früh neben Met und Bier Wein getrunken wurde.

Die neue bäuerliche Kultur hierzulande empfing von der frühen Zivilisation an der unteren Donau entscheidende Impulse. Was dort seit etwa 5500 v. u. Z. geschah, stellte vorübergehend die Entwicklung im Nahen Osten in den Schatten. So sieht es jedenfalls Harald Haarmann in seinem Buch »Das Rätsel der Donauzivilisation«. Während frühe dörfliche Großsiedlungen in Anatolien, wie Çatal Höyük, damals schon nicht mehr existierten, während es zugleich in Mesopotamien und in Ägypten noch keine Städte, Zikkurats oder Pyramiden gab, brachte die Donauzivilisation Orte hervor, die sich nach 4500 v. u. Z. zu dörflichen Großsiedlungen mit stadtartigen Strukturen mauserten. Haarmann hebt hervor, dass diese stadtartigen Gebilde sowie die entsprechenden Kunstwerke bereits stark von Abstraktion, Geometrie und Symmetrie geprägt waren.

Die jungsteinzeitliche Kultur in Mitteleuropa nahm um 5500 v. u. Z. von der unteren Donau ihren Ausgang, verselbständigte sich aber und brachte Eigenes hervor, das kaum weniger beeindruckend war. Kurz nach 5000 v. u. Z. entstand nördlich der Alpen erstmals eine monumentale Architektur aus Holz: Kreisgrabenanlagen, mit Schwerpunkten entlang der oberen Donau: in der westlichen Slowakei, im südlichen Mähren, in Niederösterreich und in Niederbayern, schließlich auch im Elbe-Saale-Gebiet: im nördlichen Böhmen, in Sachsen und in Sachsen-Anhalt. Bislang konnten durch Luftbildarchäologie und Ausgrabungen rund zweihundert solcher Rondelle erkundet werden.

Ausgezeichnet erforscht und zugleich rekonstruiert wurde die Kreisgrabenanlage in Goseck bei Naumburg in Sachsen-Anhalt. Ein drei Meter tiefer, kreisrunder Graben mit vorgelagertem Wall und drei Torbereichen besitzt einen Durchmesser von achtzig Metern. Nach innen hin folgen dem Graben zwei kreisrunde Palisaden aus zugehauenen Holzbalken, dicht an dicht. Auf der Grundlage von Beilen mit scharfen Steinklingen entfaltete sich schon eine beeindruckende Zimmermannskunst.

Bald erkannten die Forscher unter der Leitung von François Bertemes, dass dieses Rondell als Sonnenobservatorium errichtet worden war. Die symmetrisch angeordneten südlichen Tore markieren den morgendlichen und abendlichen Sonneneinfall zur Wintersonnenwende am 21. oder 22. Dezember. Durch Lücken in den Palisaden kann die Sonne auch die Sommersonnenwende am 21. oder 22. Juni angeben, ebenso wie den 29. April, vermutlich ein Frühlings- und Fruchtbarkeitsfest. Die Bauern erhielten verlässliche Anhaltspunkte für die Aussaat wie für die Ernte.

Doch die Kreisgrabenanlage in Goseck leistete noch viel mehr. Symmetrisch-geometrisch angelegt, wurde sie zu einem Symbol der Kultur und Ordnung überhaupt, gewährte den Bauern im Bedarfsfall einen gewissen Schutz, wenngleich die wehrhafte Funktion nicht an erster Stelle stand, denn die breiten Torbereiche und der vorgelagerte Wall konnten umgekehrt auch den Angreifern nützlich sein, indem sich etwa vom Wall aus leicht Speere und Steine in das Innere der Anlage werfen ließen. Die vier Kreise aus Wall, Graben und zweifacher Palisade markierten vor allem ein System von Innen und Außen, eine Dualität des Alltäglichen und des Heiligen. Von außen konnte die Anlage nicht eingesehen werden. Die Menschen konnten sich auf das, was im Inneren geschah, konzentrieren und jenseits der gewöhnlichen Welt etwas anderes erleben. Dieses Sonnenobservatorium war, so Bertemes, auch ein Ort für Versammlungen, Feste und Kulte.

In den Bereichen der zwei südlichen Tore konnten große Feuerstellen und viele Tierknochen nachgewiesen werden, vor allem vom Rind, aber auch vom Auerochsen. Es gab hier einst reichlich gebratenes Fleisch, wohl teils als Opfergaben für die Götter, teils als Festschmäuse, um bedeutende zeitliche Einschnitte des Jahres zu feiern: Wintersonnenwende, Frühling, Sommersonnenwende.

Man verlieh dem endlosen Lauf der Zeit einen gewissen Rhythmus, sorgte für außergewöhnliche Tage, besinnliche Momente, pflegte die Gemeinschaft und die Geselligkeit, den dörflichen oder kommunalen Zusammenhalt. Hundertfünfzig Meter östlich des Rondells schloss sich eine Siedlung an; wahrscheinlich sahen noch weitere Höfe, Hofgruppen und Dörfer in der näheren Umgebung diese Kreisgrabenanlage als ihr Zentrum an. Im Kern waren schon entscheidende Elemente der späteren europäischen Stadt vertreten, die den Menschen eine neue Art der Sicherheit, Ordnung und Würde gaben: Befestigungsanlage, Versammlungsort, Marktplatz, geistiger Bezirk.

Ein paar tausend Jahre später schloss sich an die Wintersonnenwende das christliche Weihnachtsfest an, an den Frühlingstag am 29. April das keltische Beltanefest am 1. Mai, ebenso – in zeitlich freierer Folge – das jüdische Pascha- und das christliche Osterfest, gefolgt von der Walpurgisnacht. Von jeher machten die Menschen den Jahreswechsel und den Frühling zu besonderen Momenten des Innehaltens und des Feierns, ob auf mystische, ob auf weltliche Weise.

Bereits die jungsteinzeitlichen Bauern entwickelten für solche Feste ein kunstvolles Gefüge aus beeindruckender Architektur, himmlischen Bezügen, Bratengeruch, Soßen, rauschhaften Getränken und Gesängen. Es handelte sich um Freuden, die über das bloße Vergnügen am Essen und Trinken hinausgingen. Nicht unbedingt schon das Kochen, sondern erst die verwobenen Elemente der Gastlichkeit sorgen für die Verzauberung, zu welcher der Mensch wie kein anderes Lebewesen fähig ist.

Bedenklich, wenn nicht dekadent, wenn heute die elementaren Einschnitte der Natur nicht mehr so recht gefeiert werden, wenn das Gefühl für natürliche Rhythmen verlorengeht, wenn keine Höhepunkte im Jahr mehr vorhanden sind, keine außergewöhnlichen Feste, die den Menschen dann und wann von der Erdenschwere befreien und auf andere Gedanken bringen. Nur wer unvergesslichen himmlischen Momenten eine Chance gibt, lebt erfüllt.

3

MEHR GLANZ UND GLITZER

Rund viertausend Jahre nach der Errichtung jungsteinzeitlicher Kreis-grabenanlagen schuf man hierzulande abermals kreisrunde Monu-mente, doch nun von ganz anderer Art. Nahe dem baden-württember-gischen Hochdorf, westlich von Stuttgart, entdeckten die Archäologen eine flach gewölbte kreisrunde Kuppe aus Erdreich, stattliche sechzig Meter im Durchmesser, sechs Meter hoch, ursprünglich umzogen von einer wannenartigen Vertiefung. Als man die Kuppe untersuchte, stie-ßen die Forscher auf eine Grabkammer mit Schätzen wie aus Tausend-undeiner Nacht.

Es handelte sich um das Grab eines keltischen Herren, vermutlich eines Fürsten, der hier um 540 v. u. Z. bestattet worden war. Zwar gab es Fürstengrabhügel auch schon in der Bronzezeit, doch nun waren sie von anderer Raffinesse. Der fürstliche Herr lag auf einem zweiein-halb Meter langen kupfernen Sofa, war selbst über 185 Zentimeter groß, ein Hüne für die damalige Zeit, bekleidet mit feingesponnenem Tuch und Schnabelschuhen, geschmückt mit einem goldenen Ring um den Hals und einem Hut aus Birkenrinde, dazu mit einem Dolch in verzierter Bronzescheide ausgestattet. Daneben befanden sich Uten-silien der Schönheitspflege, Kamm, Rasiermesser und Nagelschnei-der, ferner Symbole des Jagens und des Fischens, ein Köcher mit Pfei-len und drei Angelhaken. Wahrscheinlich war schon in keltischer Zeit das Jagen und Fischen ein herrschaftliches Privileg.

Die Gegenstände der Grabkammer wiesen auf ein erstaunlich ho-hes kunsthandwerkliches Niveau hin. In die Rückenlehne des kupfer-nen Sofas hatte man Szenen des Schwerttanzes und der Wagenfahrt ge-punzt. Den Sitz des Möbels tragen acht bronzene Frauenfiguren, die ihrerseits, wie Akrobatinnen, auf Rädern stehen, wodurch man die Sitzgelegenheit hin und her schieben kann.

Ferner stach ein fast kugelrunder Bronzekessel ins Auge, groß und festlich, mit einem Fassungsvermögen von 400 Litern; nach botani-schen Untersuchungen einstmals randvoll gefüllt mit Met, Honig-wein. Auf der Schulter des Kessels sitzen drei Löwenfiguren, von denen eine erneuert wurde. Der Kessel gilt als eine griechische Arbeit aus Süditalien, doch die eine erneuerte Löwenfigur kam aus einer keltischen Werkstatt. Man war seinerzeit nördlich der Alpen problemlos in der Lage, ein derartiges Stück nachzugießen. Gerade die Metallverarbeitung – Gold, Bronze, Kupfer, Eisen – beherrschte man. Es entfaltete sich in der Kammer eine funkelnde Mischung bunter Metalle.

Schließlich gab es in der Kammer auch einen vierrädrigen Wagen, der mit Eisenblech verkleidet war und von zwei Pferden gezogen werden konnte. Ein solcher Prunkwagen war damals als Fortbewegungsmittel ähnlich prestigeträchtig wie heute ein Rolls-Royce. Auf dem Wagen lag ein Trink- und Esservice, etwa eine Kelle, um den Honigwein aus dem Bronzekessel zu schöpfen und in vergoldete Trinkhörner zu gießen. Zusätzlich fand man neun Bronzeteller und drei Servierbecken.

Es lässt sich erahnen, dass dieser Fürst seine Herrschaft nicht nur auf Unterdrückung und Gewalt aufbaute, sondern auch auf Freuden des Gastmahls als Anreiz für ein gedeihliches Miteinander. Die Kunst der Gastlichkeit dürfte ein zentrales Element seiner Macht gewesen sein: mit nobler Kleidung, außergewöhnlichen Sitzmöbeln, edlem Geschirr, Wildbret, Fischen, Honigwein, Schwerttänzen. Möglicherweise trat zudem ein Barde auf, ein fahrender Sänger, wie es von griechischen und römischen Autoren für keltische Gelage und Gastmahle bezeugt wurde. Auch Tafelnarren und Spaßmacher sind belegt. Vermutlich nahmen an solchen Festlichkeiten der Oberschicht sogar Frauen teil, da das Grab der keltischen Fürstin von Vix ebenfalls ein Trinkservice enthielt.

Athenaios von Naukratis überliefert in seinem legendären »Gelehrtenmahl«, geschrieben um 200 u. Z., die Ess- und Trinkgewohnheiten der antiken Welt, darunter auch die Beschreibung eines keltischen Gastmahls, verfasst von dem älteren Historiker Phylarchos im dritten Jahrhundert v. u. Z. Die Darstellung lässt sich gut mit den Funden von Hochdorf in Verbindung bringen. Der Geschichtsschreiber betonte, wie umsichtig keltische Fürsten vorausplanten, um Gastmahle von gargantuesken Ausmaßen zu veranstalten: »Ariamnes, der reichste aller Kelten, habe einmal jährlich alle Kelten zum Mahl eingeladen. Dabei verfuhr er so: Längs den Hauptstraßen des Landes legte er Stationen fest, wo er Lauben aus Pfählen, Rohr und Flechtwerk aufschlagen ließ, die vierhundert und mehr Männer fassten, je nachdem, wieviele aus den Städten und Dörfern zusammenströmende Gäste aufzunehmen waren. Dort ließ er gewaltige Kessel mit allerlei Fleisch aufstellen, die er schon im Jahr vor der Bewirtung von Schmieden hatte herstellen lassen, die er aus anderen Städten geholt hatte. Als Opfertiere ließ er Stiere, Schweine, Schafe und sonstige Kleintiere täglich in großen Mengen schlachten, dazu Fässer mit Wein bereitstellen und viel schon geknetetes Gerstenmehl.« Die keltische Gastfreundschaft genoss bei den griechisch-römischen Autoren einen hervorragenden Ruf.

Selbst der Zusammenhang von »Städten und Dörfern« lässt sich rekonstruieren. Das Grab von Hochdorf lag im Umkreis des Hohenaspergs, eines Tafelbergs, der über neunzig Meter hoch aus der Ebene ragt. Drum herum fanden die Archäologen noch weitere keltische Fürstengrabhügel. Jörg Biel, der in Hochdorf die Grabung leitete, geht davon aus, dass sich auf dem Hohenasperg eine stadtartige Burganlage der Kelten befand, auf der die Fürsten zu Lebzeiten residierten. Da allerdings in der Renaissance auf dem Hohenasperg eine württembergische Landesfestung errichtet wurde, gingen dort ältere archäologische Schichten verloren. Man kann jedoch Parallelen ziehen zur Heuneburg, einer gut erforschten stadtartigen Burganlage der Kelten an der Donau, die etwa derselben Zeit angehört wie das Grab in Hochdorf und ebenfalls in Baden-Württemberg liegt, östlich von Sigmaringen. Diese stadtartig ausgebaute Heuneburg wurde umzogen von einer Reihe keltischer Fürstengrabhügel, darunter auch das Grab einer Fürstin. Die Tochter oder die Witwe eines Fürsten konnte bei den Kelten gegebenenfalls die Nachfolge antreten und die Macht ausüben.

Die Kelten entwickelten damals an unterschiedlichen Orten ein herrschaftliches Gefüge aus zentraler stadtartiger Burganlage mit Fürstensitz, lateinisch »oppidum« genannt, das ein paar tausend Einwohner umfassen konnte, und umliegenden Dörfern sowie einzelnen Gehöften. Der städtische Fürst gebot über ein Gefolge aus ländlichen Aristokraten – Kriegern mit schweren Eisenwaffen zu Pferde, regelrecht schon Ritter, die über ausreichenden Grundbesitz verfügten –, dazu andere Freie, Knechte oder Hörige. Wie es scheint, veranstalteten die fürstlichen Magnaten regelmäßig Feste im Freien und luden dazu das Gefolge aus der ganzen Umgebung ein, um das Gefühl der Zusammengehörigkeit zu stärken. Selbst Fremde wurden herbeigerufen, wenn sie zufällig an der Festgesellschaft im Freien vorbeikamen.

Die Mittel für eine solche gastronomische Großzügigkeit gewannen die Kelten durch eine bessere Nutzung der Ressourcen. Harte Eisenbeile erlaubten es nun, in einem bis dahin unbekannten Ausmaß die Wälder zu roden, neue Felder für das Getreide anzulegen oder neue Weiden für die Viehzucht. Teilweise betrieb man jetzt auch eine Koppelwirtschaft, indem die gerodeten Areale abwechselnd als Äcker und als Weiden genutzt wurden, damit sich die Böden erholen konnten. Noch entscheidender für den Wohlstand war vermutlich die Entwicklung neuer handwerklicher Fähigkeiten: das besondere Geschick für den Bergbau und für die Metallerzeugung, ferner für die Keramik- und Textilherstellung. Das harte Eisen machte das Aufblühen der Landwirtschaft erst möglich, und die Edelmetalle – Gold, Bronze, Kupfer – sorgten für mehr Glanz und Glitzer bei den Festlichkeiten.

Der Fürst von Hochdorf war vermutlich ein Fürst von Hohenasperg. Offensichtlich führte seine Sippe mit einigen Grundherren der Gegend ein vorausschauendes Regiment. Archäologische Funde belegen gerade für die Region des Hohenaspergs eine bemerkenswerte wirtschaftliche Entwicklung: mit erkennbarer Arbeitsteilung und Spezialisierung. Man konzentrierte sich auf das Metallhandwerk sowie auf die Schafzucht und Verarbeitung der Wolle mit Hilfe von Webstühlen.

Die Grabkammer von Hochdorf deutet jedoch auch auf einen persönlichen Stil hin: auf einen ausgesuchten Geschmack, auf das Faible für die schönen Dinge des Lebens. Kaum ein anderer Fund aus keltischer Zeit lässt sich damit hierzulande an Glanz vergleichen. Der Fürst von Hohenasperg-Hochdorf wird als erster Connaisseur der deutschen Vor- und Frühgeschichte fassbar.

Ein verlockender Gedanke, in ihm einen der Ahnen des keltisch-britischen Königs Artur zu vermuten, einer Gestalt aus Dichtung und Wahrheit, legendär für seine prachtvolle ritterliche Tafelrunde, meisterlich ausgeschmückt im hohen Mittelalter, etwa von Wolfram von Eschenbach im »Parzival«. Die keltische Kultur des großzügigen Gastmahls erlebte um 1200 regelrecht eine Renaissance.

Der griechische Geschichtsschreiber Herodot stellte um 450 v. u. Z. in seinen »Historien« fest, dass die »Keltoi«, die Kühnen, an den Quellen der Donau siedelten. Die Region der Heuneburg wie die des Hohenaspergs bildeten auf jeden Fall schon im sechsten Jahrhundert v. u. Z. frühe Höhepunkte der keltischen Kultur. Archäologisch lässt sich das Ursprungsgebiet der Kelten auf das gesamte nördliche Voralpenland ausdehnen: von Österreich über Böhmen, Süddeutschland und die Schweiz bis in das mittlere Frankreich. Seit dem fünften Jahrhundert v. u. Z. vergrößerte sich dann das keltische Gebiet noch einmal erheblich: vermehrt um die italienische Poebene, Teile Mitteldeutschlands, Frankreich insgesamt, das nordwestliche Spanien, Großbritannien, Irland sowie Gebiete an der unteren Donau und in der Türkei. Viele berühmte europäische Städte haben dem Namen nach einen keltischen Ursprung. Alexander Demandt nennt in seinem Keltenbuch Orte wie Bologna, Modena, Mailand, Genf, Zürich, Wien, Regensburg, Worms, Mainz, Trier, Reims, Paris, London oder York.

Wenngleich die Kelten anfänglich bäuerlich-dörflich geprägt waren, übernahmen sie mehr und mehr Elemente der mediterranen Stadtkultur mit Handwerkern und Händlern. Ähnlich wie die Griechen allmählich ihre Stadtfürsten stürzten und in der Regel eine Mischung aus aristokratischem und bürgerlichem Regiment einführten, änderte sich auch die soziale Struktur der Kelten. Die Sitte der prunkvollen Fürstenbestattung verlor sich nach 400 v. u. Z., statt dessen gründeten ländliche Aristokraten und reiche Grundherren neue Siedlungen in der Ebene, Orte, die gelegentlich als Städte ausgebaut wurden und allem Anschein nach eine adelig-bürgerliche Verfassung erhielten.

Zur wohl bedeutendsten keltischen Stadt nördlich der Alpen wurde seit dem dritten Jahrhundert v. u. Z. Manching im heutigen Bayern, damals noch mit der Donau verbunden, nahe Ingolstadt. Auch hier waren vorausschauende Leute mit organisatorischen Fähigkeiten am Werk. Im zweiten Jahrhundert v. u. Z. erhielt Manching eine weitläufige Wehranlage mit einer fast kreisrunden, sieben Kilometer langen Stadtmauer und vier imposanten Toren, nach innen hin mit geordneter Straßenführung, einer Metropole würdig. Das mittelalterliche Nürnberg hätte darin Platz gefunden, nur Köln war größer. Obwohl das Areal noch heute längst nicht zur Gänze erforscht ist, wird vermutet, dass hier fünf- bis zehntausend Menschen lebten, neben Bauern hauptsächlich Handwerker, Händler und Großhändler.

Letztere wohnten in großen Anwesen mit umfangreichen Magazinen und Speichern und waren wohl ursprünglich ländliche Aristokraten und Ritter; jetzt bildeten sie die bürgerliche Oberschicht, so wie sich in den hoch- und spätmittelalterlichen Freien Reichsstädten ritterliche Ministerialen in Großhändler, Ratsherren und Patrizier verwandelten. Im keltischen Manching wurde die adelig-bürgerliche Oberschicht der Ritter und Großhändler durch den geistlichen Stand der Druiden ergänzt, einer Priesterschaft, die ebenso Aufgaben als Richter und Lehrer übernahm. Selbst Ärzte, die hier mit feinen Pinzetten und Salben arbeiteten, gehörten bereits zur Schicht der Honoratioren.

Susanne Sievers hat die Forschungsergebnisse der letzten Jahre in ihrem Buch »Manching – Die Keltenstadt« zusammengefasst. Es präsentiert sich eine wohlhabende Stadt, die mit halb Europa Handel betrieb, von Süditalien bis an die Ostsee. Man führte Wein und Olivenöl aus dem Süden ein, dazu Hochglanzkeramik und gläserne Trinkgefäße; sogar die römische Fischsoße »Garum« fand den Weg über die Alpen hierher. Manching selbst trumpfte mit keltischem Textil- und Metallhandwerk auf, aber auch mit eigener Glasproduktion, vor allem für Frauenschmuck: bunte gläserne Armreife oder Perlen für die Halskette. Es gab glitzernde Colliers aus Glasperlen und Bernstein.

Der Handel fußte teilweise schon auf der Geldwirtschaft, denn am Ort wurden Münzen geprägt; zudem fand man vergrabene Schätze mit vielen Goldstücken. Auch Schreibgriffel gab es, die vermutlich hauptsächlich für die kaufmännische Buchführung benutzt wurden. Im Gegensatz zur mediterranen Zivilisation entwickelten die Kelten noch keine nennenswerte Schriftkultur. Desgleichen konnte sich hier die Steinbaukunst noch nicht durchsetzen; man bevorzugte die herkömmliche Holzbauweise. Dennoch war man in Manching in der Lage, komplexe soziale Strukturen aufzubauen; schließlich sorgte man für feine materielle Güter und erlesene Gastmahle.

Neben den üblichen Haustieren wie Schwein, Rind, Schaf und Ziege tauchte in den Anwesen der Begüterten nun gelegentlich schon das Huhn auf; auch delikates Wildgeflügel war dort begehrt, wie Wacholderdrossel und Rebhuhn, ebenso Fische wie Zander, Waller, Karpfen oder die exzellente Quappe, auch Trüsche genannt, eine Kabeljauart im Süßwasserbereich; hinzu kam vierbeiniges Wildbret wie Hase, Reh, Wildschwein und Rothirsch, selten einmal ein Auerochse.

Fisch, Geflügel und Wild sollten langsam zu den klassischen Elementen der vornehmen Küche nördlich der Alpen aufrücken: teils als ländlich-aristokratischer Stil, in Form des Wildbrets, dunkel und würzig, teils als urbaner Stil, in Form von Fisch und Geflügel, hell und mild. Ergänzt wurden diese delikaten Speisen in Manching auch schon durch Käse und Kernobst, wohl als Nascherei zum Nachtisch.

Allerdings war hier bei den betuchten Leuten das Hausschwein gleichermaßen sehr beliebt, galten doch Schwein und Eichenbaum, der mit seinen Früchten, den Eicheln, das Tier mästete, regelrecht als Nationalsymbole der Kelten, häufig in der Kunst dargestellt. Weil nun neben den hergebrachten Küchenutensilien, Bratspieß, Topf, Ofen, in Manching bereits auch eiserne Bratroste vorhanden waren, dürfte es auch schon Bratwürste vom Schwein gegeben haben, und neben dem südländischen Wein dürfte ebenso heimisches Bier und Met getrunken worden sein.

Der griechische Geschichtsschreiber Poseidonios berichtete im ersten Jahrhundert v. u. Z. über die Kelten, abermals überliefert durch Anthenaios von Naukratis: »Das Getränk ist bei den Reichen importierter Wein aus Italien oder dem Gebiet von Massilia (Marseille). Getrunken wird er ungemischt, manchmal wird ein wenig Wasser zugesetzt. Bei den Ärmeren (der Mittelschicht) ist das Getränk ein Weizenbier, mit Honig gewürzt, die große Menge trinkt es pur.« So oder so: Die Kelten genossen auch schon Bratwurst und Bier – und die Deutschen sollten dafür später berühmt werden.

Zum Ess- und Trinkservice der Manchinger Eliten gehörten südländische Hochglanzkeramik – Schüsseln für das Fleisch, Schalen für die Soßen –, gläserne Trinkgefäße sowie bronzene Kannen und Eimer, aus denen Wein, Bier und Met geschöpft werden konnten. So wie früher der Fürst von Hohenasperg-Hochdorf und sein Gefolge, so ließen sich jetzt die wohlhabenden Bürger von Manching beim Gastmahl von Glanz und Glitzer betören: vom zurückstrahlenden Licht der Keramik, der Gläser, der bunten Metalle, von schmuckvoller Kleidung, Armreifen, Colliers aus Glasperlen und Bernstein, von Sachen, die auch heute noch jede festliche Tafel schmücken, zumal wenn Feuer fackelt und lodert, sei es im offenen Kamin, sei es als Kerzenlicht.

Es gibt so etwas wie eine Ethik des Luxus, ein sittliches Gebot von Glanz und Glamour und bunter Fülle: Mag reflektiertes Licht blenden und täuschen, so entspannt es doch auch, verweist auf eine himmlische Sphäre, auf eine utopische Welt, vermittelt Lebensfreude, öffnet die Herzen, bringt die Menschen zusammen. Es ist dann, als sitze die Tischgemeinschaft unter einem glücklichen Stern.

4

SINN FÜR GEMÜTLICHKEIT

Seit etwa 100 v. u. Z. nahmen die griechisch-römischen Autoren langsam wahr, dass es nördlich der Alpen neben den Kelten noch eine andere größere Bevölkerungsgruppe gab: die Germanen. Beide, die Kelten wie die Germanen, erschienen unter mediterranem Blickwinkel als ähnlich, lebten ohne Schriftkultur, ohne Steinbaukunst, eben barbarisch: ohne Lebensart. Doch bei den Germanen standen die Dinge offenbar noch schlimmer als bei den Kelten. Die Germanen kannten nicht einmal stadtartige Orte, »oppida«, sondern hausten in kleinen Dörfern oder Weilern im Wald; überdies fehlte bei ihnen der geistliche Stand der Druiden, der Priester und Lehrer. Offensichtlich war das kulturelle Leben der Germanen noch weniger entwickelt als das der Kelten, noch einfacher, noch ärmlicher.

Poseidonios gehörte im ersten Jahrhundert v. u. Z. zu den ersten antiken Geschichtsschreibern, welche die Germanen erwähnten. Athenaios von Naukratis überlieferte dessen Beschreibung im »Gelehrtenmahl«: »Die Germanen – berichtet Poseidonios im 30. Buch – essen schon zur ersten Mahlzeit Fleisch, das in Stücken gebraten ist. Dazu trinken sie Milch und den Wein ohne Zusatz von Wasser.« Mehr musste man nicht sagen, um die Germanen als Barbaren abzustempeln: Fleischesser, Milchtrinker, noch Nomaden, die sich nicht die Mühe machen, das Land zu kultivieren, zudem Alkoholika unverdünnt trinken, sich schnell berauschen und den Verstand verlieren.

Redseliger wurde Poseidonios, wenn es um die Ess- und Trinksitten der Kelten ging; diese sahen für ihn schon etwas kultivierter aus. Die Kochtechnik erschien variabler, die Tafelrunde netter und sozial geordneter: »Die Kelten legen Heu auf den Boden und tragen das Essen auf Holztischen auf, die sich nur wenig über die Erde erheben. Das Essen besteht aus wenig Brot, aber viel Fleisch, in Wasser gekocht und auf Kohlen oder am Spieß gebraten. Sie essen ordentlich (manierlich), aber mit Löwenappetit, wobei sie mit beiden Händen ganze Glieder greifen und davon abbeißen. Ist das Abreißen schwierig, schneiden sie den Bissen mit einem Dolch ab, der in einem besonderen Futteral an der Scheide steckt. (…) Essen mehrere zusammen, so sitzen sie im Kreise beieinander, in der Mitte der Tüchtigste sozusagen als Chorführer, der sich vor den anderen durch kriegerische Tapferkeit oder durch edle Abkunft oder durch Vermögen auszeichnet. Der Gastgeber sitzt ihm zur Seite, dann der Reihe nach die übrigen je nach Stellung, die sie einnehmen. Hinter ihnen stehen Bewaffnete mit hohen Schilden, während die Leibwächter im Kreise nebenbei sitzen und am Gelage der Herren teilnehmen.« Die vornehme Tafelrunde der Kelten besaß schon eine Tischordnung: Hoher Herr, Ritter, Großhändler, Gastgeber, freie Leute, Knappen, Knechte, Schildträger.

Frühe germanische Grabfunde bei Schkopau in Sachsen-Anhalt aus dem ersten Jahrhundert v. u. Z. deuten an, dass die Germanen versuchten, diese keltischen Formen der Gastlichkeit und sozialer Ordnung nachzuahmen, auch wenn man noch nicht in der Lage war, selbst entsprechende Luxusgüter herzustellen. Doch konnte man solche besorgen: sei es durch Handel, sei es durch Raubzüge. Die Germanen hatten als Tauschware vornehmlich Vieh zu bieten, wohl nicht zuletzt das bei den Kelten begehrte Schwein, das in den germanischen Eichwäldern reichlich Futter fand.

Das Gräberfeld bei Schkopau weist Bestattungen mit unterschiedlichen Beigaben auf: etwa mit Tongefäßen einer alteingesessenen Bevölkerung, die unter dem Einfluss benachbarter Kelten in Thüringen stand, ferner handgetöpferten Graburnen eingewanderter Elbgermanen, schließlich Utensilien herrschaftlicher Gelage wie Bronzeeimer italienischer Herkunft, die in einer keltischen Werkstatt nachgearbeitet worden waren. Möglicherweise fanden diese Metalleimer den Weg vom Süden über die keltische Handelsstadt Manching an der Donau in das germanische Schkopau an der Saale. Manching wurde um 80 v. u. Z. überfallen; ob von feindlichen Kelten, ob von Germanen, bleibt unklar. Es verlor von da an seine dynamische Entwicklung und war bei der Eroberung des nördlichen Voralpenlandes durch die Römer um 15 n. u. Z. nur noch ein unbedeutender Ort.

Die Grabbeigaben bei Schkopau drückten schon soziale Unterschiede bei den Germanen aus. Es gab offenbar eine Rangfolge zwischen Herren, Schwert-, Lanzen- und Schildträgern. In den Herrengräbern wurde anstelle eines Tongefäßes der Bronzeeimer als Leichenbrandbehältnis verwendet, andere Gräber enthielten entweder ein Schwert (achtmal), eine Lanze (siebenundzwanzigmal) oder einen Schild (zweiundvierzigmal), ähnlich sozial gestaffelt wie bei der Tafelrunde der Kelten. Allzu streng konnte die Hierarchie jedoch nicht gewesen sein: Die Herren lagen neben den anderen, nicht abgesondert; die herrschaftlichen Beigaben muteten nicht zu luxuriös an.

Kurz nach Poseidonios unterschied dann auch Caesar zwischen den Kelten und den Germanen. Caesar hatte zwischen 58 und 51 v. u. Z. Gallien, sprich: die keltischen Gebiete westlich des Rheins, der römischen Herrschaft unterworfen und damit gleichzeitig die keltischen Gebiete östlich des Rheins davon abgetrennt. Auch diese Teilung dürfte für die keltische Handelsstadt Manching an der Donau ein schwerer Schlag gewesen sein und das erlahmte Wachstum weiter gedrosselt haben.

Caesar sorgte in seinen Schilderungen des Gallischen Krieges für klare Verhältnisse: Westlich des Rheins lebten für ihn die Kelten beziehungsweise die Gallier, östlich des Rheins die Germanen, obwohl es dort, im heutigen Süd- und Mitteldeutschland, nach wie vor Kelten gab, die erst allmählich von den Germanen, von Norden her, und von den Römern, von Süden her, in die Zange genommen wurden. Flussnamen wie Rhein, Ruhr, Main, Neckar, Tauber oder Donau sind keltischen Ursprungs.

In spätrömischer Zeit markierten östlich des Rheins der Limes und die Donau die Grenze zwischen den Kelten und den Germanen, wobei auch diese Linie die Verteilung der beiden Gruppen nicht eindeutig wiedergab. Die Kelten gingen jedoch eher in der römischen Kultur auf; ihnen fiel es leichter, sich der römischen Zivilisation anzupassen, kannten sie ja selbst bereits städtisches Leben.

Caesar stellte fest, dass die Kelten nicht Mars, den Kriegsgott, sondern Merkur, den Gott des Handels und der Kaufleute, am meisten verehrten, und führte im einzelnen dazu aus: »Ihn (Merkur) halten sie für den Erfinder aller Künste, für den Führer auf allen Straßen und Wegen, und von ihm glauben sie, er habe den größten Einfluss auf den Erwerb von Geld und auf den Handel.«

Die Kelten waren dabei, den Homo civilis auszuprägen, während die Germanen eher noch den Homo naturalis kultivierten, wild und ungestüm. Erstere pflegten schon mehr das sozial-friedvolle Gen, letztere lieber noch das eigensüchtig-kriegerische. Caesar jedenfalls ur teilte über die Germanen anders als über die Kelten: »Ihr ganzes Leben (das der Germanen) besteht aus Jagen und militärischen Übungen. Von klein auf streben sie danach, Härte und Anstrengung zu ertragen.« Wer heute nach den Wurzeln von Tugenden sucht, die als typisch deutsch gelten: gute Organisation, solides Handwerk, Erfindungsgeist, Fleiß, Wirtschaftlichkeit, der dürfte eher beim keltischen Erbe fündig werden als beim germanischen, ebenso bei der karolingisch-fränkischen Kultur, die ihrerseits, so gut es ging, im frühen Mittelalter die keltische wie die römische Überlieferung in sich aufnahm. Preußischen Drill und Eroberungsfuror sowie andere finstere Seiten der Deutschen könnte man dagegen schon leichter den Germanen in die Schuhe schieben.

In Caesars Beschreibungen erschienen die Germanen regelrecht als Zivilisationsverächter und Kulturpessimisten. Die Sesshaftigkeit mit der Entwicklung von Landwirtschaft, Handwerk und Handel galt bei ihnen, so Caesar, als schändlich, führte in ihren Augen zur Verweichlichung sowie zur sozialen Ungleichheit und Geldgier. Die wenigen Äcker, die man bebaute, sollten genossenschaftlich verteilt werden und die Häuser nicht zu komfortabel sein, strebte man doch danach, sich gegen Hitze und Kälte abzuhärten. Die Wohnräume sollten nicht für die Ewigkeit sein, sondern flüchtig hingestellt werden. Dem ehrenvollen Krieger sollte es leichtfallen, jederzeit mit Sack und Pack weiterzuziehen. Das stürmisch-rauschhafte Wesen des Heroen schien dem Fleiß des Zivilisten überlegen zu sein, ganz so, als ob nicht gerade die Zivilisation für Ausgleich und Gerechtigkeit sorgen könnte.

Caesars Schrift war selbstverständlich auch tendenziös: Dort, wo die Römer das Regiment führten, herrschte Zivilisation, jenseits der römischen Grenzen Barbarei. Um 100 u. Z. erschien ein anderes bedeutendes römisches Buch, das wiederum in dieselbe Kerbe schlug: die »Germania« des Tacitus, allerdings um einiges raffinierter angelegt. Der Autor wollte den damaligen Eliten des Römischen Reiches, den Senatorengeschlechtern in Rom, einen ländlichen Sittenspiegel vorhalten.

Die germanischen Bräuche erschienen in manchem dem großstädtisch-luxuriösen Lebensstil der Römer überlegen zu sein. Die Bewohner des Nordens entwickelten für Tacitus keinen Prunk, verfügten über keine Städte, kannten so gut wie keine Zins- und Geldgeschäfte, lebten genügsam, trugen einfache Mäntel und Felle, mieden die Verzärtelung und gaben sich als tüchtige Krieger. Mann und Frau bewahrten einander Treue in der Ehe und verehrten die Keuschheit. Der Autor resümierte zwischendurch: »Mehr vermögen dort gute Sitten als anderswo gute Gesetze.«

Deutsche Humanisten und Reformatoren der Renaissance nahmen auf diese sympathische Beschreibung der Germanen in der »Germania« gern Bezug und entwickelten ihren Vorfahren gegenüber ein naiv-romantisches Verständnis. In den »Tischreden«, die Freunde von Martin Luther aufzeichneten, hieß es: »Da lobte Philippus (Melanchthon) die Chronick Cornelii Taciti, der zur zeit des kaisers Caligulä gelebt, und Teutschland sehr fein beschrieben hätte, und hoch lobete, von wegen der beständigkeit und glaubens: Denn teutsche wären beständig und hielten glauben, sonderlich in der ehe, damit sie alle andere nationen überträfen, und vortrefflich wären. Ja sprach doctor Martin Luther: Bey den alten ists wol etwas gewesen, da sind feine leute gewesen.«

Tacitus wollte jedoch den verwöhnten Römern nicht nur einen ländlichen Sittenspiegel vorhalten, sondern sie selbst noch in den Schwächen und Fehlern der Germanen treffen. Die Mittel des Wohllebens wurden eben nicht durch Beständigkeit, Fleiß und Produktivität erworben, sondern durch Kriege und Beutezüge, so wie es Caesar bereits berichtet hatte. Für Tacitus lagen die Germanen letztlich auf der faulen Haut, machten es sich bequem, ließen sich nichts Besonderes einfallen, entpuppten sich als ziemliche Machos: »Wenn sie nicht in den Krieg ziehen, verbringen sie nicht viel Zeit mit der Jagd, mehr mit Nichtstun, dem Schlafen und Essen ergeben. Gerade die tapfersten und größten Krieger tun gar nichts, wobei die Sorge um Haus, Herd und Äcker den Frauen, den älteren Leuten und den schwächsten Mitgliedern eines Haushalts übertragen ist.«

Wenngleich die eigenen Mittel bescheiden waren, wollte man doch die großzügige Gastronomie der Kelten nachahmen: »Der Geselligkeit und Gastlichkeit frönt kein anderes Volk ausgiebiger.« Wo es an Delikatesse fehlte, sollte die Menge beeindrucken: viel Fleisch, viel Alkohol: »Als Getränk dient ihnen ein Saft aus Gerste oder Weizen, der zu einem weinähnlichen Gebräu (Bier) vergoren ist; die dem Rhein- und Donauufer am nächsten wohnenden Stämme kaufen auch Wein. Die

Speisen sind einfach, wildwachsendes Obst, frisches Wild oder geronnene Milch: Ohne besondere Zubereitung, ohne Gewürze vertreiben sie den Hunger. Durst gegenüber zeigen sie nicht die gleiche Mäßigung.«

Offenbar haftete den Germanen ein Zug der Genügsamkeit an, sofern das Essen nicht gerade raffiniert sein musste. Doch solche einfachen Verhältnisse blieben nicht festgeschrieben. Die Gelage der führenden Krieger gewannen im Laufe der Zeit an Form und Glanz. Immer wieder leisteten germanische Herren mit ihrem Gefolge vorübergehend Dienst im römischen Heer. Man lernte die römische Lebensweise kennen, manche sprachen das Latein und stiegen zu hohen Offizieren auf, wie etwa Arminius, der wieder nach Germanien zurückkehrte, den Spieß umdrehte und die römischen Legionen des Varus besiegte, so wie es Tacitus in seinen »Annalen« beschreibt.

Solche germanischen Krieger wurden zu Grenzgängern zwischen den Welten. Als Sold brachten sie Goldmünzen oder edle Ess- und Trinkservice mit nach Hause. Sie hatten bei den Römern nicht nur gelernt, wie man das Militär besser organisiert, sie wussten nun auch, was es heißt, Gastgeber zu sein. Die germanische Lebensweise wurde schleichend von römischer Gastlichkeit unterwandert.

In Marwedel bei Hitzacker an der Elbe, im heutigen Niedersachsen, östlich von Lüneburg, wurden zwei germanische Herrengräber aus dem zweiten Jahrhundert u. Z. entdeckt, jeweils ausgestattet mit einem römischen Ess- und Trinkservice und Schmuck aus Metall, Bronze und Silber; selbst ein Goldring und Fragmente von Gläsern konnten in einem der Gräber gefunden werden. Im Gegensatz zur germanischen Tradition der Urnenbestattungen, wie vorher etwa in Schkopau, handelte es sich hier nun um Körperbestattungen; auch ließen sich die beiden Herren nicht wie üblich mit den anderen in einem Gräberfeld beerdigen, sondern setzten sich ab von der Menge, sorgten dafür, dass sie in hölzernen Grabkammern mit Ess- und Trinkservice beigesetzt wurden, überwölbt von einer Kuppe aus Steinen. In unmittelbarer Nähe befand sich eine Art von Herrenhof, bei dem die Archäologen Spuren von Keramik- und Textilherstellung sowie von Eisenverhüttung fanden.

Eine solche Art der Bestattung folgte weder strikt germanischem noch strikt römischem Brauch, sondern erinnerte eher an ein frühkeltisches Fürstengrab. Die germanischen Krieger eigneten sich jedenfalls neue Sitten und Manieren an, in welche römische wie keltische Elemente einflossen, erhoben sich stärker als bisher über die anderen, gewannen quasi an Fürstlichkeit. Man schuf nicht nur ein besser organisiertes Militär, sondern auch mit Hilfe von festlichen Gelagen langsam größere Verbände, aus denen die germanischen Stämme der Völkerwanderung hervorgingen: die Franken, die Alemannen, die Sachsen, die Angelsachsen, die Goten, die Langobarden, die Burgunder.

Nettes Erbe

An den fließenden Grenzen zwischen germanischen, keltischen und römischen Gebieten entstand offenbar eine ganz eigene Lebensweise. Denn die Geselligkeit, von der Tacitus sprach, bildete hier, wie es scheint, eine unverwechselbare Variante aus: die Gemütlichkeit – heute ein deutscher Begriff, der unübersetzbar anmutet und wörtlich ins Englisch-Amerikanische oder Französische übernommen wird: teils spöttisch-ironisch, teils wohlwollend-anerkennend gemeint.

Schwer zu fassen dieser Begriff, aber äußerlich gehört wohl zur Gemütlichkeit zunächst einmal die keltisch-germanische Holzbauweise, das spätere Fachwerkhaus, die vertäfelte Stube, die Sitzbank, der blanke Holztisch aus Eiche oder Buche, eine Art von Biedermeier, schlicht, durchaus elegant, gutes Handwerk der Zimmerer, Schreiner, Tischler. Holz strahlt etwas Beruhigendes aus, ebenso wie der Hopfen im Bier beruhigend wirkt. Bevor es bäuerliche Hopfengärten gab, konnte Hopfen längst schon als wilde Pflanze gesammelt werden, um das Bier damit zu würzen und haltbarer zu machen. Zur Gemütlichkeit gehören jedenfalls das Bier und die Bratwurst vom Rost, wie es die Kelten schon mochten, ebenso gesottenes und gebratenes Fleisch: gesottenes Rindfleisch mit Meerrettich und Preiselbeeren sowie Schweinsbraten oder Wild mit Semmelknödeln, außerdem Käseknödel mit Rahmpilzen, Salat mit Wildkräutern, geräucherter Saibling, gesalzener Hering, überhaupt das Vergnügen am Essen und Trinken, nicht zu knapp, verstehbar, bodenständig; zur Gemütlichkeit zählen auch Kartenspiel, Stammtisch, Sing und Sang, ohne große soziale Schranken, urgenossenschaftlich, wie es die Germanen liebten, ein breites Publikum und Honoratioren nebeneinander, manierlich, doch nicht zu formell, menschlich, herzlich, im Wirtshaus, im Biergarten, beim Familienfest, beim Kirchweih- oder Frühlingsfest, das bereits die steinzeitlichen Bauern der Kreisgrabenanlagen feierten, nicht zu vergessen das Oktoberfest als Herbst- und Erntedankfest.

Vermutlich hat sich nirgendwo in Deutschland gastliche Gemütlichkeit so gut erhalten wie in Bamberg: in traditionsreichen Gasthäusern mit alter Holzvertäfelung, Hausmannskost, Bratwurst, Sauerkraut und hausgebrautem Bier. Ein Paradebeispiel ist das »Wirtshaus Mahr's-Bräu«. Die dämmrige niedrige Gaststube stammt im Kern aus der Zeit kurz vor 1700, die Einrichtung größtenteils vom Ende des neuzehnten Jahrhunderts, mit rotbraun gebeizten Paneelen, umlaufenden Wandbänken, grünem Kachelofen und blanken Buchenholztischen. Der Wirt weiß, dass er über ein besonderes Flair des Gemütlichen verfügt, und pflegt es. Niemand hat es eilig, der Gast bestellt schon zum Frühschoppen das hauseigene Kellerbier »A U« und liest die Zeitung.

Anders als Bamberg wurde Köln im Zweiten Weltkrieg stark zerstört und hat manchen romantischen Winkel eingebüßt. Doch bis heute bremst der Kölner gern Leute aus, die allzu eilfertig das Hohelied der Funktionstüchtigkeit und Fitness anstimmen. Auch in der Domstadt am Rhein findet man noch gastliche Gemütlichkeit. Beispielhaft das »Haus Töller«! Bis in die Gegenwart hat sich die Einrichtung aus dem neunzehnten Jahrhundert erhalten, geprägt von viel braunem Holz. Es gibt noch die Utensilien der Kölner Wirtshauskultur: den »Beichtstuhl«, eine halboffene, hölzerne Kabine zwischen dem Hausflur, wo Bier vom Holzfass gezapft wird, und dem Gastraum. Der Wirt, Henning Heuser, sitzt im Beichtstuhl und überschaut das Geschehen. Natürlich wird Kölsch eingeschenkt, von der Kleinbrauerei »Päffgen«: in die typischen schmalen und dünnwandigen Gläser. So elegant wie das Glas mutet auch das Kölsch selbst an, mit feinem, weißem Schaum, frisch und süffig. Wirklich schmackhaft zubereitet werden die Gerichte der Kölner Küche wie »Hämchen«, »Himmel un Ääd«.

Um Himmels willen, könnte man einwenden, die Deutschen machen es sich doch wie die Germanen viel zu schnell gemütlich; eine solche Lebensweise ist doch provinziell, spießig; Bratwurst und Bier

verursachen Schläfrigkeit und Schwerfälligkeit, der Alkohol bene-
belt, die Stimmung kann in Rauferei und Gebrüll ausarten; man bleibe doch lieber nüchtern, schule den Verstand, die Urteilskraft, suche
nach neuen Herausforderungen, nach Orten, wo die Leute Lust haben,
stärker voneinander zu lernen und sich zu verändern; man lasse sich
auf komplexere Erfahrungen ein, kultiviere den Geschmack, schenke
den Menschen wie den Dingen mehr Aufmerksamkeit, übe das gute
Reden, sei geschmeidig, angenehm, interessiere sich auch für Kunst
und Bildung, nehme am geistigen Leben der Zeit teil, in Salons, Cafés,
Galerien, an der Tafelrunde von Freunden, gebe sich weltläufig, kos-
mopolitisch, gewöhne den Gaumen an Deliktasse, kurzum: wechsle
von der Gemütlichkeit zur Geselligkeit.

Gemach! Man kann ja das eine tun, ohne das andere zu lassen. Den
Stunden der Gemütlichkeit können Stunden der Geselligkeit folgen.
Oder das eine geht ins andere über. Vielleicht wäre das sogar ideal: ein
gemütlich-geselliger Abend. Asfa-Wossen Asserate bricht jedenfalls in
seinem Buch über »Deutsche Tugenden« eine Lanze für die Gemütlichkeit. Sie, die Gemütlichkeit, sei auch eine Form von Widerstand
gegen eine durch und durch ökonomisierte Welt. Möglicherweise liegt
in der Gemütlichkeit, wie in der Geselligkeit, etwas zutiefst Mensch-
liches.

5

MUSSE, KUNST UND WARME BÄDER

Um die Zeitenwende schoben die Römer die Grenzen weit nach Norden vor. Zuerst eroberten sie Gallien, dann Teile Germaniens, bis hin zu den Grenzen von Rhein, Main und Donau. Nach und nach entstanden römische Provinzen, die auch das heutige Deutschland erfassten, von Nordwesten nach Südosten: Germania Inferior mit der Provinzhauptstadt Köln, Gallia Belgica mit der Provinzhauptstadt Trier, Germania Superior mit der Provinzhauptstadt Mainz, ferner Raetia mit der Provinzhauptstadt Augsburg; zu guter Letzt begann am Unterlauf des Inns, einschließlich des Chiemgaus, Noricum mit der Provinzhauptstadt Virunum bei Maria Saal in Kärnten. Ein gar nicht so geringer Teil Deutschlands war einst römisch und wurde früh von mediterraner Kultur geprägt.

Die damit verbundenen Veränderungen in diesen Gebieten waren eminent. Zuerst wurden Legionslager und Gutshöfe angelegt, welche die Soldaten mit Lebensmitteln versorgten. Es fanden Rodungen großen Stils statt, die mehr Licht in die Landschaft brachten. Es gedieh erheblich mehr Getreide als früher, auch gab es mehr Hülsenfrüchte: Linsen, Gelbe Erbsen, Dicke Bohnen. Das wesentlich Neue waren der Wein- und Gartenbau mit verbesserter Obstbaumzucht. Zwar hatten auch die Kelten in geringem Maß schon Wein und Obst angebaut, aber sie kannten noch nicht die Veredelung der Gewächse durch das Pfropfen, ebenso waren ihnen orientalische Obstsorten wie Pfirsiche oder Aprikosen unbekannt, die nun an den Ufern von Rhein, Main und Donau blühten.

Es gab jetzt mehr Süßes, mehr Genuss- und Rauschmittel, die das Herz breit machen und die Menschen einander näher bringen. Um die Legionslager herum wurde sowohl Wein gekeltert als auch Bier für die Soldaten gebraut. Die Region nördlich der Alpen entwickelte sich von nun an zu einem der wenigen Gebiete auf der Welt, wo man beides zugleich hegte und pflegte: Bier und Wein.

Die Palette der bäuerlichen Haustiere erweiterte sich um feines Geflügel: Huhn, Ente, Gans und Taube. Vorher war das Huhn bei den Kelten nur ganz selten einmal vorgekommen, nachgewiesen etwa in Manching; aber die Römer genossen das Huhn so oft wie möglich. Neben dem Schwein stieg es für die Römer nördlich der Alpen zum beliebtesten Haustier auf. Einst von Alexander dem Großen aus Indien in die Mittelmeerregion eingeführt, kam dieses Federvieh jetzt auch im Norden an, und mit ihm das delikate Hühnerei, welches die Römer gern als Vorspeise aßen. Ein sämiges Rührei ist bis heute ein Hochgenuss, wenn die Hühner artgerecht gehalten werden und das Ei so frisch wie möglich in die Küche kommt, dort aufgeschlagen und zubereitet wird: etwa zum Frühstück am Sonntag, so voller Zartheit, Feinheit, Milde, gewürzt mit leicht gebräunter Butter, Kräutern oder Speck.

Enten und Gänse wurden von den Römern sowohl als Haustiere gehalten als auch wild gejagt. Letzteres galt ebenso für die Kelten und Germanen, aber die Römer waren viel närrischer auf Geflügel. Wie Plinius d. Ä. in seiner »Naturgeschichte« berichtet, schätzten sie die weißgefiederten Wildgänse in Germanien nicht zuletzt auch wegen ihrer Daunen, um weiche Kissen und Bettdecken daraus zu machen. Plinius wusste, wovon er sprach, denn er war als Offizier in Xanten stationiert.

Die landwirtschaftlichen Überschüsse ermöglichten mit der Zeit die Gründung von Städten. Selbst wenn den Kelten das Phänomen der Stadt oder der stadtartigen Siedlung nicht fremd war, war die römische Stadt doch von ganz anderer Art: nicht in Holzbauweise, sondern in Steinbauweise errichtet, quasi als Monument für die Ewigkeit, ausgestattet mit viel mehr Komfort, Unterhaltungsangeboten und Pracht, gerade wenn es sich um Provinzhauptstädte handelte.

In Trier beispielsweise befand sich in der Mitte der Stadt das Forum, der freie Platz mit umlaufenden Säulenhallen und Gebäuden: als Zentrum der städtischen Verwaltung und des Handels. Im frühen zweiten Jahrhundert schmückte man die Stadt mit einem Amphitheater, einem Circus beziehungsweise Stadion, und großen Badeanlagen. Spätestens seit 293 hielten die römischen Kaiser hier Hof und vermehrten die Großbauten: um kaiserliche Palastanlagen und einen christlichen Dom. Einem reisenden Germanen musste Trier vorkommen wie ein Ort von einem anderen Stern.

Vermutlich lebten dort damals zwischen 50000 und 70000 Menschen. Einheimische wie Fremde konnten flanieren und sich schon vom bloßen Treiben in der Stadt unterhalten lassen, konnten in Garküchen und Tavernen einen Imbiss nehmen oder, sofern man von vornehmer Herkunft war, als Gast am Abendessen einer wohlhabenden bürgerlichen Familie teilnehmen. Restaurants gehobenen Stils gab es noch nicht. Die anspruchsvolle Tafelkunst hatte stets privaten Charakter.

Die bürgerliche Oberschicht, die dem Stand der Ritter und Senatoren angehörte, übernahm hohe Ämter in der Stadt- und Provinzverwaltung oder hohe Offiziersstellen in der Armee. Der wirtschaftliche Reichtum dieser Kreise fußte auf Gutshöfen im Umkreis der Stadt. Es blieb normalerweise genügend Zeit, um täglich für ein paar Stunden ein Leben in Muße zu führen. Die Amtsgeschäfte erledigten die Herren am Vormittag, am Nachmittag ging man ins Badehaus, und am Abend war das Gastmahl obligat, an dem Herren wie Damen sowie Söhne und Töchter teilnahmen. Dann und wann begab man sich für mehrere Tage aufs Land, wohnte im eigenen Gutshaus, einer ländlichen Villa, überprüfte die Arbeit des Gutsverwalters und lud natürlich auch dorthin Gäste ein.

Die Pax Romana, die langanhaltende innere Friedenszeit im Römischen Reich, die unter Kaiser Augustus um 30 v. u. Z. begann, hatte etwas mit Geselligkeit und Gastlichkeit zu tun. Die Kämpfe der Parteien sollten nicht zuletzt durch gegenseitige Einladungen und Großzügigkeiten überwunden werden. Das Gastmahl wurde zu einer gesellschaftlichen Institution: Es war sowohl sozial nützlich als auch ästhetisch genussreich, frei nach der Formel des Horaz, wie er sie in seiner »Ars poetica« für das dichterische Schaffen entwickelte: »prodesse et delectare« – es möge nützen und erfreuen!

Horaz hatte in Rom und in Athen sowohl Rhetorik als auch Philosophie sowie die Rechte studiert und in der Endphase des Bürgerkriegs sein väterliches Erbe verloren. Vergil machte ihn jedoch in Rom mit Maecenas bekannt, der ein bedeutender Förderer der Literatur war und zugleich in enger Verbindung zu Augustus stand. Horaz wurde als »Freund« in den geselligen Kreis des Maecenas aufgenommen und traf in dessen Haus mit den Großen des Römischen Imperiums zusammen. Er lernte hier, so Eckard Lefèvre in seiner Horaz-Biographie, einen Hort der Urbanität und Weltläufigkeit kennen, nahm an luxuriösen Gastmahlen mit Dichterlesungen teil und war als Vertrauter des Maecenas selbst dazu verpflichtet, literarische Beiträge zu liefern.

Gleichzeitig erhielt Horaz von seinem Förderer ein Landgut in den Sabiner Bergen nordöstlich von Rom als Geschenk, was ihn finanziell unabhängig machte. Sogar ein Angebot des Kaisers Augustus, sein Privatsekretär zu werden, konnte er ablehnen. Der ständige Wechsel zwischen Rom, wo er bestimmten Geschäften und Pflichten im Hause des Maecenas nachkommen musste, und seinem Landgut, auf dem er die Muße genoss, bestimmte seinen Lebensrhythmus. Ein ähnliches Hin und Her dürfte es bald auch zwischen Trier und der umliegenden Moselregion gegeben haben.

Horaz stellte sich die Frage: Wie soll man eigentlich in Zeiten des Friedens leben? Besser in der Stadt oder besser auf dem Land? Was heißt »vita beata«, glückliches, erfülltes Leben? Verbürgt urbaner Luxus oder ländliche Genügsamkeit mehr Glück? Soll man Reichtum scheffeln und politischen Ehrgeiz entwickeln? Oder soll man Bescheidenheit und Bildung hochschätzen? Horaz lotete das Für und Wider aus und neigte zur Muße auf dem Land, wohl wissend, dass es keine klare Entscheidung geben konnte. Am Ende blieb es beim steten Wechsel zwischen Stadt und Land, Luxus und Genügsamkeit.

So oder so möge jeder, gab sich Horaz überzeugt, mit dem eigenen Los zufrieden sein, sich nicht immer und ewig mit anderen vergleichen, vielmehr nach dem streben, was die eigene Herkunft, das eigene Talent ermögliche. Habgier, übertriebener Ehrgeiz, Karrierestreben führten für ihn zu innerer Unruhe und Hast, zu unzufriedenem wie unerfülltem Leben, denn man denke ständig an die Zukunft, ohne in der Gegenwart zu leben. Wenn Fortuna ein Glückslos in petto habe, könne man es nutzen. Aber man möge für gewöhnlich das genießen, was zur Verfügung stehe, im Einklang mit der Muße.

Muße wurde für Horaz zu einem Schlüsselbegriff. Gemeint war nicht vertrödelte Freizeit, sondern die Pflege körperlicher Gesundheit und seelischen Gleichklangs. Muße heißt im Altgriechischen »scholē«, wovon sich das deutsche Wort Schule herleitet. Muße und Schule sind miteinander verwandt. Bereits das griechische Gymnasium bildete eine Einheit aus Bildung, Sport, Körperpflege.

Man sollte sich schulen, ein Leben lang, etwas lesen, mit der Welt vertrauter werden, über sich selbst nachdenken, sich selbst erkennen, umgänglicher werden, Wert und Würde der Menschen achten und den eigenen Charakter ausbilden; man sollte sich ebenso bewegen, flanieren, spazierengehen, Gymnastik und Ballspiel betreiben, das Badehaus besuchen, am Gastmahl teilnehmen, Freundschaft pflegen, zwischendurch auch faulenzen, die übrigen Pflichten des Lebens einmal vergessen, süß schlummern und sich erholen. Der geeignete Ort dafür war für Horaz weniger die hektische Stadt, als vielmehr das beschauliche Landgut. In seinen »Satiren« rief er aus: »O du mein Landgut, wann seh ich dich wieder? Wann darf ich dort wieder, / sei's in den Büchern der Alten, im Schlaf, in den Stunden der Muße, / süßes Vergessen schlürfen vom Leben mit all diesen Sorgen?«

Das Gastmahl, als wichtiges Element der Mußestunden, musste für Horaz nicht unbedingt luxuriös sein. Er selbst konnte sich über einfache feine Dinge freuen und im übrigen die gesellige Runde mit Freunden genießen. In seinen »Satiren« fuhr er fort: »Wann wieder setzt man mir Bohnen, verwandt dem Pythagoras, vor und / Kohl, mit gepökeltem Speck recht kräftig geschmalzen? o Nächte! / O ihr Göttermahle, bei denen als Herr ich mit Freunden / speise am eigenen Herd (…)!«

Wesentlich blieb für Horaz, dass er auf seinem Landgut ein freier Herr war, einer, der die dortigen Ressourcen weder raffgierig vermehrte noch leichtfertig überspannte. Gerade für die Mußestunden galten die philosophischen Prinzipien: Maß und Mitte – sich der Situation anpassen, dem Einfachen etwas abgewinnen, wenn es geboten ist, sich am Vielschichtigen laben, wenn es möglich erscheint. Ohne eine gewisse Genügsamkeit waren Muße, Gesundheit, Seelenfrieden nicht zu haben.

Der Bürger sollte vorausschauen, gut wirtschaften, sich aber keineswegs vom Blick in die Zukunft versklaven lassen, sondern in der Gegenwart leben. »Carpe diem!« – nutze und genieße den Tag! So lautete eine andere berühmte Formel des Horaz in seinen »Oden«. Man weiß nicht, was der nächste Tag bringt. Lebe stets im Wechsel zwischen Arbeit und Vergnügen, Pflichten und Freuden!

Verschwenderisches Luxusleben gab es selbstverständlich auch, zumal in Rom, etwa im Haus des Maecenas. Ebenso bekannt war damals der Luxus des Lukullus, später jener von Leuten wie Apicius oder Kaiser Nero oder der Romanfigur des Trimalchio in Petrons »Satyricon«. Allgemeine Anerkennung fand das ausschweifende Genussleben aber kaum. Die römischen Dichter und Philosophen behandelten dieses Thema meistens satirisch, so auch Petron seinen Trimalchio: als einen Parvenü, einen Emporkömmling, Neureichen, der Protz mit Noblesse verwechselt.

Horaz selbst vermittelte wohl ein einigermaßen wirklichkeitsnahes Bild von der römischen Kunst der Muße, zumal in seinen »Satiren« und dichterischen »Briefen«. Er nannte diese Werke »sermones«, Gespräche, Plaudereien – Musterbeispiele urbaner Konversation: in den städtischen Säulenhallen am Forum, im Badehaus, beim Gastmahl, beim Besuch auf dem Landgut. Es kam gar nicht in Frage, rechthaberisch oder geltungssüchtig aufzutreten. Die vielen Menschen in der großen Stadt geboten Toleranz, ein achtsames Eingehen auf den anderen, Witz, Humor, Selbstironie. Bestenfalls war eine lächelnde, charmante Belehrung erlaubt, wohl wissend, dass man auch selbst ein wenig närrisch ist.

Das Credo der klassischen römischen Kultur lautete: Eleganz, Gewandtheit, Anmutung des Natürlichen. Weder ein Cicero noch ein Horaz oder Ovid eiferte gegen den Luxus an sich. Glamour gehörte für sie als spielerisches Element der Verzauberung zum Behagen an der Zivilisation. Aber Luxus sollte tatsächlich die Lust am Leben erhöhen und nicht mit Unsinn überladen sein. Es ging nicht um Spektakel, sondern um guten Geschmack, um das, was sich in feiner Gesellschaft bewährt.

Belustigend schaltete Horaz in seine »Satiren« die Erzählung des Fundanius ein, die davon handelt, wie ein Gastgeber und seine Helfer mit hochartifiziellen Gerichten und kulinarischem Pseudowissen auftrumpfen möchten und die Gäste damit nur nerven: »Nomentan war bestellt, mit der Nase / uns auf Feinheit der Speisen zu stoßen; die Uneingeweihten, / nämlich wir anderen, verzehrten Geflügel und Austern und Fische, / ganz im Geschmack verändert, so daß wir die Speisen nicht kannten, / was sich sogleich auch erwies, als man Leber, Rogen und Milch von / Flunder und Steinbutt mir auftrug, wie nie ich zuvor sie genossen. / Honigäpfel, bei Neumond geerntet, belehrt er mich später, / strahlten schön rot; doch wieso das so wichtig ist, mußt du wohl besser selbst ihn fragen.«

Die feine römische Küche war nicht frei davon, das Natürliche der Zutaten unkenntlich zu machen, sei es durch verkünstelte Zubereitung, sei es durch überwürzte Soßen. Viele Köche suchten nach immer neuen, intensiveren Reizen und fanden es schick, die Natur der Zutaten mit großem Aufwand zu übertrumpfen, ohne zu merken, dass das Exzentrische nicht unbedingt das Exquisite ist. Für Horaz oder Ovid lag die wahre Raffinesse, ob Kochkunst, Liebeskunst und Lebenskunst, im Schein des Natürlichen; in jeder Kunstform sollte noch etwas vom Unverfälschten der Natur durchscheinen.

Nach wie vor ist man heute entzückt, wenn auf dem Teller nicht tausend verwirrende Eindrücke zu finden sind – hier noch ein Gel-Tüpfelchen und dort noch eins; solche Sächelchen sind in der Regel viel zu klein, um sich überhaupt am Gaumen entfalten zu können, und erschöpfen sich in reiner Optik. Doch wie wohltuend, wenn ein paar klar erkennbare Stücke daliegen, denen man wirkliche Aufmerksamkeit schenken, von denen man nicht nur ein Häppchen, sondern einige gute Bissen nehmen kann und ein eindringliches Erlebnis gewinnt: im einzelnen artig zugeschnitten, fein gewürzt, perfekt gegart, überlegt kombiniert. Wunderbar, wenn die Speise verfeinerte Natürlichkeit wiedergibt: sowohl ein Fluidum der Ruhe als auch der lässigen Bewegtheit, ein Spiel der Farben, Gewebe, Aromen, mittig angerichtet, umzogen von einer Soße, die nicht zu stark eingekocht ist, sondern beschwingt anmutet; am besten von einem angemessenen Quantum an Soße, die nicht nur in dürren Fäden und Tropfen erscheint, sondern tatsächlich dem Mundgefühl schmeichelt. Wie wonniglich, wenn neben dem Teller auch noch Sauciere und Löffel zu finden sind.

Bloß keine zu starke Diät- und Theorieküche, welche die sinnliche Verzauberung schmälert oder die aus dem Koch partout einen bildenden Künstler machen möchte. Bloß keine zu artifizielle Pinzetten- und Galerieküche, kein übertriebener Schaum-, Chip- und Texturschnickschnack, keine gesteigerte Künstlichkeit, weil all das zu schnell in langweiligen Manierismus ausartet. Entscheidend für das Glück der Feinschmeckerei ist der gute Geschmack, sprich: der Sinn für das Ausgesuchte, Stimmige, Delikate. Zwar sollen alle Sinne aufmerksam sein, doch geht nichts über echte Substanz. Erlesene Waren, deren Frische und Reife, sowie genaues Garen sind der Schlüssel zur feinen Küche.

Das römische Kochbuch, welches unter dem Namen des Apicius überliefert ist, »De re coquinaria«, verkörpert eine dekadente Luxusküche, der es kaum noch um das anmutige Aussehen oder um den eigenen Geschmack der Zutaten geht. Immer wieder übertüncht der Koch die Gerichte mit stark gewürzten Soßen, oft mit ein und demselben Grundgerüst: Pfeffer, Liebstöckel, Wein, Honig und Garum beziehungsweise Liquamen, einer Fertigsoße aus fermentierten Fischen mit Innereien und Kräutern, insgesamt stets eine Mischung aus Schärfe, Säuerlichem und Süßem, frei variiert mit allem, was die römische Kultur sonst noch an Gewürzen hergab, ob für Braten, Ragout oder Eintopf.

Nördlich der Alpen mussten die Römer kulinarisch kaum auf etwas verzichten. Was hier nicht wuchs, schaffte ein gut ausgebautes Handelsnetz aus dem Mittelmeergebiet herbei. Selbst Pfeffer oder Garum konnten die Archäologen in den ehemaligen römischen Städten und Landgütern nachweisen, desgleichen Feigen, Melonen, Mandeln, Walnüsse. Möglicherweise stammte ein Teil davon damals schon aus klimatisch warmen Nischen des Nordens, wie aus dem Rheingraben, da diese Obstsorten und Nüsse dort heute noch angebaut werden. An vielen Orten gab es ebenso Austern und andere Schalentiere wie Miesmuscheln, Herzmuscheln, Kammmuscheln, die lebend in Holzfässern herbeigekarrt wurden, teils von der Nordseeküste, teils aus der Mittelmeerregion.

Heute kann man von Glück reden, wenn man diese Vielfalt an Muscheln hierzulande auf einer Speisekarte sieht. Muscheln sind ähnlich wie das Ei so voller Zartheit, Feinheit, Milde. Die Römer wussten das; aber der zeitgenössische hiesige Naturhüter sieht es nicht gern, wenn die Küstengebiete von Nord- und Ostsee für den Fang und die Zucht von Muscheln genutzt werden.

Die Römer wiederum besaßen einen ausgesprochenen Sinn für Erlesenes wie Muscheln, Fische, Geflügel, vierbeinige junge Haustiere, Wild, delikate Früchte und Nüsse. Das gehobene Gastmahl wurde in drei Gängen serviert, wobei ein Gang aus mehreren Speisen bestehen konnte. Beliebt bei den Vorspeisen waren Lattich, eine Vorform des Kopfsalats, mit Essig und Olivenöl, ferner Muscheln, Tintenfische oder Eiergerichte – Speisen, die leicht und bekömmlich wirkten und den Magen nicht gleich füllten. Gelegentlich servierte man auch schon edles Gemüse wie grünen Spargel.

Besonders geschätzt beim Hauptgang waren Fische, vor allem die kleine rote Meerbarbe oder als Pendant in küstenfernen nördlichen

Gefilden der Flussbarsch, so wie es Ausonius in seiner »Mosella« bezeugt, einer Beschreibung der Mosellandschaft um Trier herum, hier entstanden im vierten Jahrhundert u. Z., just als Trier kaiserliche Residenz war und der Autor dort den Thronfolger Gratian erzog. Ausonius schätzte auch den Lachs und die Meerforelle, beides Fische, die zwischen Salz- und Süßwasserbereich hin- und herschwimmen. Die Meerforelle heißt auch Lachsforelle: heute fast immer eine gemeine Regenbogenforelle aus der Zucht mit rotem Fleisch auf der Grundlage von Pellets mit Karotin. Selbst ehrgeizige Restaurants bieten solche Pseudolachsforellen an.

Nicht minder beliebt waren bei den Römern Wacholderdrossel, Wachtel, Huhn, Perlhuhn, Ferkel, Schwein, Wildschwein, Wildhase – und nicht jedes Mal dürften diese Delikatessen überwürzt oder verkünstelt worden sein, sondern in wahrer Raffinesse die Anmutung des Natürlichen bewahrt haben. Wäre damals schon ein Phänomen wie die Molekularküche in Mode gewesen, hätten Leute wie Horaz oder Ausonius vermutlich darüber gelacht und diese Narretei satirisch behandelt.

Für Ausonius versinnbildlichte die Moselregion seinerzeit eine mustergültig kultivierte Welt. Das Flusstal war urbar gemacht worden, wirkte gepflegt und bot bacchantische Perspektiven: »Denn bis zum Kamm des Hanges, der sich mit höchsten Erhebungen hinzieht, / wird der Rand des Flusses von grünem Lyaeus (Wein) bewachsen.« Diese reizvolle nördliche Landschaft rund um die kaiserliche Residenz Trier musste sich in den Augen des Autors kaum hinter den Schönheiten und Lustbarkeiten südlicher, mediterraner Gefilde verstecken. Auch das Moseltal gewährte dem Dichter anakreontische Motive: Lob des Weins, Preis der Geselligkeit, Macht der Liebe, heiteren Lebensgenuss: »Käme ein Gast von Cumaes Gestaden hierher, so würde er meinen, das euböische Baiae habe dieser Gegend ein bescheidenes Abbild von sich geschenkt, solche Verfeinerung und solcher Glanz locken hier, wobei der Genuss nicht in Verschwendung entartet.«

Von Trier aus ein Stück flussaufwärts, nahe der Grenze zum heutigen Luxemburg, erkundeten die Archäologen die Überbleibsel einer römischen Landvilla. Die Bodenfunde waren so bedeutend und gut erhalten, dass man sich 1994 entschloss, die Villa Borg, in der Gemeinde Perl, vollständig zu rekonstruieren, so wie sie einst im zweiten Jahrhundert u. Z. ausgebaut worden war. Von der keltischen bis in die römische Periode hinein war das Anwesen ununterbrochen besiedelt. Vermutlich passte sich hier ein keltisches Adelsgeschlecht ziemlich bald der mediterranen Lebensweise an.

Der Besucher betritt heute eine zauberhafte Bühne für römische Mußestunden auf dem Land. Vom Torhaus aus schreitet man geradewegs auf das Herrenhaus zu: auf eine Dreiflügelanlage mit umlaufendem, schattigem Wandelgang, offen zum Innenhof hin, der seinerseits als reiner Ziergarten gestaltet ist: mit zugeschnittenen, niedrigen Buchsbaumhecken und einem Brunnen in der Mitte. Das Auge wird becirct von architektonischer Ordnung, Proportion, Ausgewogenheit – alles wirkt entspannend, menschenfreundlich; man fühlt sich unmittelbar wohl.

Bevor der Gast den offenen Innenhof betritt, läuft er auf einem Steg über ein großes rechteckiges Wasserbassin, an den Schmalseiten flankiert von skulpturalen Nymphen, welche das anakreontische Thema der Liebesmacht anklingen lassen. Im zentralen Haupthaus befindet sich der Empfangs- und Speisesaal. Hier begrüßte einst der Hausherr den Gast, ließ erfrischende Getränke servieren und begab sich dann nachmittags über den Wandelgang in den einen Seitenflügel, der ganz und gar als Badetrakt mit mehreren Räumen ausgebaut war. Gast und Gastgeber konnten hier rein privat zusammentreffen oder Geschäftliches mit Vergnüglichem verbinden.

Zuerst gelangt man in den Umkleideraum, dem eine Abortanlage mit Wasserspülung angeschlossen ist. Vom Umkleideraum aus durchläuft der Gast mehrere Abteile, die einst unterschiedliche Raum- und Wassertemperaturen boten: Kaltbad, Warmbad, Ruheraum, Laubad – das normalerweise zwischen dem Kalt- und Warmbad lag. Der Körper sollte durch den Wechsel der Raum- und Wassertemperaturen gut durchblutet, erfrischt und gestärkt werden, zusätzlich wurden die Leute im Laubad massiert, mit Öl eingerieben und kosmetisch gepflegt. Im Ruheraum konnte man dösen, lesen, sich unterhalten, einem Dichter oder einem Musiker zuhören sowie sich an Tänzerinnen erfreuen. Teils besuchten Männer und Frauen den Badetrakt getrennt, teils gemeinsam. Das abendliche Gastmahl fand entweder im Ruheraum statt oder im Empfangs- und Speisesaal des Haupthauses. Mehrere Künste spielten zusammen, gewährten Abwechslung und steigerten sich gegenseitig. Gastgeber und Gäste genossen Schönheitspflege, Geselligkeit, Essen und Trinken, Musik und Dichtkunst, Flirt und Tändelei. Für Stunden wurde man aus dem Gewöhnlichen des Lebens hinausgezaubert und nahm an einer anderen Welt teil.

Musischer Komfort in moderner Zeit

Solche Künste der Muße stellten in der römischen Spätantike Höhepunkte der Gastlichkeit überhaupt dar, wie sie später nicht mehr so schnell erreicht werden sollten. Selten, dass heute in einer ländlichen Villa ein Drittel des Gebäudes für Bäder und Gastlichkeit zur Verfügung steht. Allerdings knüpfen mittlerweile komfortable Landhotels in hiesigen Breiten wieder an dieses Niveau an: draußen mit Wandermöglichkeiten, Golfplatz, dann Badehalle, Wellnessbereich, Schönheitspflege, ferner Bibliothek, Vortrags- und Konzertsaal mit Galerie, Gourmetrestaurant, in dem Austern und Wachteln auf der Karte stehen, dazu mit regionalem Restaurant, wo es auch Bohnen, Kohl und Speck gibt, schließlich mit Zimmern, die Platz für ein großes Bett bieten, ausgestattet mit flauschigen Daunenkissen, selbstverständlich verbunden mit einem eigenen Bad.

Der Gast genießt fünf verschiedene Elemente: Wohnen, Kulinarik, Wellness, Kunst, Natur. Im Glücksfall erlebt er durch den Gastgeber und andere Gäste ein sechstes Element: Geselligkeit. Unübertrefflich, wenn ein solches Landhotel auch noch in einer außergewöhnlichen Gegend liegt: am Meer oder im Gebirge, so wie beispielsweise das Hotel »Budersand« auf Sylt oder das Hotel »Schloss Elmau« in den bayerischen Alpen. Solche Häuser sind gesuchter denn je.

Gegenüber der Antike leben die heutigen Menschen in einer beschleunigten Welt; sei es aufgrund neuer Verkehrsmittel wie Auto, Bahn, Flugzeug, sei es aufgrund veränderter Kommunikationsmittel wie Handy, E-Mail, Internet. Die Leute kommen überall schnell hin und sind überall schnell erreichbar. Das mag man als Segen empfinden – oder auch als Belastung durch Rast- und Ruhelosigkeit. Die Kunst, ein Leben in Muße zu führen, wird nicht leichter.

So mancher Zeitgenosse fühlt sich wie im Hamsterrad, ohne zu wissen, wo ein Ausstieg wäre. Eine solche Ausweglosigkeit mag dem einen der Beruf vorgeben, dem anderen die gesellschaftliche Mode. Für derart Gestresste wird es vermutlich so weitergehen, bis sie einfach erschöpft oder sogar ausgebrannt sind und dann ein allgemein langsameres Tempo wieder ihr Leben bestimmen muss.

Für den Moment bleib oft nichts anderes übrig, als sich Nischen zu bauen oder Inseln zu suchen, die vorübergehend Erholung bieten. Es kommt darauf an, die wenigen freien Tage richtig zu nutzen. Aus sportmedizinischer Sicht können drei volle Urlaubstage schon hilfreich sein, um sich erfrischt zu fühlen. Von vielen Landhotels erfährt man, dass die Gäste just im Schnitt drei bis vier Übernachtungen buchen; lediglich in der Ferienzeit sind es etwas mehr. Die Zauberformel lautet: Kurzurlaub – mehrmals im Jahr. Wie aber sieht ein perfekter Kurzurlaub aus, der wirklich der Erholung dient? Ein sicheres Rezept gibt es nicht, aber doch ein paar Anhaltspunkte.

Ein wichtiger trägt den Namen Natur – möglichst entlegen und einmalig. Die Bahnfahrt nach »Schloss Elmau« beispielsweise führt über Garmisch-Partenkirchen ins Gebirge: bis hinauf nach Klais. Dort wartet ein Chauffeur des Hotels auf den Gast und lenkt das Fahrzeug auf einem privaten Weg durch den Wald. Der Gast entrinnt der gewöhnlichen Welt. Nach einer Viertelstunde öffnet sich eine Lichtung mit märchenhaftem Ausblick. Auf leichter Anhöhe erscheint »Schloss Elmau« als ein massiver vierflügeliger Baukörper mit hohem Turm – ein Phantasiegebäude zwischen Kloster und herrschaftlichem Ansitz. Ein paar hundert Meter südwärts wuchtet sich das Wettersteinmassiv auf über zweieinhalbtausend Meter empor, am Fuß als Wald, weiter oben als breiter blockhafter und gigantischer Fels.

Sofern das gebuchte Zimmer noch nicht frei ist, wird der Gast auf die Tee-Saal-Terrasse geleitet. Dort nimmt er Platz und sitzt an einem der schönste Orte, die man sich denken kann: Vor ihm eine duftende Wiese, dann steigt die Wettersteinwand hoch und wirkt beinah wie eine Kinoleinwand, weil das Wolkenspiel fast jede Minute das Licht und die Stimmung ändert.

Seit 2007 besitzt das Hotel ein großes Badehaus, ein Stück weit vom Hauptgebäude entfernt. Johannes Mikenda, der stellvertretende Leiter dieses Wellnessbereichs, studierter Sportwissenschaftler und Yogalehrer, berät den Gast, wie er hier die Zeit gut nutzen könne. Aufmerksam hört Mikenda zu, wo den anderen der Schuh drückt – Büromensch,

Rückenverspannung, gestresst, ziemlich erschöpft! Für den ersten vollen Tag empfiehlt er: ausschlafen, spät frühstücken, eine Zeitung oder ein Buch lesen, nachmittags im Badehaus ins Hamam gehen, das von einem türkischen Architekten eingerichtet wurde und von einem türkischen Bademeister betreut wird. »Wenn wir etwas machen«, sagt Mikenda, »dann erfinden wir das Rad nicht neu, sondern greifen auf das alte Wissen der Welt zurück, dass sich seit Jahrhunderten bewährt; wir wollen es dann erstklassig umsetzen mit Leuten, die etwas davon verstehen.«

Nur der Stein im Hamam ist deutsch: Solnhofener Marmor, am Boden bruchrauh, auf der leicht erhöhten kreisrunden Liegefläche poliert und auf etwa 40 Grad Celsius erwärmt. Hier legt sich der Gast auf den Bauch, schwitzt etwas und wird gleichzeitig rituell mit einer Seife gereinigt, auf Wunsch danach auch massiert. Später geht er in den Ruheraum und döst, solange er will. »Man kann nirgendwo besser runterkommen als im Hamam«, erklärt Mikenda. Der Gast erfreut sich an der Materialschönheit der Dinge, am Handwerk in jeder Hinsicht, sei es an jenem des Bauhandwerkers, sei es an jenem des Bademeisters und Masseurs. Von allem geht hier Erholung aus.

Das Hamam vertritt die islamische Bade- und Körperkultur, welche die antiken Römer in dieser entwickelten Form noch nicht kannten. Im Badehaus in Elmau wird schnell deutlich, dass hier die römische Badekunst nicht nur wieder erreicht, sondern überflügelt wird – weniger durch großartige Neuerungen in jüngerer Zeit, als vielmehr durch die Zusammenführung der Bade- und Massagetechniken aus aller Herren Länder. Der Gast kann individueller denn je beraten werden. Er kann sich für das Hamam entscheiden oder für ein bloßes Dampfbad mit 60 Grad Celsius oder für die finnische Sauna mit heißer trockener Luft zwischen 85 und 90 Grad Celsius. Er mag die klassisch-europäische Rückenmassage oder die Thaimassage mit Dehnungen bevorzugen.

Am zweiten vollen Tag des Kurzurlaubs wird dem Büromenschen die Bewegung in der Natur nahegelegt: das Wandern, Nordic Walking und dergleichen, danach Schwimmen, Schlafen, Yoga, Massage. Am dritten vollen Tag soll nochmals die Bewegung in der Natur zum Zug kommen, vielleicht als geführte Bergwanderung, und dann wieder Yoga. Die Dosierung des Programms bleibt natürlich dem Gast überlassen. In anderen Landhotels mit Badehaus beziehungsweise Wellnessbereich wird die Reihenfolge eines Drei-Tage-Programms gelegentlich verändert und beginnt mit der Bewegung in der Natur. So oder so geht es häufig um einen Dreiklang: Bewegung in der Natur, Wassererlebnis im Schwimmbecken und Solebad, Berührung durch Massage und Gesichtskosmetik. Hauptsache, Aktivität und Ruhephase stehen im Einklang miteinander. Alle Sinne werden angeregt: das Auge, das die schönen Dinge sieht; das Ohr, welches das Wasser plätschern hört, die Nase, welche die Düfte riecht, der Tastsinn, der den bruchrauhen Marmor spürt. Schmecken kann der Gast dann die Speisen und Getränke in verschiedenen Restaurants.

Das Gefühl der Erholung entsteht zunächst einmal durch starke sinnliche Eindrücke. Doch kann der Gast auch Gedankennahrung und musikalische Kompositionen genießen. Jedenfalls tritt im »Schloss Elmau« zur Trias von Natur, Wellness und Kulinarik noch ein weiteres Element: die Kultur. Im großen Konzertsaal wird abends fast täglich Musik geboten, besonders klassische Kammermusik und moderner Jazz. An manchen Abenden finden alternativ Lesungen mit anschließenden Diskussionen statt. Berühmte Musiker, Dichter und Denker sind zu erleben wie der Geiger David Garrett, der Schriftsteller Ian McEwan oder der Philosoph Jürgen Habermas. Es wäre nett, wenn ein Schauspieler gelegentlich auch aus den Werken des Horaz vorläse. So könnte sich das alte Wissen der Welt vermitteln, nach dem der Landurlaub länger als drei oder vier Tage dauern sollte.

6

KLÖSTERLICHE GASTFREUNDSCHAFT

Es wurde von jeher darüber gerätselt, warum das Römische Reich untergegangen ist. Die einen gaben dem Luxus der Eliten die Schuld, dem Mangel an Moral und Tugend, die anderen beklagten umgekehrt, dass am Ende die christliche Weltflucht das Imperium untüchtig gemacht habe. Ein moderner Historiker wie Peter Heather misstraut dem einen wie dem anderen und sucht in seinem Buch »Der Untergang des Römischen Weltreichs« nach härteren Fakten.

Das Unheil, so Heather, kam von außen. Das Vordringen der Hunnen aus den Weiten der asiatischen Steppen nach Europa wirkte wie eine Urgewalt, der selbst das Römische Imperium nichts Entscheidendes entgegensetzen konnte. Das kriegerische Reitervolk aus dem Osten trieb die germanischen Stämme vor sich her, bis diese ihrerseits tief in römisches Gebiet eindrangen. Im fünften Jahrhundert brach das Weströmische Reich auseinander. 476 wurde der letzte weströmische Kaiser, der junge Romulus, abgesetzt, weil er keine Macht mehr hatte.

In Italien herrschte seit 493 der ostgotische König Theoderich der Große und residierte in Ravenna. In seiner Jugend hatte er als germanische Geisel in Konstantinopel gelebt und war dort römisch erzogen worden. Mit Hilfe germanischer Krieger und mit Billigung des oströmischen Kaisers stieg er zum König in Ravenna auf und bemühte sich darum, die römische Kultur wieder zu festigen.

Als dann schon Amalasuintha, die Tochter Theoderichs, in Italien regierte, gründete Benedikt von Nursia 529 das Kloster Monte Cassino, just zwischen Rom und Neapel, und verfasste dafür Mönchsregeln, die das Klosterwesen in Europa prägen sollten. Jörg Lauster betrachtet in seiner Kulturgeschichte des Christentums, die den Titel »Die Verzauberung der Welt« trägt, das benediktinische Klosterwesen als »Wiege des Abendlandes« – wenngleich das Phänomen der Verzauberung längst nichts Neues mehr war, nur jetzt unter anderen Vorzeichen bewirkt wurde: Verzauberung durch wundersamen Glauben, nicht mehr unbedingt durch prometheisches Handeln.

Es stritten damals drei Vorstellungen von Erziehung miteinander:

erstens die germanische, die auf Kriegstüchtigkeit und Wanderschaft ausgerichtet war; zweitens die römische, die auf weltliche Bildung und ein musisch-ziviles Leben den Schwerpunkt legte; drittens die christliche, welche die religiöse Bildung, Gottes- und Nächstenliebe ins Zentrum rückte.

Benedikt von Nursia entschied sich für den christlichen Weg. Er hatte als junger Mann in Rom eine humanistisch-weltliche Bildung genossen, brach das Studium aber frühzeitig ab. Er suchte nach einem stadtfernen alternativen Leben, schloss sich einer Gruppe von mönchischen Einsiedlern an, bis er 529 mit seinen treuesten Gefährten den Monte Cassino erklomm und dort seine berühmten Regeln verfasste – just im selben Jahr, in dem die platonische Akademie in Athen geschlossen wurde. Vielleicht markiert kein Moment besser als dieser den Übergang von der späten Antike zum frühen Mittelalter. Pointiert könnte man sagen: Das neue Athen hieß Monte Cassino.

Benedikt musste das Klosterleben nicht neu erfinden. Er konnte bereits auf ältere Vorbilder und Regeln zurückgreifen und diese nach seinen Einsichten verbessern. Der Ursprung weltabgewandter Askese lag im Oströmischen Reich und hatte in Ägypten ein Zentrum. Berühmt wurde dort der Eremit Antonius, der am Übergang vom dritten zum vierten Jahrhundert das Niltal verließ und in die Wüste zog. Als Spross einer wohlhabenden Familie folgte er den Worten Jesu im Matthäusevangelium: »Willst du vollkommen sein, so gehe hin, verkaufe, was du hast, und gib's den Armen, so wirst du einen Schatz im Himmel haben; und komm und folge mir nach!« Antonius spitzte das Gebot der Nachfolge Jesu noch zu und nahm sich vor, nicht nur besitzlos, sondern auch ehelos, keusch und enthaltsam zu leben, in einer gesteigerten Form von Askese: mönchisch – wörtlich: für sich allein. Er wollte allen sündhaften Trieben widerstehen und die Welt überwinden. Es war nicht unbedingt Resignation, sondern eher die Suche nach einer intensiveren Erfahrung des Göttlichen.

Es mag paradox oder gar frivol anmuten, gerade darin auch eine Form von dekadentem Luxus zu erblicken: eine unglaubliche Verschwendung natürlicher Ressourcen, ein Leben wider die eigene Natur, die eigene Libido und Fleischeslust, wider Neugierde und Tatendrang. Es war nichts weniger als ein exzentrisches Sich-Erheben gegen das biologisch-genetische Programm des Menschen, verbunden mit ungewohnten Nervenreizen beim Entzug von Essen, Trinken, Schlaf, menschlicher Nähe. Antonius beschwor in der Einsamkeit der Wüste stets aufs neue die verführerischen Dämonen der Natur herauf und leistete in seiner Phantasie heldenhaften Widerstand, als bewältige er eine riesige Herausforderung. Der Lohn waren asketische Erregung und Ekstase, ein Abheben von der Welt, wie im Flow: eine vermeintlich intime Nähe zu Gott, wenn nicht ein Sich-Vereinen mit ihm.

Niklaus Largier deutet in seinem Buch »Die Kunst des Begehrens« auch dieses Begehren himmlischen Paradieses als Luxus und Dekadenz. Der Eremit lebte artistisch wider die Natur, um spirituell-rauschartige Erlebnisse zu haben. Selbst unter Christen gab es gegen eine solche Art von Frömmigkeit Einwände. Man sprach von Heilsegoismus, von Leuten, die nur an sich denken, während Jesus in den Evangelien doch die Gemeinschaft pflegt und von den Gläubigen wünscht, dass sie sich im Zeichen der Nächstenliebe auch um Arme, Waisen und Kranke kümmern sollten. Ähnlich wie vorher die griechisch-römischen Humanisten, so gebot auch Jesus eine feinere Menschlichkeit und fasste seine Ideale in der Bergpredigt zusammen. Während allerdings viele weltliche Literaten die soziale Ungleichheit der Menschen mehr oder minder als naturgegeben hinnahmen, wollte Jesus alle mit ins Boot nehmen und einer gerechteren Gesellschaft zuführen: »Was ihr getan habt einem von diesen meinen geringsten Brüdern«, lautet eine berühmte Botschaft im Matthäusevangelium, »das habt ihr mir getan.« Die Kluft zwischen Oben und Unten, Arm und Reich sollte sich verringern. So revolutionär war diese Forderung bisher kaum je formuliert worden – und drohte die Welt auf den Kopf zu stellen.

Die Apostel sahen in Jesus den neuen Messias – und er selbst nahm diese Rolle an. Er zog um die Zeitenwende als charismatischer Wanderprediger in Palästina umher und fesselte die Menschen mit seinen Worten. Helfen sollte neben der Nächstenliebe der Wunderglaube: der Glaube an die unbefleckte Empfängnis seiner Mutter Maria als Zeichen seines Auserwähltseins, an seine eigene Wundertätigkeit, an die unerklärliche Vermehrung von Brot und Wein, an die Nähe des Reiches Gottes, an seine Auferstehung von den Toten wie an seinen Aufstieg in den Himmel. Eine neue Moral verband sich mit neuem Glauben: mit dem intensiven Beschwören göttlicher Macht und Herrlichkeit. Im Matthäusevangelium heißt es weiter: »Darum sage ich euch: Sorgt nicht um euer Leben, was ihr essen und trinken werdet; auch nicht um euren Leib, was ihr anziehen werdet. (…) Trachtet zuerst nach dem Reich Gottes und nach seiner Gerechtigkeit, so wird euch das alles zufallen.«

Im Gegensatz zu seinem religiösen Lehrer, Johannes dem Täufer, war Jesus nicht unbedingt ein Asket. Er hatte Freude am Essen und Trinken, vergnügte sich auf der Hochzeit von Kana, sah gern, dass es den Menschen gutging, und sorgte dafür, dass es reichlich Wein gab. Es gehörte zu seinen Idealen, mit Freunden und Bekannten zusammenzusitzen und gemeinsam das Brot zu brechen und zu teilen. Eine gemäßigte Genusskultur sollte auch unter Christen die Gemeinschaft stärken.

In den Augen der Herrschenden galt Jesus als Provokateur und wurde als junger Mann ans Kreuz genagelt. Doch für seine Bewunderer kehrte er ins Leben zurück und stieg zugleich in den Himmel auf. Die Christengemeinde in Jerusalem ahmte bald seine Lebensweise nach und schuf eine Art von Urkommunismus: »Alle aber, die gläubig geworden waren«, wird in der Apostelgeschichte festgehalten, »waren beieinander und hatten alle Dinge gemeinsam. Sie verkauften Güter und Habe und teilten sie aus unter alle, je nach dem es einer nötig hatte. Und sie waren täglich einmütig beieinander im Tempel und brachen das Brot hier und dort in den Häusern, hielten die Mahlzeiten mit Freude und lauterem Herzen und lobten Gott und fanden Wohlwollen beim ganzen Volk.« Die christliche Urgemeinde sollte eine Gebets- und Tischgemeinschaft sein und in Frieden leben.

Schon im frühen vierten Jahrhundert gehörte Pachomius zu den ersten Skeptikern des christlichen Eremitenlebens in der Wüste. Auch er war, wie Antonius, Ägypter und entstammte einer bäuerlichen Familie mit leidlichem Einkommen. Als junger Mann gehörte er der römischen Armee unter Kaiser Konstantin an und bemerkte, dass sich Christen um notleidende Soldaten kümmerten. Beeindruckt von solcher Menschlichkeit, nahm er selbst den christlichen Glauben an und suchte nach einem gangbaren Weg für die Nachfolge Jesu. Die gesteigerte Form der Askese und Gotteserfahrung eines Antonius sollte sich mit der gemäßigteren Lebensweise der christlichen Urgemeinde verbinden.

Die Alternative zum mönchischen Eremitenleben in der Würste

schien das mönchische Klosterleben hinter hohen Mauern zu sein: in einem verschlossenen Raum, einem »claustrum«, wovon sich auch die Begriffe Klausur und Kloster ableiten. Pachomius sah, dass nicht jeder, der wollte, dem mönchischen Eremitenleben gewachsen war, und sich mancher rasch in der Wüste zugrunde richtete. Möglicherweise hatte ihm seine Militärzeit den Eindruck vermittelt, dass man harte Entbehrung am besten unter hierarchischer Leitung in der Gemeinschaft erträgt.

Just im Umkreis von Theben, wo zuvor, um 1400 v. u. Z., das Grab des Nacht als ein symbolischer Höhepunkt altägyptischer Zivilisation entstanden war, gründete Pachomius seit 325 mehrere Klöster, denen er selbst als Leiter vorstand. Er dachte sich dafür »Gebote« aus, führte einen geregelten Tagesablauf ein, verlangte »Ordnung und Zucht«. Mönche oder Nonnen mussten gemeinsam beten, essen und trinken, dazu auch arbeiten, ob im Kloster in den »Werkstätten«, ob draußen auf dem »Feld«. Schließlich wurde die Gastfreundschaft gepflegt, denn es existierte ebenso ein »Gästehaus«. Dazu hieß es: »Wenn Weltleute oder Bettler oder einige vom schwachen Geschlecht, d. h. Frauen, zur Pforte kommen, soll man die einzelnen an verschiedenen Orten gemäß der Weisung der Obern und je nach ihrem Geschlecht unterbringen; vor allem die Frauen soll man mit besonderer Ehrerbietung und Sorgfalt in aller Gottesfurcht bedienen.« Obwohl die klösterliche Gemeinschaft hinter hohen Mauern lebte, blieb sie mit der übrigen Welt in Verbindung.

Pachomius wurde zum eigentlichen Erfinder des christlichen Klosters und löste umgehend eine Klosterbewegung aus. Ihm selbst unterstanden neun Männer- und zwei Frauenklöster, die es durch gute Organisation, Fleiß und Genügsamkeit zu Wohlstand brachten und Hunderte von Mönchen und Nonnen anzogen. Es sollten wirtschaftliche Überschüsse erzielt werden, um karitativ wirken zu können. Was Max Weber später »Die protestantische Ethik« nannte: arbeitsame Askese, das gab es schon im vierten Jahrhundert in ägyptischen Klöstern und bald auch im römisch-katholischen Europa.

Anfang des fünften Jahrhunderts gründete Johannes Cassianus zwei Klöster im südlichen Gallien: im Jahr 415 je ein Männer- und ein Frauenkloster in Marseille. Zuvor war er in Palästina wie in Ägypten gewesen und hatte sich dort mit dem Erbe von Antonius und Pachomius vertraut gemacht. Cassanius verfasste eigene Regeln: »Über die Grundsätze der Koinobiten (Klosterleute) und die acht Hauptlaster«, darüber hinaus die »Unterredungen mit den Vätern«, worin er die ägyptischen Klosterpioniere würdigte. Im frühen sechsten Jahrhundert gelangten diese »Unterredungen« in die Hände Benedikts. Dieser empfahl sie in den eigenen Mönchsregeln zur Lektüre. Die Klosterbewegung führte quasi von der ägyptischen Wüste über die Côte d'Azur auf den Monte Cassino.

Auffällig ist der Ton, in dem Benedikt seine Klosterregeln verfasste. Während die »Gebote« des Pachomius leicht befehlsmäßig und knapp formuliert waren, erinnert die Sprache Benedikts eher an den sachlichen, biegsamen und feinen Ton eines Cicero oder Horaz, ganz so, als habe er tatsächlich in jungen Jahren in Rom keine schlechte humanistisch-weltliche Bildung genossen.

Die Zucht des Klosterlebens sollte durch Milde ausgeglichen werden: durch ein achtsames Eingehen des Abtes auf die individuellen Züge der Mönche. Benedikt hob den Begriff der »discretio« hervor, des Unterscheidungsvermögens, um zu verhindern, dass der Obere alle Klosterbrüder über einen Kamm scherte. Die Individualität der Brüder sollte nicht ganz und gar missachtet werden. In der Regel 2, »Der Abt«, heißt es: »Er muß wissen, welch schwierige und mühevolle Aufgabe er auf sich nimmt: Menschen zu führen und der Eigenart vieler zu dienen. Muß er doch dem einen mit gewinnenden, dem anderen mit tadelnden, dem dritten mit überzeugenden Worten begegnen.« Abt und Brüder sollten sich gegenseitig helfen, ermutigen, trösten und stärken.

Keineswegs sollte der Abt die Entscheidungen bloß von oben herab, per decretum mufti, fällen, sondern bei wichtigen Angelegenheiten auch die Brüder um Rat fragen, den Rat der Alten oder den gesamten Konvent. Selbst wenn der Abt stets das letzte Wort hatte, wie ein Kaiser, so sollte doch das beratende, konsularisch-senatorische Element der römischen Kultur geachtet werden.

Der Tagesablauf wurde genauer denn je geregelt, nicht ohne die Akzente zu verschieben. Bei Pachomius hatte die Lektüre von Büchern keine große Rolle gespielt. Benedikt hingegen unterschied ständig zwischen Beten und Lesen; das eine war ihm so wichtig wie das andere; denn die Lektüre sollte sich auf das Alte und Neue Testament sowie auf die Bücher der Kirchenväter erstrecken, um die christlich-religiöse Bildung zu vertiefen. Im Gegenzug wurde die Handarbeit der Mönche nicht mehr so ausführlich behandelt. Auf dem Feld sollte nur gelegentlich gearbeitet werden.

Das Klosterleben erfuhr unter Benedikt eine stärkere Vergeistigung. In ganz bestimmten Rhythmen sollten sich Beten, Lesen, Tischgemeinschaft, Handarbeit abwechseln – und die Gastfreundschaft wurde mehr denn je zu einer Aufgabe des Abtes, getrennt von der Klausur der Mönche, in der es still sein sollte, damit sie, die Mönche, sich durch Gebet und Lesen in den magischen Kokon eines christlich-religiösen Gedankenkreislaufes einspinnen konnten: in die Mysterien des Lebens Jesu, ins himmlische Paradies, meditativ, kontemplativ, mit spirituell-tranceartigen Gefühlen.

Den Klöstern schlossen sich bald Laienbrüder an, welche die landwirtschaftliche Arbeit übernahmen, ergänzt von Leibeigenen, Knechten und Mägden auf den klösterlichen Gutshöfen. Die Mönche oder Nonnen waren im frühen Mittelalter oft Sprösslinge des Adels, die sich im Kloster exklusiv dem Beten, Lesen, Studieren hingaben. Das Kloster wurde quasi zum Nachfolger der römischen Landvilla, in dem jetzt fromme Leute einen gewissen Luxus der Stille und Ruhe pflegten.

Sogar das Essen und Trinken der Mönche oder Nonnen war nur auf den ersten Blick bescheiden. Die geistlichen Leute sollten nach Benedikt bei Tisch maßvoll sein und kein Fleisch von vierbeinigen Tieren verzehren. Lediglich Kranke sollten sich davon ernähren dürfen, um wieder zu Kräften zu kommen. Für die Mönche oder Nonnen blieben gewöhnlich Fisch, Geflügel, Gemüse, Obst, ein Pfund Brot pro Tag und ein gemessenes Quantum an Wein – alles Dinge, die traditionell der vornehmen Tafel angehörten, verhältnismäßig leicht, bekömmlich und fein. Ein armer Bauer oder ein Leibeigener aß oft nicht einmal Brot, sondern Getreidebrei – und auch Wein kam für ihn kaum in Frage.

Tatsächlich hatte zuvor ein Pachomius rauschhaften Wein für die Klosterinsassen verboten. Doch Benedikt ließ fünf gerade sein, wenn er merkte, dass zu großer Widerstand gegen eines seiner Gebote vorhanden war. Immerhin hatte sich ja einst auch Jesus am Wein erfreut und ihn wundersam in Kana vermehrt. Sowohl Worte als auch Wein sollten etwas zur Verzauberung der Welt beitragen.

Benedikt wünschte sich, dass die Mönche oder Nonnen von sich aus Maß und Mäßigung übten, sich gesund und fit hielten, um tüchtig ihren Aufgaben nachgehen zu können. In manchem vertrat er eine Lebensweise, wie sie heute von Medizinern und Ernährungswissenschaftlern empfohlen wird: wenig Fleisch und dann am besten nur helles, bekömmliches, eben Fisch und Geflügel, dazu viel Salat, Gemüse, Obst und Brot, wenig Alkohol und zwischendurch immer wieder Bewegung und Arbeit.

Benedikt selbst machte nicht viel Wesen um das Essen und Trinken; dafür nahm er das Gebot der klösterlichen Gastfreundschaft um so ernster, gerade in Erinnerung an die Jünger in Emmaus. Im Lukasevangelium unterhalten sich die Jünger auf dem Weg nach Emmaus über die Auferstehung Jesu, als ein Fremder hinzutritt. Erst als sie abends zu Tisch mit ihm sitzen, erkennen sie in der Art, wie der Fremde das Brot bricht und verteilt, dass es Jesus ist, der fortlebt in christlicher Gastlichkeit.

Für Benedikt konnte jeder Fremde Jesus sein, den man nicht gleich erkennt. Bedingungslose Gastlichkeit für jedermann schien ihm geboten. Neben dem »Unterscheidungsvermögen« schätzte Benedikt bei der Begegnung mit Menschen auch den Begriff der »Aufmerksamkeit«, lehrte Zuvorkommenheit, Zuhören und hob den Servicegedanken hervor. Es ging nicht darum, wie der Tisch eingedeckt werden soll, sondern darum, wie man den Gast empfängt und behandelt: mit offenem Herzen und Respekt – als dem A und O von gutem Service. In der Regel 54, »Die Aufnahme der Gäste«, heißt es: »Sobald ein Gast gemeldet wird, sollen ihm daher der Obere und die Brüder voll dienstbereiter Liebe entgegeneilen.« In Regel 56, »Der Tisch des Abtes«, wird ausgeführt: »Der Abt habe seinen Tisch immer mit Gästen und Pilgern gemeinsam.« Das Gebot mönchischen Fastens sollte an der Tafel des Abtes aus Liebe zu den Gästen aufgehoben sein. Während am Tisch der Mönche das Gebot des Schweigens galt, damit man beim Essen und Trinken einen Vorleser frommer Schriften hören konnte, durften sich Abt, Gäste und Pilger unterhalten und einander kennenlernen.

Allgemein schwor Benedikt die Mönche oder Nonnen ganz und gar auf die neue christlich-religiöse Bildung ein, während er über die traditionelle humanistisch-weltliche Gelehrsamkeit kein Wort verlor, obwohl er selbst noch von ihr geprägt worden war und in seiner Beredtheit davon profitierte. Viele Kirchenväter waren damals hin- und her-gerissen, ob sie die hergebrachte weltliche Bildung neben der neuen christlichen Denkweise noch dulden sollten. Der hl. Hieronymus fragte in seinen »Briefen«, was denn »Horaz mit dem Psalter« zu tun habe. Während in der Antike für die meisten Literaten ein breites enzyklo-pädisches Wissen über Mensch, Geschichte, Natur zum Lebensgenuss gehörte, standen weltliche Betrachtungen zu Beginn des Mittelalters nicht mehr hoch im Kurs. Empirie drohte die wundersamen christ-lichen Gedankenkreisläufe zu stören.

Cassiodor, der als Zeitgenosse Benedikts in Ravenna hohe Staats-ämter innehatte, schwante, welcher großartige Schatz verlorenginge, wenn man nicht neben der christlichen auch die weltliche Bildung in die Klöster holte. Nach seinem Ausscheiden aus dem Hofamt 537 gründete er auf seinen süditalienischen Ländereien ein Kloster: in Vi-variense. Er schloss sich selbst diesem Kloster in loser Form als Mönch an, offenbar ohne seinen gewohnten Lebensstil als Grandseigneur ganz aufzugeben.

Begleitend zu seiner Klostergründung verfasste er die »Einführung in die geistlichen und weltlichen Wissenschaften«. Denn mit dem blo-ßen Beten und Lesen war es für ihn nicht getan. Die Texte der Heiligen Schrift und der Kirchenväter mussten auch gedeutet und kommen-tiert werden, weil manches doch unklar und widersprüchlich erschien. Man sollte das Lesen und Schreiben ordentlich erlernen, auch das wohl-klingende Reden und Argumentieren einüben, nicht zuletzt der Pre-digt wegen; schließlich sollte im Für und Wider das Falsche vom Wah-ren unterschieden werden.

Sieben Freie Künste, »septem artes liberales«: Grammatik, Rhe-torik, Dialektik, Arithmetik, Musik, Geometrie, Astronomie, sollten für Cassiodor der christlich-religiösen Bildung vorausgehen. Beson-ders wichtig waren ihm die ersten drei, das »trivium«, der Dreiweg: Grammatik, Rhetorik, Dialektik, weil dadurch das Lesen und Schrei-ben, Reden und Argumentieren, Erkennen und Begreifen gefördert wurde. Für die Rhetorik erschien Cicero als Spiritus rector, für die Dialektik wurde als erster Aristoteles genannt, geachtet für seine logi-schen Schriften. Die letzten vier freien Künste, das »quadrivium«, der Vierweg: Arithmetik, Musik, Geometrie, Astronomie, sollten dem en-zyklopädischen Wissen oder der Allgemeinbildung zugute kommen.

Das Studium der Freien Künste war schließlich auch der Gastfreundschaft förderlich. Ruht doch das Gastmahl von jeher auf zwei Pfeilern: erstens auf dem Essen und Trinken; zweitens auf dem Gespräch und der Unterhaltung. Das eine wie das andere soll delikat sein. Für das Gespräch bedeutet das: witzig und humorvoll, selbstironisch und weltläufig. Cicero, Horaz, Ovid waren Meister darin. Die Entfaltung neuer Menschlichkeit benötigt auch das gute Reden und die Verständigung.

Cassiodors eigenes Kloster erinnerte deutlich an die römische Landvilla: an den literarischen Topos des »locus amoenus«, des lieblichen Orts. In seiner »Einführung in die geistlichen und weltlichen Wissenschaften« beschrieb er diesen, indem er zu den Mönchen sprach: »Die Lage des Klosters Vivariense ermuntert euch, Fremden und Bedürftigen Aufnahme zu gewähren. Denn ihr verfügt über bewässerte Gärten, und nebenan habt ihr den fischreichen Pellena – einen Fluß, von dem kein Hochwasser zu befürchten ist, der aber auch kein Rinnsal ist, das zu verachten wäre. Kunstvolle Technik hat ihm das rechte Maß auferlegt, und so strömt er überall dort hin, wo eure Gärten und Mühlen ihn brauchen. (...) Auch habe ich zur Gesundheit des Körpers Bäder dort anlegen lassen, wo klare Quellen fließen, willkommen als Trank und Bad. / So ist alles vorhanden, damit euer Kloster eher von anderen gesucht werde, als daß ihr euch berechtigt fremdes Land ersehnen möchtet.«

Es deutete sich an, dass die Klöster auch Schul- und Bildungszentren sein konnten, beteiligt am Landesausbau, an der technischen Entwicklung der Landwirtschaft, an der Pflege von Medizin und Gesundheit, bedacht auf Komfort und allgemeines Wohlbefinden, schlechthin auf Verbesserung irdischer Lebensumstände. Idealerweise sollte das Kloster eine Institution der Verfeinerung sein.

Nördlich der Alpen, im Osten des Fränkischen Reiches, gab es bis ins frühe achte Jahrhundert kaum Klöster. Irische Wanderprediger verkündeten da und dort das Christentum, aber die römische Amtskirche konnte hier nicht Fuß fassen. Man fand östlich des Rheins und nördlich der Donau weder Bistümer noch Bischofssitze, höchstens ein paar unbedeutende mönchische Einsiedeleien. Es war so gut wie niemand da, der Latein sprach und in der Lage gewesen wäre, die Bibel zu lesen – und weil es keine Klöster gab, lernte auch niemand Latein, feinere Ausdrucksweisen und Manieren.

Bonifatius durchbrach den Bann. Als Angelsachse verbrachte er die erste Hälfte seines Lebens größtenteils im südenglischen Kloster Nursling, bevor ihn der Traum nicht mehr losließ, die stammesverwandten heidnischen Sachsen auf dem Festland zum Christentum zu bekehren. Eine frühe Biographie über ihn, die Willibald, ein Priester in Mainz, bald nach dem Tod des Bonifatius um 760 verfasste, berichtet darüber. Offenbar genoss Bonifatius selbst eine Klostererziehung, in der sich Vorstellungen von Cassiodor und Benedikt vereinten. Der Biograph führt aus, dass Bonifatius »in hoher geistiger Bildung glänzte: im Redefluß der grammatischen Kunst, in der Fertigkeit, markige Verse und Reime zu bauen, in der einfachen geschichtlichen Erklärung und der dreifältigen Art der geistlichen Auslegung wie der durch die Gewandtheit in der Schriftstellerei«. Willibald hob ebenso hervor, dass der Eleve, der rasch selbst Lehrer wurde, dem Abt gehorchte, »so daß er bei täglicher Handarbeit und in der regelrechten Erfüllung seiner Pflichten unentwegt nach den Vorschriften und bewährten Satzungen des seligen Vaters Benedict beharrte.«

Bonifatius war zeitlebens weit mehr ein Mann des Wortes und der Schrift denn ein Kraftmeier der Axt, mit der er nach Willibald einmal eine Eiche fällte, die von den Ungläubigen als Sitz ihrer Götter angesehen wurde. Nach seiner Ankunft im östlichen Frankenreich löste er hier, in den späteren deutschen Landen, eine erste Klosterbewegung aus, bald ergänzt von Bistumsgründungen. Er ging umsichtig vor, ließ sich sowohl von den fränkisch-karolingischen Machthabern als auch von den Päpsten unterstützen. Er reiste immer wieder zwischen England, Gallien, Germanien und Italien hin und her und schuf, wie kaum ein anderer zuvor, ein Geflecht von Beziehungen, aus denen allmählich Europa als ein leuchtender Begriff von eigener zentrifugaler Kraft hervorgehen sollte.

Der Gottesmann sorgte in Germanien für Aufbruchstimmung und elektrisierte das Publikum. »Und so geschah es«, fuhr Willibald fort, »daß der Ruf schon im größten Teil Europas (!) widerhallte und zu ihm aus den Landen Britanniens eine große Anzahl Knechte Gottes, Lehrer und Schreiber, sowie Männer, die auch in verschiedenen anderen Künsten geübt waren, zusammenströmten.«

Schon im Jahr 722 war Bonifatius von Papst Gregor II. zum Missionsbischof von Germanien erhoben worden. Wohl erstmals in der

87

Geschichte gab es eine Amtsperson, die für ganz Germanien zuständig sein sollte, wenngleich Sachsen noch nicht missioniert war. Der Papst richtete sogar zwei Jahre später ein Sendschreiben an das »Volk Germaniens«. Gemeint waren die »Ostfranken«, die in den Gebieten Rhein-Main-Franken (mit Hessen und Thüringen), Alemannien-Schwaben und Bayern lebten, an sich auch in Sachsen und in linksrheinischen Gebieten, im späteren Herzogtum Lothringen, wo Trier lag. Im wesentlichen war jenes Volk gemeint, aus dem die Deutschen hervorgehen sollten, eine Mischung aus Germanen, Kelten, Römern und Slaven, politisch noch nicht auf eigenen Beinen stehend, aber für die römisch-katholische Amtskirche schon eine eigene Gruppe. Der Papst sprach bemerkenswerterweise nicht mehr von Germanen, sondern von einem Volk, das in Germanien lebte.

732 wurde Bonifatius schließlich von Papst Gregor III. zum päpstlichen Legaten für Germanien sowie zum Missionserzbischof erhoben, mit dem Recht, hier Diözesen einzurichten. Der fromme Mann gründete zunächst Klöster in Rhein-Main-Franken, mit Hessen und Thüringen: in Fritzlar, Amöneburg, Tauberbischofsheim, Ochsenfurt, Kitzingen, Ohrdruf, schließlich in Fulda; zudem wurde nun die Klosterbewegung auch andernorts durch die Herzöge von Alemannien-Schwaben und von Bayern gefördert. Um 740 kam es dann zur Gründung oder Erneuerung der Bischofssitze in Regensburg, Passau, Salzburg, Freising, Würzburg, Büraburg und Erfurt, wobei die beiden letzteren bald wieder aufgelöst und deren Diözesangebiete Mainz zugeschlagen wurden, wo Bonifatius als Missionserzbischof seinen Sitz hatte. Schließlich kam noch Eichstätt als neuer Bischofssitz hinzu.

Es fand eine »conversio« statt, die nicht nur religiöser Art war – eine Bekehrung zum Römischen beziehungsweise Römisch-Katholischen: mit der Gründung von Klöstern, Bistümern, Bischofssitzen, aus denen Städte hervorgingen, verbunden mit dem Erlernen des Lateins, mit der »Einführung in die geistlichen und weltlichen Wissenschaften« sowie mit der Verbreitung der »Regel des heiligen Benedikt«. In bestimmten geographischen Abständen gab es nun Kloster- und Domschulen, verbesserten Landesausbau, mehr Komfort, feinere Manieren, freudige Gastfreundschaft.

Wer partout wissen möchte, seit wann es keine Germanen mehr

gab, sondern Ostfranken oder Deutsche, für den wäre das Jahr 722, seitdem also Bonifatius in Amt und Würden war, kein schlechter Ansatz, um eine Antwort zu finden. Immer dann, wenn später die Bekehrung zum Römisch-Romanischen rückgängig gemacht werden sollte und der Germanenkrempel aus dem Schrank oder aus dem Museum geholt wurde, bedeutete es für die Deutschen wenig Gutes und viel Tumult.

Ein Klosterplan, der um 830 auf der Insel Reichenau erstellt wurde, vermittelt das Ideal einer klösterlichen Anlage im Frankenreich. Der Abt der Reichenau schenkte diesen Plan dem Abt von St. Gallen als Anregung, und bis heute wird er in der Stiftsbibliothek St. Gallen aufbewahrt. In der Anordnung der Gebäude verbinden sich mönchisches Leben, Gebet und Studium, mit Landwirtschaft und Handwerk: vita contemplativa mit vita activa. Im Zentrum stehen Kirche und Mönchsklausur, nördlich und östlich folgen Abtshaus, Gästehaus, Spital, äußere und innere Schule, südlich und westlich reihen sich wirtschaftliche Trakte: zuerst Ställe für Hühner und Gänse sowie ein Obst- und Gemüsegarten, ferner Gebäude wie Mühle, Stampfe, Mälzerei, Brauerei, Bäckerei, auch Häuser für Schuster, Schildmacher, Sattler, Drechsler, Gerber, Gold- und Eisenschmiede; schließlich sind Ställe für Großvieh vorhanden, für Pferde, Kühe, Schweine, Ziegen und Schafe.

In einer Epoche, in der nördlich der Alpen die ehemaligen Städte der Römer an Rhein und Donau stark geschrumpft waren und nördlich des Limes ohnehin kaum größere Orte existierten, sollten die Klöster mehr oder minder selbständig, autark sein und sich selbst versorgen. Die Klöster stellten regelrecht einen Ersatz für Städte dar. Nur hier gab es vorläufig eine kulturelle Dichte, Intensität des Lebens, gute Organisation, kreative Muße und ein gewisses Maß an Luxus: sei es baulich, landwirtschaftlich, handwerklich, schulisch, medizinisch oder gastronomisch.

Im Kern beständig

So oder so blieb das Kloster eine eigene Welt, eine Alternative zum herkömmlichen Leben draußen. Es sollte still hinter den Klostermauern sein, einem Ort der inneren Einkehr, der Besinnung und Genügsamkeit, der Menschenliebe und Freundlichkeit. Mehr denn je entdecken heute die Klöster wieder ihre Wurzeln: eine ökologische Landwirtschaft, gutes Handwerk, einen eigenen baukünstlerischen Stil, schlicht, schnörkellos, nicht ohne Grandeur, eine behutsame Denkmalpflege, verbunden mit Modernem, so wie man früher schon Neues wagte.

Nicht zuletzt erinnern sich die Klöster an das Gebot der Gastlichkeit. Man legt nicht unbedingt Wert auf den vordergründigen Luxus materieller Kultur, sondern auf den tieferen Luxus der Ruhe und Kontemplation. Es findet sich für den heutigen Gast die Gelegenheit, in das Klosterleben eingebunden zu sein, mit den Mönchen oder Nonnen ins Gespräch zu kommen, an den Gebeten teilzunehmen und Kurse für Spiritualität, Gesundheit und Lebensführung zu belegen.

Ein Musterbeispiel dafür ist die Benediktinerabtei Plankstetten in der bayerischen Oberpfalz. Die fast erlahmte Landwirtschaft wurde dort vor rund zwanzig Jahren erneuert und auf eine biologische Bewirtschaftung umgestellt. Das Gleiche gilt für die handwerklichen Betriebe des Klosters: Gärtnerei, Bäckerei, Metzgerei, ergänzt durch Obstbrennerei und Imkerei. Die nahe Riedenburger Brauerei stellt für die Abtei ein naturtrübes Dinkelbier her, gebraut nach der Tradition des Klosters Plankstetten. Schließlich wurde die Schenke wieder eingerichtet und das Gästehaus St. Gregor gegründet.

Aus der Entstehungsphase der Abtei, um 1129, stammt noch die romanische Basilika, die später dezent barock ausgeschmückt wurde. Barock ist auch der größte Teil der Konvent-Gebäude und Gästetrakte. Bis zu einem gewissen Grad taucht der Gast in eine ungewohnte Welt ein; er kann in zeitliche Tiefe versinken und kulturelle Dichte erleben; er kann ringsumher wandern und ist frei von dem Zwang, eifrig konsumieren zu müssen, wenngleich Gärtnerei, Bäckerei, Metzgerei und Küche grundehrliche, wohlschmeckende Sachen auf den Tisch bringen, die Freude machen.

Klösterliche Gastfreundschaft lebt mittlerweile auch dort fort, wo es nie ein Kloster gab. Das Hotel Sommerau im Schwarzwald liegt, wie es Bonifatius für die Klöster wünschte, mitten in der »Waldeinsamkeit«, auf einer hohen Lichtung, ohne Durchgangsverkehr, ohne Handyempfang, ohne Fernseher, ganz auf den Luxus der Ruhe und Erholsamkeit eingestellt. Es erhebt sich ein stattliches neues Holzhaus in traditioneller Schwarzwaldarchitektur. Dem eigenen Anspruch nach soll das Haus gastronomische Qualität mit dem Einfachen und Nachhaltigen verbinden. Für den Service gilt: unaufdringlich, aber aufmerksam zu sein, ganz so, als stehe Benedikt dahinter. Der Blick soll sich für das Wesentliche schärfen. Die Küche möchte »ehrliches Essen« aus besten heimischen Zutaten bieten, dabei Schlichtes mit Kreativem kombinieren. Das Haus ist frei von ländlichem Kleinklein, gibt sich geradlinig, nicht ohne Kunstverstand. Prinzipien klösterlicher Gastfreundschaft haben längst noch nicht ausgedient und setzen sich auch da fort, wo man es auf den ersten Blick nicht vermutet.

7

PRACHT DES STAATSBANKETTS

Eine genauere Vorstellung von Europa entwickelte erstmals der griechische Geschichtsschreiber Herodot. In seinen »Historien«, die nach 450 v. u. Z. entstanden, schilderte er den Krieg der Perser gegen die Griechen. Um diesem Zusammenstoß Gewicht zu verleihen, stilisierte er die Perser als Vertreter Asiens, die Griechen als Vertreter Europas. Am Bosporus verlief die Grenze.

Xerxes, der König der Perser, wurde angesichts seiner riesigen, pompös ausgerüsteten Armee hoch- und übermütig, wenn nicht größenwahnsinnig, während die zahlenmäßig unterlegenen Griechen sich in Klugheit und Mäßigung übten und die Perser schließlich besiegten. Der Ausgang des Krieges hatte für Herodot etwas mit den unterschiedlichen politisch-kulturellen Systemen zu tun. Im persischen Asien herrschte die Monarchie, im griechischen Europa gab es vielerorts »Freiheit und Gleichheit«, »Wissenschaften und Künste«, was der Moral und Strategie zugute gekommen sei. Mit Blick auf Athen hieß es: »Die Gleichheit ist eben in jedem Betracht etwas Wertvolles und Schönes.«

Ob Herodot der Sache ganz gerecht wurde, sei dahingestellt. So oder so war von nun an die Idee in der Welt, dass für Europa Freiheit und Demokratie, Wissenschaften und Künste, Mitte und Maß typisch seien. Als die Periode der Perserkriege überstanden war, machten die Griechen allerdings von der Europaidee kein Aufhebens mehr. Für Aristoteles stellte Griechenland in seiner »Politik« quasi selbst einen Kontinent dar: östlich lag Asien, nordwestlich Europa.

Auch für die Römer spielte Europa als eigene Größe keine Rolle. Das Römische Reich umfasste gleich drei Erdteile: Europa, Asien, Afrika. Das Imperium bedeutete im Grunde den Mittelpunkt der Welt: Der »Orbis Romanus« erschien als »Orbis terrae« – die Sphäre der Römer als der Erdkreis. Doch die älteren Deutungen Europas durch Herodot gingen nicht verloren, seine »Historien« waren in Rom bekannt. Cicero nannte den Autor den »Vater der Geschichtsschreibung«.

Als dann Willibald, der Priester in Mainz, um 760 seine Bonifatius-Biographie schrieb, erschien Europa mit einem Mal als ein Kontinent von eigenständiger zentrifugaler Kraft. Die politisch-kulturellen Gewichte hatten sich zwischenzeitlich verschoben: Die Einheit der Mittelmeerregion war auseinandergebrochen. Im Osten gab es das Oströmische Reich; im Süden breitete sich das arabisch-muslimische Reich aus und im Nordwesten das fränkisch-christliche.

Auf den ersten Blick schienen die Charakteristika Europas nun andere zu sein als bei Herodot. Europa umfasste für Willibald im wesentlichen jene Gebiete, die christlich beziehungsweise römisch-katholisch geprägt waren, wo es Klöster und Bischofssitze gab, die der päpstlichen Amtskirche in Rom unterstanden: von Britannien über Gallien und Germanien bis nach Italien.

Doch auch in der Kultur der römisch-katholischen Klöster steckte etwas von dem, was schon Herodot mit Europa verbunden hatte: die Idee von Gleichheit und Brüderlichkeit, wie sie Jesus gelehrt hatte; ein Faible für das beratende, konsularisch-senatorische Element, wie es Benedikt von Nursia eigen war; die Vorstellung von Wissenschaften und Künsten, welche Cassiodor in die Klöster einführte.

Bereits das klösterliche Prinzip arbeitsamer Askese: gute Organisation, Fleiß, Genügsamkeit, hatte etwas mit Logik und Methode zu tun. Ebenso sollte die Form klösterlicher Bildung auf Sprachpflege, Erkenntnis, Dialektik, breitem Wissen gründen. Im Kern ging es um rationales Denken, um eine genauere, durchdachtere Hinwendung zur Welt: um Fundamente, die dem christlichen Wunderglauben und seiner Menschlichkeit untergeschoben wurden. Das Abendland, Europa, der Westen sollten zukünftig von dieser ganz eigenen Melange modelliert werden.

773 brach Karl, der junge König der Franken, erstmals mit einem Heer nach Italien auf, um den Papst aus der Bedrängnis durch die Langobarden zu befreien. Karl besiegte die Langobarden, besuchte den Papst in Rom und band große Teile Italiens in sein Frankenreich ein, zu welchem nördlich der Alpen schon Gallien und Germanien gehörten. Er nannte sich jetzt »König der Franken und Langobarden und Patricius der Römer« – begriff sich selbst als Schutzherrn Roms.

Es mochte ihm aufgefallen sein, dass Italien als ehemaliges Kernland des Römischen Reiches zivilisatorisch nach wie vor besser entwickelt war als Gallien und Germanien. Langsam wurde in ihm der Wunsch wach, die versinkende römische Kultur im westlichen Europa, soweit es in seiner Macht stand, zu erneuern, wenn nicht das Römische beziehungsweise Weströmische Reich überhaupt.

Vor Karl hatte es schon andere gegeben, welche die Idee der »renovatio«, der Erneuerung, oder gar die der Wiedergeburt, der Renaissance der antiken römischen Kultur, im Kopf hatten. Der ostgotische König Theoderich der Große, der zu Beginn des sechsten Jahrhunderts von Ravenna aus Italien regierte, war der prominenteste unter ihnen. Er konnte sich noch auf hohe zivile Beamte mit vorzüglicher humanistisch-weltlicher Bildung stützen. Unter ihnen stach Cassiodor hervor. Er stieg allmählich zum engsten Berater Theoderichs auf und gab am Ende seiner Laufbahn bei Hofe eine Sammlung von Briefen heraus: die »Variae«, die Briefe Theoderichs sowie von ihm selbst enthielten. Es bekundete sich eine noch gut entwickelte Schriftkultur bei Hofe. Nach seinem Ausscheiden vom Hofamt gründete Cassiodor dann ein eigenes Kloster und schrieb dafür die »Einführung in die geistlichen und weltlichen Wissenschaften«, welche die Lehre der Sieben Freien Künste enthielt.

Ob man Karl schon bei seinem ersten Italienzug 773/774 über die Vorgänge in Ravenna zur Zeit Theoderichs berichtete, ist ungewiss. Spätestens bei seiner dritten Italienfahrt 787 dürfte man ihm einiges über die Geschichte von Ravenna erzählt haben. Der dortige Bischof Gratiosus lud Karl damals zu einem prächtigen Bankett ein. Karl sah dabei auch die Überbleibsel jener Aula, in der einst Theoderich residierte hatte. Bei seiner vierten Italienreise 800/801, als Karl zum Kaiser erhoben wurde, ließ er von Ravenna aus eine Reiterstatue Theoderichs nach Aachen schaffen. Offensichtlich betrachtete sich Karl als ein Herrscher, der in den Spuren Theoderichs wandelte: beide germanischer Abstammung, beide beseelt von der Erneuerung der römischen Kultur: der »romanitas«.

Ein hervorstechender Zug Theoderichs war das Verlangen nach Beratung durch gebildete Leute bei Hofe. Cassiodor schaltete in den »Variae« einen Brief von sich selbst ein, um Theoderichs Bildungsstreben zu bezeugen, und redete sich darin in der dritten Person an: »Als er (Theoderich) die Staatsgeschäfte beiseite gelegt hatte, suchte er im Gespräch mit dir (Cassiodor), die Ansichten der weisen Alten zu ergründen, auf dass er mittels seiner Taten sich seiner Vorfahren als ebenbürtig erweise.« Peter Heather zitiert in seinem neuen Buch über »Die

Wiedergeburt Roms« diese Stelle und räumt Theoderich wie Cassiodor einen bedeutenden Platz in der spätantik-frühmittelalterlichen Geschichte Europas ein. Ein gewalttätiger germanischer Kriegsfürst dachte um und wandte sich mit Hilfe von Gelehrten den Aufgaben und Freuden des musisch-zivilen Lebens zu.

Die Parallelen zu Karl sind frappant. Er sammelte seinerseits spätestens seit den 780er Jahren die gebildetsten Leute um sich, die im lateinisch-christlichen Europa zu finden waren. Zu den führenden Gelehrten bei Hofe gehörten der Angelsachse Alkuin, der Westgote Theodulf, der Langobarde Paulus Diaconus sowie der Franke Einhard. Karl stilisierte sich selbst zum ersten Schüler dieser Riege und forderte die Klöster und Stifte in seinem Reich auf, sich ihrerseits mehr um die geistliche und weltliche Bildung zu kümmern, als das A und O jeder kulturellen Entwicklung.

Vermutlich 787 entstand die »Epistula Generalis«, ein »Allgemeiner Brief«, den Karl an die Klöster und Stifte verschicken ließ. Darin hieß es: »Deshalb wollen wir (…) die durch die Nachlässigkeit unserer Vorfahren nahezu vergessene Aufgabe der Wissenschaft (litterarum officina) mit wachem Eifer erneuern und – soviel wir können – durch unser (!) Beispiel zu eindringlichen Studien der freien Künste anhalten.« Wesentlich war dabei das Trivium der Freien Künste: Grammatik, Rhetorik, Dialektik, für das Cicero mit seinen rhetorischen Schriften und Aristoteles mit seinen logischen Schriften die Erzlehrer waren. Es ging um Sprach- und Redefähigkeit, methodisches Denken, Rationalität. Alle Bereiche von Wirtschaft, Politik, Kultur sollten davon durchdrungen werden. Johannes Fried stellt in seiner Karl-Biographie dieses Bildungsprogramm in seinen Einzelheiten vor.

Auf dem Gebiet der Ökonomie war die Landwirtschaft die wichtigste Grundlage im Frankenreich. Der König besaß selbst riesige Domänen. Mit Hilfe besserer Organisation sollten Erträge und Qualität der Erzeugnisse gesteigert werden, so wie es ein Erlass des Königs bezeugte: das »Capitulare de villis«, eine Verordnung über die Krongüter und Reichshöfe. Die erhaltene Handschrift entstand zwar erst kurz nach Karls Tod, der Inhalt aber gehört zum Reformprogramm der 790er Jahre. Das kulinarische Niveau der Römer sollte wieder erreicht oder gar übertroffen werden.

Es sollte ein neuer Schub der Waldrodungen einsetzen, ein neuer

Schub des Acker- und des Gartenbaus, ebenso wie der Teich- und Fischwirtschaft. Die landwirtschaftlichen Produkte sollten von makelloser Güte sein: »Den Abgaben für unsere Tafel wende jeder Amtmann seine besondere Sorgfalt zu, damit die Lieferungen von guter, ja bester Qualität (bona et optima) sowie sorgfältig und sauber zugerichtet sind.« Wichtig blieben die traditionellen Haustiere: Rind, Schwein, Schaf und Ziege. Doch Delikatessen wie Fisch und Geflügel lagen dem König besonders am Herzen. Ein Teil des Geflügels sollte speziell gemästet werden, »Masthühner«, »Mastgänse«, ebenso sollte es neben den Zugochsen auch »Mastochsen« geben. Edles Geflügel wünschte sich der König ebenso in Gehegen und Volieren als Zierde bei Hofe: »Pfauen, Fasanen, Enten, Tauben, Rebhühner, Turteltauben«.

Die leichten, bekömmlichen Fastenspeisen: Kräuter, Gemüse, Fisch, Obst, nahmen einen bisher kaum dagewesenen hohen Rang ein, wohl auch beeinflusst von der »Regel des heiligen Benedikt«, die sich Karl 787 aus dem Kloster Monte Cassino kommen ließ. Er selbst erklärte: »Von der Fastenspeise sollen jährlich zwei Drittel für unseren Hofhalt geliefert werden: Gemüse und Fisch, Käse, Butter, Honig, Senf, Essig, Kolben- und Fenchelhirse, getrocknetes und frisches Küchengewürz, Rettich, Steckrüben.« Das Sortiment an Zierpflanzen, Heilkräutern, Salaten und Gemüsen sollte so breit wie möglich sein. Über siebzig Sorten wurden genannt, darunter Rosen, Lilien, Schwertlilien, Lattich (die Vorform des Kopfsalats), Gartenrauke, Kresse, Brunnenkresse, Pfefferminze, Melde, Petersilie, Schnittlauch, Kerbel, Koriander, Liebstöckel, Salbei, Thymian, Rosmarin, Anis, Kreuzkümmel, Schwarzkümmel, Zwiebel, Schalotte, Knoblauch, Schlafmohn, Gurke, Melone, Flaschenkürbis, Karotte, Pastinake, Kohl, Kohlrabi. Auch die Gartenbaumarten sollten sich vermehren und variabel sein, mit Apfel, Birne, Pflaume, Kirsche, Pfirsich, Quitte, Feige, Mispel, Edelkastanie, Haselnuss, Mandel, Walnuss. Der König hatte gewürzte Speisen im Sinn und wollte für Abwechslung sorgen.

Desgleichen sollten die Rauschmittel nicht zu kurz kommen, um die Verzauberung beim Mahl zu erhöhen. Bei den Getränken betonte der König immer wieder, dass sowohl Wein als auch Bier gehegt und gepflegt werden sollten, wünschte sich Brombeerwein, »Würzwein« (mit Kräutern angereicht), Met (Honigwein), »Malzbier« oder »gutes Bier«. Nicht zuletzt wurden die Amtsleute dazu angehalten, auf die

Entwicklung des Handwerks zu achten. Die einzelnen Sparten, Metzger, Bäcker, Müller, Käser, Brauer, Winzer, sollten mit »größter Sauberkeit« arbeiten. Aber auch Handwerker außerhalb des Lebensmittelbereichs sollten auf den Krongütern tätig sein: Grob-, Gold- und Silberschmiede, Schuster, Drechsler, Stellmacher (Wagner), Schildmacher, Seifensieder. Schließlich sollte es sogenannte Frauenhäuser geben, Werkstuben mit Webkeller für die Textilherstellung.

Die Sieben Freien Künste waren die Grundlage für Karls Reform- und Entwicklungsprogramm; den mechanischen praktischen Künsten schenkte er aber dieselbe Aufmerksamkeit, so wie es teilweise bereits die Klöster vormachten, wo die Arbeit mit den Händen im Gegensatz zu antiken Vorstellungen längst zur einer respektablen Tätigkeit aufgewertet worden war. Der König kümmerte sich um Landwirtschaft, Textilherstellung, Schmiedekunst, Baukunst oder auch Kochkunst. Er besaß sowohl eine geistige als auch eine sinnliche Ader, er war ein Mann von Intellekt und von Sinnlichkeit.

Mit arbeitsamer Askese war es noch nicht getan, um das Abendland, Europa, den Westen voranzubringen – darin irrten sich später Martin Luther und Max Weber ebenso wie neuerdings Niall Ferguson in seinem Buch »Der Westen und der Rest der Welt«. Arbeitsame Askese gehörte dazu: gute Organisation, Fleiß und Genügsamkeit, Logik und Methode – aber ebenso die kreative Muße: Wissenschaften und Künste, Freizügigkeit und Lebensgenuss.

Karl achtete den christlichen Wunderglauben, aber er verließ sich nicht unbedingt darauf und nahm die Verbesserung der Lebensverhältnisse selbst in die Hand. Er hatte Lust am Menschsein, lebte gern im Hier und Jetzt, liebte das Essen, die Frauen, die schönen Künste, hatte Sinn für das Neuartige, für Herausforderungen, Komplexität. Er schätzte, mit Csíkszentmihályi zu reden, das Vergnügliche und Angenehme ebenso wie Aufgaben, die psychologisches Wachstum boten, Freude und Verzauberung.

Seit etwa 790 baute er Aachen zu seiner Bühne aus: mit einem riesigen königlichen Saal, einer prachtvollen Pfalzkirche, die in ihrer Rund- und Kuppelbauweise sowohl an San Vitale in Ravenna erinnerte als auch an die Hagia Sophia in Konstantinopel oder an den Felsendom in Jerusalem; sogar ein großes Schwimmbecken wurde geschaffen, gespeist mit warmem Thermalwasser.

Die Hofdichter, die Horaz und Vergil kannten, beschrieben das musische Leben in Aachen. Einhard schilderte in seiner Karlsvita die Badefreuden des Königs: »Karl liebte die Dämpfe heißer Naturquellen und schwamm sehr viel und so gut, daß es niemand mit ihm aufnehmen konnte. Darum baute er einen Palast in Aachen und verbrachte seine letzten Lebensjahre ununterbrochen bis zu seinem Tode dort. Er lud nicht nur seine Söhne, sondern auch Adelige und Freunde, manchmal sogar sein Gefolge und seine Leibwache zum Baden ein. Oft badeten mehr als hundert Leute mit ihm.« Ein strenges höfisches Zeremoniell wie in Konstantinopel war in Aachen unbekannt. Karl gab sich leutselig, gesprächig, freundlich, mimte nicht den unerreichbar Erhabenen.

Den Badevergnügungen dürften unmittelbar die kulinarischen Genüsse gefolgt sein. Schon 796 verfasste Theodulf ein Poem, in dem Truchsess und Mundschenk an der königlichen Tafel auftraten, beherrscht von einer heiteren Atmosphäre: »Mit der Hand sich von der Stirn den perlenden Schweiß wischend, kommt Menalcas heran vom obstreichen Sitz, den er oft betritt, um umwallt vom Schwarm der Köche und Bäcker seines Amtes zu walten. Voll Erfahrung breitet er alles aus und bringt die Speisen vor des Königs prächtigen Hochsitz. Hier kommt der mächtige Mundschenk Eppinus und bietet in schönen Gefäßen lieblichen Wein. Bald umsitzen sie (die Hofgesellschaft), nachdem die Aufforderung ergangen, das königliche Mahl. Der Freude wird Raum gegeben. Fort mit euch, so ruft man, ihr Massen von Brei und dicker Milch: heute seien die Tische gewürzter Speisen voll.«

Vermutlich kannte man in Aachen das luxuriöse römische Rezeptbuch des Apicius. Die zwei ältesten erhaltenen Handschriften dieses Buches entstanden im neunten Jahrhundert, eine davon im Kloster Fulda, das eng mit dem Königshof verbunden war. Nach Einhard wurden an Karls Tafel vier Gänge serviert, dazu Wild, »das seine Jäger auf dem Spieß brieten und das er lieber als alles andere aß«.

Karl war es nicht gleichgültig, was serviert wurde; es sollten besondere Feinheiten sein. Zudem war er selbst wahrscheinlich ein glänzender Unterhalter bei Tisch. Sowohl Einhard als auch andere Zeitgenossen hoben die famose Redefähigkeit der Königs hervor, sprühend vor Witz, ein wahrer Connaisseur, wohl ein Typ wie einst der keltische Fürst von Hohenasperg-Hochdorf.

883 schrieb der St. Galler Mönch Notker der Stammler eine weitere Karlsvita, indem er auf Berichte seines eigenen Erziehers Adelbert zurückgriff, der noch ein Kampfgenosse Karls gewesen war. Nach Notker schätzte der König ebenso »Flussfisch, mit gewürzter Brühe übergossen« oder »vor Fettigkeit gelblichen Käse«. Fisch, Geflügel, Wild bildeten spätestens von nun an den obligaten Dreiklang einer vornehmen Tafel, ergänzt von würzigem Käse und süßem Obst zum Abschluss.

Es herrschten libertinöse, wenn nicht boccaccieske Verhältnisse in Aachen. Gemäß einer fränkisch-germanischen Tradition lebte Karl als fürstlicher Herr nicht nur mit seiner rechtlichen Ehefrau zusammen, sondern führte des öfteren daneben eine »Friedelehe«, Liebesehe. Auch die Töchter ließ Karl an der langen Leine. Alkuin, der Leiter der Hofschule in Aachen, warnte seine Schüler (als Ovid-Kenner) vor den »gekrönten Täubchen, (...) die durch die Kammern der Pfalz flattern«. Er selbst, Alkuin, scheint homoerotische Neigungen gehabt zu haben. An Bischof Arn von Salzburg schrieb er 790: »Oh, könnte ich doch den Nacken eurer Lieblichkeit mit den Fingern meiner Sehnsucht kosen.«

Wie aus dem »Capitulare de villis« hervorgeht, waren die königlichen Pfalzen mit allerlei Komfort ausgestattet: »Bettdecken, Matratzen, Federkissen, Bettlinnen, Tischtüchern, Bankpolstern, Gefäßen aus Kupfer«. Entsprechend glamourös trat die Hofgesellschaft bei festlichen Anlässen auf. Ein anonymes Karlsepos, das um 799/800 bei Hofe entstand, schildert König, Königin und andere beim Aufbruch zur höfischen Jagd: »Endlich tritt Er hervor, umdrängt von dichtem Gefolge, Europas (!) ehrwürdiger Leuchtturm schreitet ins Freie. Herrlich leuchtet das Angesicht, strahlt die Gestalt; auf seinem edlen Haupt trägt einen Reif kostbaren Goldes König Karl, alle überragt sein hoher Wuchs. (...) Nun schreitet aus ihrem stolzen Gemach die Königin, die lange verweilt, umdrängt von großem Gefolge, Luitgard mit Namen, Karls schöne Gemahlin. Herrlich schimmert ihr Hals wie die Farbe der Rose, und vor den Flechten ihres Haars verblaßt der leuchtende Purpur.«

Der Autor holte den Europabegriff hervor, so wie vierzig Jahre zuvor schon Willibald in seiner Bonifatius-Biographie, um einen besonderen Moment zu unterstreichen: das Zusammenspiel zwischen dem fränkischen Herrscher und dem Pontifex in Rom. Gerade eben, im Sommer 799, war Papst Leo III. in das nördliche Frankenreich gereist, um sich des Schutzes durch Karl zu versichern und dessen Erhebung zum Kaiser in Rom zu besprechen. Eine neue Epoche sollte eingeleitet werden.

Das Treffen der beiden machtvollsten Männer im lateinisch-christlichen Europa fand jedoch nicht in Aachen statt, sondern in Paderborn, in Sachsen, das gerade erst, vor wenigen Jahren, von den Franken erobert worden war und zum Christentum bekehrt wurde. Karl konnte sich dort par excellence als Mehrer des Reiches und als Schutzherr der Christenheit präsentieren.

Paderborn machte als neue königliche Pfalz tatsächlich etwas her. Schon 777 war dort eine beeindruckende, zweigeschossige königliche Aula errichtet worden: 31 Meter lang und 10 Meter breit (jene in Aachen umfasste dann 44 mal 17 Meter). Solche architektonischen Dimensionen in Steinbauweise hatte es bisher östlich des Rheins und nördlich der Donau nicht gegeben. Von ähnlicher Grandeur, sogar noch etwas größer, stand neben der Aula eine Pfalz- und Missionskirche.

Karl erschien im Sommer 799 mit großer fränkischer Streitmacht in Paderborn, mit ebenso großem Gefolge traf der Papst hier ein. Für Karl kam gar nichts anderes in Frage, als alle Register königlicher Gastfreundschaft zu ziehen, um sowohl die fränkischen Krieger und Aristokraten als auch die römischen Prälaten zu becircen: den Papst, die Kardinäle, die Bischöfe. Der König musste zeigen, dass er Gastlichkeit auf höchstem europäischen Niveau beherrschte: hohen Aufwand in rechtem Maß.

Spätestens seit keltischer Zeit hatte festliche Gastlichkeit nördlich der Alpen eine große Tradition. Natürlich konnte man nun auch in der Bibel nachlesen, wie ein König Salomo die Königin von Saba empfangen und zum glanzvollen Staatsbankett eingeladen hatte. Ebenso dürften die antik-römischen Kaiserbiographien des Sueton etwas von großer Gastronomie vermittelt haben.

Philosophisch nachgedacht über das Phänomen der Gastlichkeit hatte längst auch der griechische Philosoph Aristoteles in seiner »Nikomachischen Ethik«. Er hob eine Reihe von Tugenden hervor, welche die Gastlichkeit berühren, wie: Beherrschtheit, Freigebigkeit, Großzügigkeit, Hochherzigkeit, Gewandtheit, Freundschaft. Es waren für ihn Begriffe von Mitte und Maß.

Zentral für die Gastfreundschaft ist die Freigebigkeit beziehungsweise Großzügigkeit des Gastgebers: just als die goldene Mitte zwischen Geiz und Verschwendung. Geizig ist nach Aristoteles jener, der mehr als recht Geld und Gut zusammenrafft und knausert; verschwenderisch dagegen jener, der durch Ausschweifung den Besitz zerstört. Es kommt darauf an, den Reichtum gut zu gebrauchen. Der Freigebige gibt, wenn er soll, und erhält dadurch Dank und hohes Lob: »Liebe aber und Freundschaft gewinnt kaum einer durch eine Tugend so sehr wie der Freigebige.«

Freigebigkeit wird nach dem Vermögen des Einzelnen geschätzt: »Denn sie beruht nicht auf der Größe der Gabe, sondern auf der Gesinnung des Gebers.« Es geht darum, am rechten Ort und im rechten Maß zu geben, schicklich und gebührend. Das gilt zunächst für jede Art der Gastlichkeit. Sind allerdings öffentliche Belange im Spiel, die Sphäre von Staat und Kultus, dann muss geziemender großer Aufwand betrieben werden. Es müssen Ehrenleistungen erbracht werden für Tempelbau, Gemeinwesen, Empfang von Gesandtschaften, Staatsbankette.

In diesem Fall soll der Freigebige, so Aristoteles, zugleich ein Hochherziger oder Großgearteter sein, einer, der die rechte Mitte zwischen dem Engherzigen und dem Großtuer bildet, der seinerseits nur banausische Geschmacklosigkeit bietet; der Hochherzige soll in der Lage sein, bei großem Aufwand nicht allein ein Gespür für das »Was«, sondern auch für das »Wie« zu entwickeln; er soll nicht nur den materiellen oder finanziellen »Wert« der Dinge kennen, sondern auch etwas von »Schönheit«, »überragender Pracht« verstehen. Es kommt darauf an, eine glückliche Hand bei der Auswahl der Dinge zu haben. Es sollen sich Stil und guter Geschmack zeigen. Der Hochherzige verfügt idealerweise auf den Gebieten der Kunst, der Manieren, der Feinschmeckerei über reiche Erfahrung. Es handelt sich um einen Mann oder um eine Frau von Welt: »Der Hochherzige gleicht einem Wissenden. Er weiß das Schickliche zu beurteilen und auf geziemende Weise großen Aufwand zu machen.« Ob man die »Nikomachische Ethik« des Aristoteles in Aachen kannte, ist nicht gesichert, aber möglich. Es gab mehrere Leute bei Hofe, die das Griechische verstanden, selbst der Kaiser konnte nach den Angaben Einhards Griechisch lesen. Ohnehin vertraten Cicero oder Horaz ähnliche Gedanken wie Aristoteles.

Karl hatte sich als Politiker längst schon kulturelle Kompetenz erworben: in literarischer Bildung, Baukunst, Gastronomie. Er war freigebig und hochherzig – ein Charmeur, ein Connaisseur, ein Kenner der Genüsse, einer, der sein Reich nicht nur mit dem Schwert zusammenhielt, sondern auch mit der Kunst der Gastlichkeit. Im Karlsepos wurden die Ereignisse von Paderborn entsprechend geschildert, in der typischen Reihenfolge: zuerst der Festgottesdienst, dann das Festmahl: »Lautes Rufen erhebt sich, der Schall dringt zum hohen Olymp: der apostolische Herr, geleitet vom seligen Karl, / zieht ein in den Tempel des Schöpfers, nach gewohnter Weise mit frommer Andacht die Feier der Messe zu begehen. Sowie der Gottesdienst nach Gebühr vollendet, bittet Karl Papst Leo zu sich in den hohen Palast. Herrlich erstrahlt darin mit gewebten Teppichen die Halle, von Gold und Purpur reich geschmückt sind überall die Sitze. Man sitzt zu Tische frohgemut, genießt gar manchen leckern Bissen; so feiert man das Festmahl drinnen in der Pfalz, auf den Tischen bauchen sich die goldnen Krüge mit Falerner (exzellentem Wein aus der Gegend nördlich von Neapel). Der König Karl und Leo, der höchste Bischof auf Erden, / speisen zusammen, trinken aus Schalen schäumenden Wein.«

Die Preußen wollten schlauer sein

Die fränkische beziehungsweise die ostfränkisch-deutsche Geschichte hat noch so manchen großartigen kaiserlichen Gastgeber hervorgebracht, der von Chronisten gerühmt wurde: Kaiser Otto den Großen, Kaiser Heinrich III., Kaiser Friedrich Barbarossa, Kaiser Maximilian I. oder Kaiser Leopold I., auch Landesherren wie den sächsischen Kurfürsten August den Starken.

Problematisch wurde es erst, als die Preußen die Macht in Deutschland an sich zogen. Dabei konnte sich der erste König in Preußen, Friedrich I., in manchem noch mit seinem Zeitgenossen August dem Starken messen; seit etwa 1701 ließ er das prachtvolle Berliner Schloss erneuern. Die eigentliche preußische Malaise begann erst 1713 mit dem Soldatenkönig Friedrich Wilhelm I., der als frömmelnder Pietist,

Rationalist und Militarist meinte, auf ein Kernstück europäischer Hochkultur verzichten zu können: auf die Gastlichkeit bei Hofe.

Seine Tochter Wilhelmine, die spätere Markgräfin von Bayreuth, beschrieb in ihren Memoiren die kläglichen Berliner Verhältnisse, die erst durch ihren Vater herbeigeführt worden waren. Sie schämte sich, eine preußische Prinzessin zu sein, weil es bei Hofe gar so karg und peinlich unbeholfen zuging. Der Soldatenkönig war geizig; er vermied jeglichen Überfluss und setzte dafür auf den Drill der Soldaten und Beamten, um den preußischen Staat zusammenzuhalten. Der Verzicht auf Freigebigkeit, Hochherzigkeit, Menschlichkeit war ein zivilisatorischer Strickfehler fatalster Art.

Unter dem letzten preußischen Herrscher, dem ehrgeizigen Kaiser Wilhelm II., wurde das König- und Kaiserreich an die Wand gefahren. Zuvor lag auch in seiner Regierungszeit die Kunst der Gastlichkeit im argen, ganz so, als könne es einfach nicht gutgehen, wenn ein Staatsoberhaupt weder Connaisseur noch Charmeur ist. Alfred Walterspiel, der führende deutsche Koch und Gastronom in der ersten Hälfte des zwanzigsten Jahrhunderts, mokierte sich in seinem Buch »Meine Kunst in Küche und Restaurant« über die »Schnellesserei« am Königlich-kaiserlichen Hof in Berlin: »Ein Essen von manchmal sieben Gängen mußte oft in einer Stunde herunterserviert werden. Und wenn gar Seine Majestät die Gnade hatte, einen der Geladenen ins Gespräch zu ziehen, bekam dieser meist überhaupt nichts, weil sich die Lakaien an ihre vorgeschriebene Zeit halten mußten und sogar unberührte Speisen einfach wegräumten.« Auch in diesem Fall scheint sich der Satz zu bewähren: Eliten, die nicht auch einen allgemein menschenwürdigen Lebensstil entwickeln, bleiben keine Eliten.

Das heutige Staatsoberhaupt der Deutschen, der Bundespräsident, residiert in einem Preußenschloss: im Schloss Bellevue, das um 1785 für Prinz Ferdinand, den jüngsten Bruder von König Friedrich II., im frühklassizistischem Stil im Berliner Tiergarten errichtet wurde. Im Zweiten Weltkrieg stark beschädigt, wurde es in puritanischer Manier restauriert und für den Bundespräsidenten hergerichtet, der seit 1994 hier seinen ersten Amtssitz hat.

Der Bankettsaal ist schmucklos, nahezu ganz in Weiß gehalten, nichts zu sehen von »gewebten Teppichen«, mit denen einst Karl der Große die königliche Halle in Paderborn geschmückt hatte. Lediglich an den Schmalseiten sieht man je ein abstraktes Gemälde: auf der einen Seite ein gedämpftes changierendes Gelb, auf der anderen ein gedämpftes changierendes Lila. Der Saal vermittelt eine gewisse Strenge, fast etwas Bußpredigerhaftes, einen Mangel an Farben, Formen und edlen Materialien. Bestenfalls fühlt man sich wie in einem modernen puristischen Museum mit zwei Bildern, aber nicht wie in einem Speisesaal, der Sinnlichkeit, Lebensfreude ausstrahlen sollte. Kein Wunder, dass hier die Tafel auch heute noch in der Regel zügig aufgehoben wird.

Das moderne politische Berlin kann allerdings auch anders. Jedenfalls ist im ehemaligen Palais des Reichstagspräsidenten der Kaisersaal vor ein paar Jahren wunderbar erneuert worden. Das Wilhelminische Gebäude östlich vom Reichstag ist heute der Sitz der Deutschen Parlamentarischen Gesellschaft und dient in begrenztem Umfang auch dem Bundestag als politischer Treffpunkt und als Ort für Empfänge. Der dortige Kaisersaal ist kleiner als der Bankettraum im Schloss Bellevue, aber viel schmucker. Über einer halbhohen, warm wirkenden Nussbaumvertäfelung schuf Hans Peter Reuter eine Rauminstallation, die an einen geöffneten Himmel erinnert – ein Spiel aus weißem Hintergrund und Würfeln in Ultramarinblau, die leuchtenden Sternen gleichen. Hier erlebt man nicht mehr das veraltete Preußen, sondern das verjüngte Deutschland: genussvoll lebendig.

8

URBANE ELEGANZ

Der Name des Dichters, der 799 das Karlsepos verfasste, ist nicht über-liefert. Er muss jedoch mit den Verhältnissen in Aachen vertraut ge-wesen sein und zum inneren Kreis der Hofgesellschaft gehört haben. Einer der Kandidaten, die als Autor in Frage kamen, war Einhard. Er zählte schon 796 als junger Mann zur Elite bei Hofe, gerühmt für seine Gelehrsamkeit und Dichtkunst. Rund dreißig Jahre später verfasste er seine berühmte Biographie Karls des Großen.

Einhard war ein Prototyp der karolingischen Renaissance. Obwohl er nicht dem Hochadel angehörte, machte er bereits mit rund fünf-undzwanzig Jahren in Aachen Karriere. Nicht durch Geburt, sondern durch Talent und Fleiß gelang ihm ein bemerkenswerter Aufstieg, fast so, als seien die Regeln der ständischen Gesellschaft außer Kraft ge-setzt und schon bürgerliche Werte anerkannt worden. Kurz nach Ein-hards Tod besorgte Walahfrid Strabo, ein Mönch der Insel Reichenau, eine Neuausgabe der Karlsvita und fügte biographische Notizen über den Verfasser hinzu. Walahfrid unterstrich, dass Einhard nicht dank seines »Edelseins«, sondern »aufgrund der Einzigartigkeit seiner Auf-fassungsgabe und seines Verstandes« an den Hof Karls des Großen ge-langt sei.

Walahfrid verriet ebenso, dass Einhard aus dem Maingau stammte, irgendwo zwischen Frankfurt am Main, Aschaffenburg und dem Oden-wald; vermutlich war er der Spross eines freien Grundherrn. Um 770 geboren, besuchte er als Knabe die Klosterschule in Fulda; dort wurde er noch 791 als »Schreiber« bezeugt, bevor er an den königlichen Hof kam. 796 zählte ihn Theodulf in einem Poem über die Aachener Hof-gesellschaft bereits zum engsten Beraterkreis von König Karl. Es war eine wiederkehrende Beobachtung, dass der kleinwüchsige Einhard eigentlich ein Großer sei: »Wie die Ameise eilt geschäftig hin und her das schmächtige ›Einhardchen‹. Doch sein kleines Haus umschließt einen vornehmen Gast, und ein mächtiger Geist bewohnt das Innere der schmalen Brust.«

Einhard erschien regelrecht als Multitalent, ein »uomo universale«.

Nach Theodulf war er ein Büchernarr, während er von Alkuin den Beinamen »Beseleel« erhielt, der als Kunsthandwerker und Architekt in der Bibel erschien. Einhard las Vitruvs Bücher über die Architektur und trat später auch selbst als Bauherr hervor: der Basilika in Steinbach, die teilweise unverändert erhalten ist, und der Klosterkirche in Seligenstadt am Main, in der heute noch Teile der karolingischen Basilika stecken.

Aachen selbst war um 796 eine Großbaustelle. Die königliche Aula und die Pfalzkirche wuchsen gerade empor. Einhard dürfte bei diesen kolossalen Baumaßnahmen seine Hände mit im Spiel gehabt haben. Wahrscheinlich übernahm er auch schon um 796 als Nachfolger von Alkuin die Leitung der Hofschule, um dort wie »Vater Vergil« die Dichtkunst zu lehren. So empfahl es Alkuin selbst dem König. Steffen Patzold hat jüngst in seiner Einhard-Biographie diese Etappen nachgezeichnet.

In der neuen königlichen Residenz herrschte Aufbruchsstimmung. Das Karlsepos von 799 hob nahezu euphorisch hervor, dass sich Aachen zu einer prachtvollen Stadt entwickelt habe. Über Karl hieß es: »Er ist aber auch Herr einer Stadt, wo sich ein zweites Rom in neuer Blüte mit großer gewaltiger Masse zum Himmel erhebt.« Die Faszination durch das Phänomen der Stadt war etwas Neues: als ein typisches Element karolingischer Renaissance, der Wiedergeburt der Romanitas.

Das frühe Mittelalter war bis dahin eher geprägt vom Niedergang der ehemaligen römischen Städte. Doch die Hofleute in Aachen sehnten sich nach neuer Urbanität: nach einem Mehr an Kultur, nach besonderen Vergnügungsorten und geselligem Verkehr. Der Autor des Karlsepos, egal ob es nun Einhard war oder nicht, freute sich nach antikem Vorbild auf das »Forum« (mit Rathaus, Marktplatz und Markthallen), auf das »Theater« oder auf das »Bad« mit warmen Heilquellen.

Nicht der mythische Held oder der ländliche Krieger, der durch Kraft und Stärke beeindruckt, sondern der urbane Bürger, der klug und überlegt handelt, erschien am Horizont: die Stadt als Sphäre von Recht und Fleiß, Handel und Handwerk, Gelehrsamkeit und Gastfreundschaft, Vergnügen und freierer Beweglichkeit, gegenseitiger Beratung und konsularisch-senatorischem Regieren.

Karl selbst gab nicht den Absolutisten. Er sammelte gebildete Leute um sich und hörte auf sie. 882 verfasste Hinkmar von Reims die Schrift »Über die Ordnung des Hofes« und bezog sich auf das Hofleben unter Karl dem Großen. Die Politik wurde nach Hinkmar auf eine sachliche, fachkundige Grundlage gestellt. Kommunikation, Debatte, kreativer Austausch, dialektische Suche nach der besten Lösung sollten ein zentrales Instrument der Politik sein. Es gab schon Vor- oder Frühformen von parlamentarischem Ober- und Unterhaus. Ciceros urbane Ideale traten offen zutage.

Die Wahrheit der Dinge, die Mitte und das Maß menschlicher Lebensformen sollten für Cicero nicht von einem hochspekulativen, religiös-metaphysischen System abgeleitet, sondern im Diskurs gefunden werden, in der Stadt, in der Metropole, in Rom, dort, wo sich die Talente versammeln und gegenseitig austauschen. Es ging um Empirie, nicht um das Überirdische.

Cicero beschwor als Römer ein sachlich-nüchternes Denken, so undogmatisch und tolerant wie möglich, weltgewandt und offen für andere Meinungen. Vorbild war ihm seinerseits die klassische Philosophie Athens. In einem seiner ethischen Hauptwerke, »Gespräche in Tusculum«, hob er hervor: »Sokrates aber rief als erster die Philosophie vom Himmel herab, machte sie in den Städten heimisch und führte sie sogar in die Häuser ein und zwang sie, über das Leben, die Sitten und die guten und schlechten Dinge Untersuchungen anzustellen. Seine vielfältige Art der Erörterung, die Mannigfaltigkeit der Themen und die Größe seines Geistes, die geheiligt ist durch das Gedenken und die Schriften Platons, hat mehrere Schulen von Philosophen mit unterschiedlichen Lehrmeinungen hervorgebracht.« Während Platon selbst noch einmal versuchte, ein religiös-metaphysisches Konstrukt zu installieren, um darauf eine autoritäre Gesellschaftsordnung zu gründen, fühlte sich sein Schüler Aristoteles ganz der Empirie und der freieren Lebensform der Polis verpflichtet.

Cicero selbst berichtet einmal in einem Brief, dass er daheim unter einem Bild des Aristoteles im Lehnstuhl sitze. In seinem zweiten ethischen Hauptwerk, »Vom pflichtgemäßen Handeln« beziehungsweise »Vom rechten Handeln«, lateinisch »De officiis«, sagt er gleich zu Beginn, dass seine Schriften nicht weit von der Schule des Aristoteles abweichen. In Aachen stand nun die Schule des Cicero hoch im Kurs. Die Linie sollte lauten: Athen, Rom, Aachen. Alkuin träumte in einem

Brief an Karl von einem »neuen Athen«; der Autor des Karlsepos von einem »zweiten Rom«.

Als Karl der Große 814 starb, kam sein Sohn Ludwig der Fromme an die Macht. Dieser sorgte dafür, dass Einhard, der Leiter der Hofschule, ein wohlhabender Mann wurde. Er erhielt reichen Landbesitz in seiner Heimat, im Maingau, zugleich wurde er zum Laienabt mehrerer Klöster im weiten Umkreis von Aachen erhoben, wie in Maastricht und in Gent. Der Hofmann konnte es sich erlauben, einen eigenen Hausstand zu gründen und zu heiraten: Emma, mit der ihn eine große Liebe verband – jedenfalls war er im Alter außer sich vor Schmerz und Trauer, als seine Frau vor ihm starb.

Ungewöhnlich, dass Einhard als ehemaliger Klosterschüler seinerzeit nicht zum Mönch oder Kleriker geworden war, sondern in Aachen ein Leben als gebildeter Laie führte, ähnlich wie einst die Philosophen in Athen oder Rom. Er trat in mancherlei Hinsicht in die Fußstapfen von Aristoteles und Cicero. Wie Aristoteles war er Prinzenerzieher, Berater des Königs, Leiter einer Schule sowie Diplomat, zugleich kümmerte er sich um Architektur und besaß kunsthandwerkliche Fähigkeiten. Sein Haus in Aachen befand sich westlich von der Pfalzkirche. Es muss recht geräumig gewesen sein, denn es verfügte, wie belegt ist, über mehrere Zimmer und einen Gebetsraum, wahrscheinlich auch über eine kleine Bibliothek; nachweislich ist nämlich Einhards Bücherbesitz, darunter Werke von Cicero. Im Laufe der Zeit wechselte er häufig zwischen Aachen und seinem Landbesitz im Maingau hin und her, um zwischendurch »Muße« zu finden.

Wer nach den Wurzeln bürgerlicher Kultur in deutschen Landen sucht, der kann in Einhard eine Vor- oder Frühform des Bürgers entdecken. Er wusste jedenfalls, was Urbanität, was Renaissance der Stadt heißt: eine gewisse Dichte und Intensität des Zusammenlebens, Verfeinerung der Sitten wie der materiellen Kultur, großartige Bauten, welche die Phantasie beflügeln, die Ansammlung von Talenten, Vermittlung von Wissen, privates und öffentliches Leben; es bedeutete schließlich: sich selbst eine Fassung geben, Mitte und Maß finden; es sollte die gesellschaftlich-politische Willensbildung als Prozess gelten, die Wahl zwischen verschiedenen Möglichkeiten – und auswählen heißt im Lateinischen »eligere« und, daraus abgeleitet, das Substantiv »elegantia«.

Es gab in Aachen ansatzweise eine feine Gesellschaft, die sich an bestimmten Orten traf und urbane Eleganz einübte: Beredtheit und Liebenswürdigkeit, Gewandtheit und Weltläufigkeit, etwa beim Gastmahl in der königlichen Aula, beim Unterricht an der Hofschule wie in den Häusern der führenden Hofleute, die sich gegenseitig zum Essen baten oder Gesandte empfingen. Hinkmar von Reims bezeugt in seinem Werk »Über die Ordnung des Hofes«: »Die genannten leitenden Hofbeamten luden abwechselnd von Tag zu Tag bald diese, bald jene von ihnen zu sich in ihre Wohnung und waren bestrebt, sich dabei nicht so sehr den Tafelgenüssen wie der wahrhaft freundschaftlichen und liebevollen Zuwendung zu widmen, soweit das einem jeden möglich war.«

Einhard dürfte in seinem Haus dafür bestens gerüstet gewesen sein, und es dürfte des öfteren auch ordentliche Tafelgenüsse gegeben haben. Die Klöster, denen er als Laienabt vorstand, mussten sein Anwesen in Aachen instand halten und mit reicher Nahrung versorgen: mit Mehl, Malz, Käse, Honig, Wein; auch sollten wohlgemästete Schweine und Ochsen herbeigetrieben und geschlachtet werden, wie es Einhard in Briefen anordnete. Aus durchwachsenem Schweinefleisch wurden vermutlich Bratwürste hergestellt; aus dem Malz braute man wahrscheinlich Bier. Bratwurst und Bier, der fränkische oder ostfränkisch-deutsche Klassiker! Bei anderer Gelegenheit unterstrich Einhard, dass er einen Diakon aus Rom »um der Menschlichkeit willen« in sein Haus zum Essen eingeladen habe.

Walahfrid Strabo, der Mönch der Reichenau, dürfte ebenfalls Gast an Einhards Tafelrunde gewesen sein, denn er war von 829 bis 838 als Prinzenerzieher nach Aachen berufen worden. Wie sehr der Mönch den gelehrten Laien verehrte, bezeugt er im Vorwort, das er einer Neuausgabe von Einhards Karlsvita voranstellte. Auf die Reichenau zurückgekehrt, wurde Walahfrid Abt und verfasste vermutlich nach 841 sein Buch »Über den Gartenbau«. Darin entpuppte er sich als der erste namentlich bekannte Feinschmecker in ostfränkisch-deutschen Landen.

Zumindest bewies der Autor an ein paar Stellen, wie sensibel manche Leute damals aßen. Zum Flaschenkürbis wurde bemerkt: »Und solange der Kürbis noch zart ist und bevor der Saft, den das Innere der Frucht birgt, beim Nahen des Spätherbstes vertrocknet und die Schale ringsum verholzt, sehen wir oft die Früchte mit anderen köstlichen Speisen auf den Tisch gelangen; in heißer Pfanne saugen sie sich mit fettem Schmalz voll, und häufig bieten die vollgesogenen Scheiben einen köstlich mundenden Nachtisch.« Bewusst achtete der Autor auf Konsistenz, Saftigkeit, Saison, Reife der Frucht, Methode des Garens. Vertiefte Sensorik im neunten Jahrhundert!

Noch entzückender klingt die Schilderung der Verkostung einer Melone, die im milden Bodenseeklima gedieh: »Durchdringt nun das Messer das Innere dieser Frucht, lockt es reichliche Bäche von Saft mit Mengen von Kernen hervor. Zerteilt man dann diese Stücke, erhält der fröhliche Gast herrliche Leckerbissen aus dem Garten, das weiß schimmernde Fruchtfleisch und sein Geschmack erfreuen den Gaumen, und solche Speise macht den harten Backenzähnen keine Mühe; nein, leicht gekaut und geschluckt, kühlt sie aus natürlicher Kraft die Eingeweide.« Ein Messer genügte, um der Frucht bezaubernden Genuss zu entlocken. Es ist bis heute keine schlechte Idee, in der Saison schlicht saftiges, reifes Obst als Nachtisch zu servieren, mundgerecht zugeschnitten.

In Aachen trübten sich jedoch unter Ludwig dem Frommen die gesellschaftlichen Verhältnisse ein. Es sollte vorbei sein mit der freizügigen weltlich-urbanen Lebensführung wie unter Karl dem Großen. Kaum an die Macht gekommen, ließ Ludwig vermeintliche Ehebrecherinnen und Huren öffentlich auspeitschen, darunter womöglich auch seine Schwestern und Halbschwestern, die Liebschaften mit Höflingen eingegangen waren, weil ihnen der Vater das Heiraten verboten hatte. Auch hochrangige Beamte flogen vom Hof. Nur Einhard war geschmeidig genug, seine Position zu behaupten.

Nicht mehr das tatkräftig-prometheische Handeln wie unter Karl, sondern Kleinmut und Engherzigkeit herrschten vor. Ludwig ließ allen Ernstes öffentlich erklären, dass das Regieren nun den immerwährenden Kampf gegen die Sünde zum Ziel habe. Demonstrativ legte er gelegentlich selbst das Büßerhemd an. Statt der erhofften göttlichen Ordnung brach aber Chaos aus. Nahe Verwandte und die eigenen Söhne erhoben sich gegen den Kaiser und führten immer wieder Krieg gegen ihn, weil sie sein autoritäres Regime der Kontrolle und Überwachung nicht ertragen konnten.

Auch Einhard wurde die Sache zu bunt. Er entschloss sich, ohne Auftrag, seine Karlsbiographie zu schreiben – gleichsam als Gegenbild zu Ludwig. Die urban-weltliche Gesinnung sollte nicht sang- und klanglos untergehen, sondern wegweisend sein. Gleich im Vorwort machte Einhard deutlich, wes Geistes Kind er war. Um das Wohlwollen des Lesers zu gewinnen, gab er sich bescheiden, zeigte in Wahrheit aber Mut, indem er nicht christlich-religiöse Frömmigkeit, sondern feinen literarischen Stil zum Maßstab erhob: »Man wird sich über seine (Karls) Taten wundern und wahrscheinlich auch darüber, daß ich barbarischer Franke so vermessen bin und glaube, geschmackvoll und elegant auf lateinisch schreiben zu können – bin ich doch mit der Sprache der Römer nur wenig vertraut! Man wird ferner vielleicht über meine Unverschämtheit staunen, daß ich Ciceros Worte im ersten Buch der ›Gespräche in Tusculum‹ unterschätze, wo er über die lateinischen Schriftsteller sagt: ›Es heißt Arbeitszeit verschwenden und die Literatur geschmacklos mißbrauchen, wenn man seine Gedanken niederschreibt, ohne die Fähigkeit zu besitzen, sie zu ordnen.‹« Das war natürlich Untertreibung.

Während bis dahin die Kleriker des frühen Mittelalters fast nur das Leben von Heiligen und Märtyrern beschrieben, legendenhaft-wundersam und anekdotisch, führte Einhard jetzt eine bedeutende weltliche Figur vor Augen, so sachlich und wahrheitsgemäß wie möglich. Nicht das göttliche Schicksal stand im Vordergrund, sondern ein unternehmerischer Mensch, der aus eigenem Wollen heraus Erfolg im Leben hatte. Eine solche Vorstellung war weniger christlich als vielmehr humanistisch und nahm antik-philosophische Ideen auf. Einhards Karlsvita wurde zu einem der am meisten gelesenen Bücher des Mittelalters und zum Musterbuch für Lebensbeschreibungen.

Zwar wurden auch Karls kriegerische Taten geschildert, aber mehr noch stellte der Autor die zivilen Züge von Karls Persönlichkeit heraus: den Sinn für Lebensart, Freundschaft, Familie, Gastlichkeit, Muße, Beredtheit, Bildung. Einhard schmückte Karl mit mehreren aristotelisch-ciceronischen Tugenden, darunter auch Freigebigkeit, Hochherzigkeit, Charakterfestigkeit.

Spätestens nach der Teilung des Fränkischen Reiches 843 verlor Aachen seine führende Stellung als Impulsgeber einer neuen Kultur in Europa. Aachen gehörte vorläufig zum Mittelreich Lothars, woraus das Herzogtum Lotharingia beziehungsweise Lothringen hervorging, weit größer als das heutige französische Lothringen. Östlich des Rheins entstand das Ostfränkisch-deutsche Reich unter Ludwig dem Deutschen. Er machte Regensburg und Frankfurt am Main zu seinen bevorzugten Residenzen und band am Ende Teile von Lothringen in sein Reich ein, somit auch Aachen und Köln. Nicht die königlichen Pfalzen in Aachen, Frankfurt am Main und Regensburg, sondern Köln sollte die überragende Metropole in deutschen Landen werden, bis weit ins hohe Mittelalter hinein.

Wer heute darüber klagt, dass die Deutschen viele Jahrhunderte keine offizielle Hauptstadt besaßen, der übersieht, dass sich Köln seit dem frühen Mittelalter zu einem urbanen Taktgeber von europäischem Rang entwickelte. Im späten Mittelalter nahm Nürnberg eine ähnliche Rolle ein; in der Renaissance trumpfte Augsburg auf; im Barock war neben Hamburg auch Wien als kaiserliche Residenz des Heiligen Römischen Reiches von Bedeutung. Während des Rokokos wurden schließlich in Leipzig moderne bürgerliche Lebensformen aus der Taufe gehoben. Vor allem Köln und dann Leipzig waren, woran man heute nicht gleich denkt, Schrittmacher urbaner Eleganz.

Das antik-römische Köln war nie untergegangen, sondern verwandelte sich organisch in das frühmittelalterlich-fränkische beziehungsweise ostfränkisch-deutsche Köln. Bis weit ins sechste Jahrhundert hinein gab es dort lateinisch sprechende Romanen, wie viele Grabsteine belegen. Auch der Fernhandel brach nie ganz zusammen, wie es Münzfunde bezeugen. Selbst glitzernde Seidenstoffe, die über die Seidenstraße nach Europa gelangten, waren den Damen des fränkischen Hochadels, die im sechsten, siebten oder achten Jahrhundert in Köln begraben wurden, bekannt und haben sich als Grabbeilagen erhalten. Zwar berichteten Chronisten andernorts, dass Köln seinerzeit überfallen, gebrandschatzt und zerstört worden sei, doch die Archäologen können heute keine nennenswerten Brandspuren oder Zerstörungen nachweisen; so legen es Carl Dietmar und Marcus Trier (der Direktor des Römisch-Germanischen Museums der Stadt Köln und der Archäologischen Bodendenkmalpflege Köln) in ihrem Buch »Colonia. Stadt der Franken« dar.

Während Aachen unter Karl dem Großen größtenteils aus dem Boden gestampft wurde, konnte Köln damals schon auf eine lange städtische Tradition zurückblicken. Nun erlebte die Stadt am Rhein mit Unterstützung des Kaisers einen erneuten Aufschwung. Karl machte

Hildebold, einen seiner engsten Vertrauten, schon 787 zum Bischof von Köln, bald danach zum Erzbischof von Köln wie zum Erzkaplan bei Hofe, dem der Kanzler und die Hofkanzlei unterstanden. Theodulf porträtierte den Prälaten 796 in seinem Poem über die Aachener Hofgesellschaft neben Einhard und den anderen illustren Talenten. Hildebold legte schließlich den Grundstein für den Bau eines neuen riesigen Doms – für den Vorgängerbau des heutigen gotischen Doms – mit beeindruckender Formenvielfalt: mit zwei Türmen, zwei Apsiden, zwei Querhäusern. Südlich davon erhob sich eine neue bischöfliche Pfalz: eine Vierflügelanlage im großen Maßstab.

Bewundernd schrieb man 869 in den Xantener Annalen über die Metropole am Rhein: »Colonia – die eleganteste Braut Christi nach Rom.« Vermutlich lebte hier der Geist karolingischer Renaissance ungebrochener fort als in Aachen unter Ludwig dem Frommen. Bis heute, möchte man meinen, steckt in der lebensfrohen, freundlichen Art der Kölner immer noch etwas von der Gesinnung Karls.

Schon im achten, neunten und zehnten Jahrhundert gruppierten sich um die alte römische Stadtmauer in Köln mehrere Klöster und Stifte. Für diese Institutionen galt das Gemeinschaftsleben, gemeinsamer Gottesdienst, gemeinsames Gebet. Doch während die Mönche und Nonnen der Klöster dem Armutsgebot folgen mussten, durften die Kanoniker und Kanonissinnen der Stifte persönliches Eigentum besitzen, und das war oft nicht gering, denn Kanoniker und Kanonissen stammten so gut wie immer aus dem Adel. Dementsprechend sprach man später auch von Stiftsherren und Stiftsdamen; wobei der männliche Leiter eines Stifts Propst hieß, die weibliche Leiterin Stiftsäbtissin. Gerade Pröpste und Stiftsäbtissinnen, Stiftsherren und Stiftsdamen lebten recht vornehm und bildeten in Köln neben dem Erzbischof und seinem teils geistlichen, teils ritterlichen Gefolge den inneren Zirkel der feinen Stadtgesellschaft.

Schon Walahfrid Strabo, der Abt der Reichenau, bezeugt ja in seinem Buch über den Gartenbau, dass gerade die Prälaten Sinn für Feinschmeckerei entwickelten. Die vornehmen Damen und Herren der Stifte mussten nicht hart arbeiten, mussten auch nicht, wie ihre männlichen adligen Verwandten, ritterliche Übungen und Kämpfe auf sich nehmen. Ihre physische Beanspruchung entsprach eher der eines heutigen urbanen Büromenschen, dem leicht verdauliche Kost guttut.

888 gründete Erzbischof Willibert das Damenstift St. Cäcilien in Köln. Kuriose archäologische Funde offenbaren ein raffiniertes Genussleben der frommen Frauen. Man entdeckte in der Latrine des Stifts Fischgräten, vorwiegend kleine Tierknochen und Keramik, wobei die Keramikscherben eine Datierung der Abfallgrube auf die Zeit um 900 erlauben. Die Damen waren in junge Haustiere vernarrt, solche mit verhältnismäßig magerem, zartem, hellem Fleisch von mildem Geschmack und leicht verdaulich: Stubenküken, Milchlämmer, Spanferkel; etwas seltener gab es auch Gans oder edles Wild mit rotem Fleisch von würzigem Aroma, Rehe und Rothirsche; ganz selten wurde ein Auerochse genossen. Anders als es die Regel des Benedikt von Nursia für die Mönche und Nonnen der Klöster vorschrieb, delektierten sich die Kanonissinnen am Fleisch von vierbeinigen Tieren, zumal an luxuriösen jungen Haustieren. Die gefundenen Gräten stammten von Süßwasserfischen, vornehmlich von karpfenartigen Fischen, Schleie, Döbel, Rotauge, Wildkarpfen, dazu Aal.

Vermutlich wurde den Damen in der Saison auch ein Dessert serviert, so wie schon Walahfrid in seinem Gartenbaubuch auf den »Nachtisch« hinwies. Die Archäologen entdeckten andernorts in Köln aus derselben Periode Obst- und Gemüsegärten. Sehr häufig gab es Süßkirschen, desgleichen Erdbeeren, Himbeeren, Brombeeren oder Schlehen. Ferner stieß man auf etwas Gemüse, Ölfrüchte und Kräuter: im einzelnen auf Karotten, Pastinaken, Mohn, Bohnenkraut, Dill und Koriander.

Die Stiftsdamen von St. Cäcilien hatten Sinn für das Ausgewählte, Erlesene, Elegante, sofern zu den zarten Jungtieren wohl auch feine Gemüse und Obstsorten hinzukamen. Heute spricht Harold McGee in seinem vielgerühmten Küchenlexikon »On Food and Cooking« vom »urbanen Stil« beim Fleisch, sofern junges, zartes Fleisch von mildem Geschmack Trumpf ist. Lifestyle-Magazine empfehlen gern diese Reihe: Salat, Gemüse, Teigware, helles, zartes Fleisch, Fisch, Huhn, dazu viel Obst.

Die Kanonissinnen von St. Cäcilien wussten um 900 jedenfalls schon, was »urbaner Stil« ist: eher eine magere, weniger deftige Kost. Allerdings gaben sich die Damen noch nicht so stromlinienförmig, sondern ergötzten sich zwischendurch auch an älteren Tieren mit dunklem Fleisch von würzigem, charaktervollem Aroma, an Reh und Rothirsch: quasi am ländlich-aristokratischen Stil. Ohnehin sollte sich der Feinschmecker nicht zu sehr in eine bestimmte Richtung drängen lassen, sondern neugierig bleiben, sich sein eigenes Urteil bilden, wählerisch sein: elegant.

9

VERFEINERUNG DES BÜRGERS

Christopher Clark, ein netter Gentleman und australischer Professor für Geschichte im englischen Cambridge, denkt gern über die Deutschen nach. In seiner »Deutschland-Sage«, die heutzutage über die Fernsehbildschirme flimmert, wähnt er die Deutschen tief im Wald verwurzelt. Eine solche Sicht ist nicht ganz frei von den Klischees, die schon Madame de Staël anfangs des neunzehnten Jahrhunderts in ihrem Buch »Über Deutschland« verbreitete. Madame ließ sich so vernehmen, dass die Deutschen nichts von bürgerlicher Selbstbestimmung wüssten, nichts von feinerer Lebensart, sondern in dunkel getäfelten Stuben säßen, voll von Bierdunst und Tabakrauch, ziemlich vernebelt.

Zugegeben, die Deutschen lieben den Wald. Kommt man beispielsweise nach Kanada, wo es noch unendlich viel Wald gibt, hört man die Einheimischen über die Deutschen witzeln: »O the Germans love, love, love trees.« Gut und schön! Doch die Deutschen haben auch ein Faible für das Städtische: die hohen Dome und Marktplätze, das Zunftwesen und die Handwerkerehre, für die Fortune der Fernkaufleute, der Fugger und Welser, ebenso für die bürgerliche Ratsverfassung und das Genossenschaftliche. Die florierende wirtschaftlich-kulturelle Entwicklung der Deutschen heutzutage dürfte viel mit urbaner Tradition zu tun haben: mit bürgerlichem Unternehmungs- und Erfindungsgeist, geselligem Verkehr und Austausch, Gastlichkeit und feinerer Bildung – mehr als mit romantischer Waldliebe, preußischem Drill oder protestantischer Ethik des Verzichts.

Es lohnt sich, die Deutschen genauer anzuschauen. Erstaunlich, was sich in Köln schon im Jahr 957 abspielte. Nahezu ein ganzes Stadtviertel wurde abgerissen, um einen neuen riesigen Hauptmarkt zu schaffen, der später Heumarkt genannt wurde. Es handelte sich, vor über tausend Jahren, um eine städtebauliche Maßnahme ersten Ranges – regelrecht um ein Fanal wirtschaftlichen Aufschwungs. Händler und Handwerker erhielten ein gut funktionierendes, repräsentatives Forum, fein säuberlich mit eingestampftem Kiesboden versehen. Deutlicher hätte man kaum vor Augen führen können, dass die Schicht der Kaufleute und des Kommerzes in der Stadt an Bedeutung gewann.

Vier Jahre zuvor, 953, war Bruno, der jüngste Bruder von König Otto dem Großen, zum Erzbischof von Köln wie zum »Erzherzog« von Lothringen erhoben worden und nahm damit gleichsam eine vizekönigliche Stellung im Westen des Ostfränkisch-deutschen Reiches ein. Bruno war als Knabe an der Domschule von Utrecht erzogen worden, um auf eine geistliche Laufbahn vorbereitet zu werden. Im Alter von vierzehn Jahren kam er als Kaplan an den königlichen Hof, ein Jahr später machte ihn sein Bruder Otto schon zum Kanzler der Hofkanzlei. Als er dann mit achtundzwanzig Jahren als neuer Erzbischof in Köln einzog, geriet die Stadt in einen wahren Taumel.

Ruotger, der Bruno persönlich kannte, verfasste eine Biographie über ihn und hielt darin dieses Ereignis fest: »Ein ungeheurer Volksauflauf entstand, ein ständiges unruhiges Hin- und Herfluten der Menge, von neuem frohlockte freudig die Stadt. Die Geistlichkeit kam aus den Stiften, Nonnen strömten in Menge herbei, jeder Stand und Männer und Frauen fanden sich in ungewöhnlicher Freudenfeier ein.« Ähnlich wie schon im Karls-Epos von 799 drückte sich in diesen Zeilen etwas von der Faszination durch das Phänomen der Stadt aus, von der Begeisterung, dass in Köln so viele Menschen auf engem Raum zusammenlebten und eine Prozession bei festlichen Anlässen bildeten.

Der Erzbischof hatte im wesentlichen die Verwaltung der Stadt in seiner Hand. Undenkbar, dass der neue riesige Hauptmarkt ohne sein Mitwirken entstanden wäre. Ob die Initiative von ihm ausging, als eine Planung von oben, par ordre du mufti, oder ob er sich von Kaufleuten beraten ließ und sie ihn drängten, tätig zu werden, bleibt offen. So oder so förderte er die Ökonomie der Stadt.

Fernhändler waren bei Hofe durchaus angesehen. Otto der Große schickte beispielsweise, wie es Luitprand von Cremona bezeugte, den Mainzer Kaufmann Luitfrid in diplomatischer Mission nach Konstantinopel. Oder der König empfing 961 in Magdeburg den jüdischen Kaufmann Ibrāhīm aus dem muslimischen Spanien, wie es der Händler selbst in sein Notizbuch eintrug. An anderer Stelle berichtete Ibrāhīm über Mainz: »Seltsam auch, daß es dort Gewürze gibt, die nur im fernsten Morgenland vorkommen, während sie (die Stadt Mainz) im fernsten Abendland liegt, z.B. Pfeffer, Ingwer, Gewürznelken, indischer Baldrian, Costus und Galgant.« Möglicherweise gelangten solche Gewürze über Konstantinopel nach Mainz und Köln. Der Küche des königlichen Hofes sowie anderer Magnaten, der Erzbischöfe, Bischöfe, Herzöge, Pröpste und Stiftsäbtissinnen standen jedenfalls sündhaft teure exotische Gewürze zur Verfügung – und der König förderte diesen Handel.

Wo immer sich im frühen Mittelalter kulturelle Schübe vollzogen, waren die Sieben Freien Künste im Spiel. Es ging um verbesserte Schreib- und Redefähigkeit, gewitzteres Nachdenken, mehr Weltkenntnis. Ruotger schwärmte über Bruno: »Die lange vergessenen Sieben freien Künste brachte er wieder ans Licht. Was Geschichtsschreiber, Redner, Dichter und Philosophen Neues und Großes laut verkündeten, untersuchte er mit aller Sorgfalt mit Gelehrten aller Zungen, und wo einer sich durch Geistesschärfe als Meister auszeichnete, da bekannte er sich demütig als Schüler. (…) Den lateinischen Stil, in dem er sich auszeichnete, verfeinerte er und brachte ihn zu größerem Glanz.« Bruno war, wie Einhard, an Empirie und Eleganz der Sprache interessiert. Offenbar stellte er um der Wahrheit willen in Diskursen seine hohe Geburt hintan. Ohnehin leitete er als Erzbischof selbst die Domschule. In Köln gab es so etwas wie eine ottonische Renaissance.

Allerdings dürften verfeinerte Sitten nicht einseitig von den herrschaftlich-religiösen Institutionen ausgegangen sein, denn so mancher Fernkaufmann verstand auch etwas von guten Manieren und Diplomatie, so wie der Mainzer Kaufmann Luitfrid. Umgekehrt dürfte auch das ökonomische Denken nicht einseitig von den Kaufleuten eingeführt worden sein. Schon seit längerem gab es in Köln wohl einen regen Austausch zwischen dem erzbischöflichen Hof, den Klöstern und Stiften sowie der Schicht der Kaufleute. Die frühmittelalterlichen Anwesen der Händler bargen nach archäologischem Befund erstaunlich viele Schreibgriffel. Vermutlich nahmen die führenden Kaufleute früh schon Kleriker als Schreiber in ihre Dienste, womöglich auch als Hauslehrer, um sich selbst Grundkenntnisse des Lesens und Schreibens sowie des Rechnens zu verschaffen. Später, seit dem zwölften Jahrhundert, wurde diese Praxis des öfteren bezeugt. So mancher reiche Kaufmann dürfte an der Tafel der Erzbischöfe, Pröpste und Stiftsäbtissinnen geschmaust haben, weil sich die Interessen beider Seiten überschnitten und man voneinander lernen konnte.

Die Gründungsväter der klösterlichen Bewegung, wie Pachomius, Benedikt von Nursia, Cassiodor, hatten den Mönchen und Nonnen längst ein vernünftiges Wirtschaften eingeimpft, verbunden sowohl mit arbeitsamer Askese als auch mit kreativer Muße. Was in Klöstern und Stiften zur Gewohnheit wurde, übertrug sich auf die Bürger der Städte: friedvolles Zusammenleben, gegenseitige Beratung, Beständigkeit im Handeln, Ordnung, Disziplin, Gastfreundschaft. Beide Seiten glichen sich einander an: Nicht zuletzt die Stifte entdeckten das Behagen an den Gütern der Zivilisation, an Waren, welche die Händler und Handwerker herbeischafften; umgekehrt übernahmen die Kaufleute von den Stiften eine gewisse Bildung und ökonomisches Denken. Verfeinerung benötigt immer beides: feinere Sitten wie auch eine verbesserte materielle Kultur.

In Köln entstand eine einzigartige Mixtur aus geistlichen Leuten, Händlern und Handwerkern – in jeder Hinsicht von Erzbischof Bruno gefördert. Mehrere Klöster und Stifte erlebten in Köln dank seiner Hilfe eine erneute Blüte oder wurden von ihm gegründet: darunter St. Pantaleon, wo er begraben werden wollte, St. Cäcilien, Groß St. Martin oder St. Maria im Kapitol.

Des weiteren sorgte er dafür, dass der ländliche Gaugraf in Köln nichts mehr zu sagen hatte und die Stadt einen eigenen Rechtsbezirk darstellte, der nur noch dem Erzbischof unterstand. Die Bürger sollten nicht mehr Hörige eines Grundherren sein, sondern mehr Freizügigkeit erhalten; sie sollten für ihren Besitz lediglich Abgaben an den Stadtherrn zahlen und im übrigen als Händler oder Handwerker ein eigenes Vermögen bilden können. Seit 979 bezogen sich andere Städte wie Worms auf die Regelung des Handels und den Schutz der Kaufleute in Köln.

Zeitgenossen verdächtigen Erzbischof Bruno, dass er schon mehr an weltlicher denn an religiöser Bildung interessiert gewesen sei. Thietmar von Merseburg überlieferte in seiner Chronik ein Traumgesicht des Grafen Wilhelm von Weimar: »Da sah er sich in einer Vision auf einen hohen Berg geführt, von dem er eine große Stadt mit schönen Gebäuden erblickte. (...) Hier wurde Erzbischof Brun(o) von Köln wegen nichtiger Anwendung der Philosophie durch den höchsten Richter beklagt.«

Kulturelle Entwicklung hatte schon im Mittelalter immer etwas mit Säkularisierungsschüben zu tun, auch wenn es nicht gleich für jedermann sichtbar wurde. Bereits in Klöstern und Stiften steckte ein rationaler wie humanistischer Kern, den man nur stärken musste, um ihn für die weltlich-urbane Gesellschaft nutzbar zu machen. Selbst die Bibliothek der Kölner Domschule war nun gut mit heidnisch-lateinischer Literatur bestückt. Nach einem Ausleihverzeichnis aus der ersten Hälfte des elften Jahrhunderts borgte sich beispielsweise die Stiftsäbtissin von St. Ursula ein Werk des römischen Komödiendichters Terenz aus. Andere besorgten sich Bücher von Horaz und Vergil.

Bruno und Otto waren auch großartige Gastgeber. Nachdem Otto und seine Frau Adelheid 962 in Rom vom Papst zum Kaiser und zur Kaiserin gekrönt worden waren, um das transalpine Imperium zu erneuern, kehrte das Paar drei Jahre später triumphal ins Ostfränkischdeutsche Reich zurück und machte in Köln Station. Wohl eingefädelt von Bruno, kam der ganze Clan der Ottonen zusammen und demonstrierte wie nie zuvor Geschlossenheit. Ruotger hielt die Ereignisse von 965 fest: Otto und Bruno feierten »das heilige Pfingstfest in Köln, zusammen mit der erlauchten Mutter, ihrer königlichen Schwester (der Königin des Westfränkischen Reiches), mit den königlichen Neffen und Söhnen und mit der ganzen von Gott geliebten Familie und allen Großen des Reiches, und während der heiligen Festfeier bedachten sie einander mit so großen Ehren, wie Sterblichen sonst nie gewährt wurden. Es ist nämlich gewiß, daß keine Stätte jemals durch solche Feierlichkeiten und solchen Glanz von Menschen jeglichen Geschlechts, Alters und Ranges ausgezeichnet worden wäre.«

Köln war jene Stadt, die ein solches Fest, bei welchem das Ostfränkisch-deutsche Reich quasi zu sich selbst kam, stemmen konnte. Hier gab es hinreichend Fernhändler, Händler und Handwerker, welche die dazu nötigen feinen Luxusartikel besorgten: Seidengewänder und Schleier, Colliers und Edelsteine, dazu große Mengen an exotischen Gewürzen, Fischen, Geflügel, Wild, Wein, Bier, Met. Möglicherweise entstand damals auch in der renommierten Goldschmiedewerkstatt von St. Pantaleon die berühmte Reichskrone, selbst wenn sie später noch leicht verändert wurde.

Mit zunehmendem Reichtum wuchs das Selbstvertrauen der Kaufleute und Bürger von Köln. Allzusehr sollte sich das bürgerliche vom höfischen Leben nicht unterscheiden. Lampert von Hersfeld berichtet in seinen Annalen für das Jahr 1074 über die Kölner Kaufleute: »Von Jugend auf in den Genüssen des Stadtlebens (!) aufgewachsen«, seien sie es »gewohnt, nach dem Verkauf der Waren bei Wein und Schmaus« zu disputieren. Die Ein-Personen-Herrschaft des Erzbischofs erschien vielen nicht mehr als zeitgemäß, denn er regiere willkürlich und falle oft die »ehrenwertesten Bürger mit den unverschämtesten Worten« an. Als der Stadtherr das beladene Schiff eines Kaufmanns beschlagnahmen ließ, um es seinem Amtskollegen, dem Bischof von Münster, zur Verfügung zu stellen, brachte er das Fass zum Überlaufen. Die Bürger jagten Erzbischof Anno aus der Stadt. Doch der Aufstand scheiterte vorläufig, denn Anno kam mit einem großen Heer zurück, eroberte die Stadt und nahm sie wieder, so gut es ging, unter seine Knute.

Der nächste Streich aber gelang. Als 1106 Heinrich V. gegen seinen Vater, Kaiser Heinrich IV., revoltierte, schlugen sich die Kölner Bürger auf die Seite des alten Kaisers, während der Erzbischof den Sohn unterstützte. Die Kölner vertrieben den Erzbischof und gewährten Heinrich IV. Zuflucht. Dieser stattete sie, die Bürgerschaft, nicht den Erzbischof, mit dem Befestigungsprivileg für die Stadt aus, um die Wehranlage erstmals über die römische Stadtmauer hinaus vorzuschieben. Wenngleich Heinrich IV. bald darauf starb, blieb die kaiserliche Privilegierung gültig. Die Ein-Personen-Herrschaft des Erzbischofs hatte einen entscheidenden Knacks erhalten.

Noch fehlten aber die bürgerlichen Verfassungsorgane einer Selbstverwaltung. Noch verfügte der Erzbischof über die Hohe Gerichtsbarkeit und zog wichtige Fäden in der Stadt. Die Bürger waren zwar auf einer unteren Ebene schon genossenschaftlich organisiert und hielten das Befestigungsprivileg in der Hand, aber die Macht im ganzen musste dem Erzbischof erst noch abgerungen werden, damit Köln sich zu einer »Freien Stadt« beziehungsweise »Freien Reichsstadt« entwickeln konnte.

Größtenteils geschah das jetzt auf friedlichem Weg: durch kluges Taktieren sowie durch den Kauf erzbischöflicher Rechte seitens der Bürger. Während der Stadtherr in der Regel finanziell klamm war, teils weil er sein herrschaftliches Landgebiet vergrößern wollte, teils weil er kostspielige Dienste für den Kaiser übernehmen musste, beispielsweise die Organisation von Italienheerfahrten, war die Bürgerschaft reich genug, um sich Schritt für Schritt Macht zu erkaufen.

Es waren nicht zuletzt erzbischöfliche Dienstleute, Ministerialen, die sich allmählich auf die bürgerliche Seite schlugen und die Spielräume nutzten, die sich für eine städtische Selbstverwaltung ergaben. Als führende Figur dieses Machtspiels erschien in der zweiten Hälfte des zwölften Jahrhunderts Gerhard Unmaze in den Quellen. Sonja Zöller hat ihm in ihrem Buch »Kaiser, Kaufmann und die Macht des Geldes« eine Monographie gewidmet und gleichzeitig belegt, dass der damals weithin berühmte Mann auch die historische Vorlage für einen literarischen Helden abgab: für die Figur des »Guten Gerhard« im gleichnamigen Epos des Rudolf von Ems; nach Zöllner um 1210 entstanden. Ein Kaufmann mit edler Gesinnung wird darin zum Vorbild für den Kaiser.

Im wirklichen Leben stellte Gerhard Unmaze so etwas wie die bürgerlich-urbane Avantgarde in deutschen Landen dar. Er entwickelte sich zum erfolgreichen Jongleur auf wirtschaftlichem, politischem und kulturellem Gebiet. Er schuf höhere Grade der Organisation und Vernetzung, entdeckte die Macht des Geldes, um die Macht der Politik zu beeinflussen. Vermutlich war bereits sein Vater ein reicher Mann gewesen: regelrecht unmäßig oder außergewöhnlich reich, was der Familie den Beinamen »Unmaze« einbrachte. Gerhard erbte wahrscheinlich schon einen bedeutenden Grund- und Hausbesitz in Köln, den er seinerseits zu einem Besitzimperium ausbaute.

Das Haus, in dem er selbst wohnte, befand sich in feinster Lage, südlich der erzbischöflichen Residenz, an der Straße »Am Hof«, die es heute noch gibt. Zwischenzeitlich legte Gerhard seinen alten Namen »Unmaze« ab, weil dieser wohl zu kritisch ausgelegt werden konnte, und nannte sich Gerhard vom Hof. Vermutlich stellte sein Haus ohnehin auch einen herrschaftlichen Hof dar, verbunden mit bestimmten Immunitätsrechten, ein Anwesen, das er prachtvoll ausbauen ließ. Kurz nach seinem Tod erwarb es der Herzog von Brabant, um es als städtisches Absteigequartier und Repräsentanz in Köln zu nutzen. Es scheint herzoglichen Ansprüchen genügt zu haben.

Da sich verhältnismäßig viele Backhäuser in Gerhards Besitz befanden, handelte er als Kaufmann wahrscheinlich mit Getreide und förderte die Verarbeitung dieser Ware. Außerdem gehörten ihm am Heumarkt Verkaufshallen in bester Lage, im nördlichen Bereich, dort, wo edle russische Pelze gehandelt wurden: Zobel- und Fuchspelze, daneben Leinenstoffe und Lederwaren.

Spätestens 1169 übertrug ihm der Erzbischof das Amt des Zöllners, wobei Gerhard immer wieder die zu erwartenden Einnahmen als Pfandleihe annahm, um seinen Herrn schnell mit größeren Summen Geldes zu versorgen. Viele Häuser in Köln kamen sowieso über die Pfandleihe in Gerhards Besitz; teils verlieh er auch verzinstes Geld, wenngleich ein solcher Handel einem Christenmenschen nicht gestattet war. Doch die prosperierende Metropole am Rhein schien ein neues Denken und Handeln zu erfordern. Der Erzbischof, der Hüter der christlichen Lehre, konnte am allerwenigsten etwas dagegen sagen, denn er selbst war einer der besten Kunden Gerhards. Das Geld des Bankiers half dem Erzbischof, für Kaiser Friedrich Barbarossa den fünften Italienfeldzug zu organisieren und vorzubereiten; zugleich war Gerhard auch Geldgeber der englischen Krone.

Der Kaufmann schuf ein bis dahin ungewohntes Wirtschaftsgeflecht aus Immobilienbesitz, Handel und Geldleihe – und verwob seine Tätigkeit auch noch mit der Politik. Schon 1166 hatte ihn der Erzbischof zum Untervogt von Köln ernannt, der im Namen des Stadtherrn eine präsidiale Funktion bei der Niedrigen Gerichtsbarkeit ausübte. Zugleich war Gerhard Mitglied des Schöffenkollegiums, das für die Hohe Gerichtsbarkeit verantwortlich war. Ursprünglich stand dieses Kollegium unter der Kontrolle des Erzbischofs, jetzt aber handelte es zunehmend eigenverantwortlich und zog gleichzeitig städtische Verwaltungsaufgaben an sich. 1171 schlossen Mitglieder des Schöffenkollegiums, die als »Coloniensium senatores« bezeichnet wurden, wörtlich als Kölner Senatoren, einen Vertrag mit den Kaufleuten von Dinant ab, wobei einer der beiden »magister senatorum«, nach zukünftiger deutscher Lesart: einer der beiden Schöffenmeister, Gerhard Unmaze hieß.

Die städtischen Verwaltungsaufgaben wurden dann mehr und mehr aus dem Schöffenkollegium ausgelagert und von der »Richerzeche« übernommen: der »Bruderschaft der Reichen«, der führenden Kaufleute und Patrizier, deren Familien größtenteils auch die Mitglieder des Schöffenkollegiums stellten. In einem Dokument, das um 1185 entstand, trat die Richerzeche erstmals in Erscheinung – obwohl sie wohl schon länger existierte – und verlieh den Kölner Drechslern eine Zunftordnung. Unter den Offizialen der Richerzeche erschien wiederum Gerhard Unmaze. Die Vorsitzenden der Richerzeche hießen nun wirklich »magister civium«, wörtlich Bürgermeister – und aus dem

Haus der Richerzeche sollte später das Rathaus mit Ratsverfassung hervorgehen.

Schöffenkollegium wie Richerzeche handelten fortan so gut wie selbständig gegenüber dem Erzbischof, und Gerhard Unmaze bewegte sich behende zwischen den Fronten: Er war sowohl erzbischöflicher Ministeriale als auch Bürger: als solcher schaffte er den Sprung ganz nach oben. Während er in der Zeugenreihe der erzbischöflichen Ministerialen stets in der unteren Hälfte erschien, da er kein klassisches Hofamt wie Kämmerer, Truchsess oder Marschall innehatte, stand er in der Zeugenreihe der Bürger stets ganz oben, mehrmals als Schöffen- und Bürgermeister.

Immer wieder wurde er vom Kollegium der Schöffen und von den Brüdern der Richerzeche zum Schöffen- oder zum Bürgermeister gewählt. Als Politiker erinnerte er an Cicero, der das republikanische Prinzip vertrat: die gesellschaftlich-politische Willensbildung als Prozess, mit Hilfe der Debatte, des anregenden Austausches, der Suche nach der besten Lösung in den Gremien. Eine solch republikanische Regierungsart schien der Ein-Personen-Herrschaft des Erzbischofs überlegen zu sein, weil sich in ihr, der Stadtrepublik, mehr kreative Kräfte entfalten konnten.

Doch auch als Ökonom pflegte Gerhard die Prinzipien von Konsens und Kollegialität. Er gründete mit nahen Verwandten und Freunden ein kaufmännisches Konsortium. Dadurch ließen sich die Aufgaben besser delegieren. Es musste nicht mehr jeder Fernkaufmann Fernreisen machen; diese Aufgabe konnte man den jungen Leuten des Konsortiums überlassen; die finanziellen Risiken der einzelnen Teilhaber minimierten sich, sofern man in die Handelsgemeinschaft nicht sein ganzes Vermögen hineinsteckte; umgekehrt konnte man im Verbund Summen von neuer Dimension aufbringen, um in Handel und Politik mitzuspielen. Die führenden Kölner Kaufleute gaben sich flexibel und mussten sich auch nicht hinter ihren Kollegen in Oberitalien oder Flandern verstecken.

Nicht zuletzt verstanden es Gerhard Unmaze und andere, den eigenen Stadtherren, den Kölner Erzbischof, finanziell von sich abhängig zu machen und auf diese Weise für das Schöffenkollegium, die Richerzeche und die Bürgerschaft neue Freiheiten zu gewinnen. Die abermalige Erweiterung der Stadtmauer durch die Bürger seit 1180 verlieh

Köln ein unverwechselbares Gesicht. Es wuchs die mächtigste Befestigung in Mitteleuropa heran, mit einem Umfang von neun Kilometern. Der Stadtkörper schmiegte sich jetzt wie ein Halbmond an den Rhein. Es ragten Kirchenbauten wie St. Pantaleon, St. Maria im Kapitol und St. Gereon heraus, die bis heute kaum verändert wurden.

Man könnte sagen: Freiheit durch Tüchtigkeit! In gewisser Hinsicht blieb Gerhard, der sich nun »vom Hof« nannte, ein »Unmaze«: ein außergewöhnliches Talent. Dabei scheint er nicht unmäßig geldgierig gewesen zu sein, sondern »ehrlichen Gewinn« erzielt zu haben. So jedenfalls stellte ihn Rudolf von Ems im Roman als »Guten Gerhard« dar. Der Mann des bürgerlichen Handels wie der bürgerlichen Politik legte Wert auf kultiviertes Auftreten, gab sich weder als Geizhals noch als Prahler. Würdevoll trat er vor den Kaiser hin: »Stattlich war er anzusehen, (…) / Von Falschheit war er stets geflohen, / denn sichtlich war er wohlerzogen / und war von dieser edlen Zucht / sein Leben lang nicht abgewichen. / Klug und unerschütterlich / war er so zum Mann geworden. / Dazu war er reich gekleidet. / Schwarzrot, fast wie Blut, / und mit Zobel schön verziert / waren sein Rock und auch sein Mantel. / (…) Dazu trug der reiche Herr / einen Ring und andern Schmuck, / besetzt mit vielen edlen Steinen, / sowie einen teuren Gürtel. / In höf'scher Weise hatte er / sein gelocktes Haar gepflegt, / und äußerst vornehm war ihm auch / mit Fleiß der Bart geschoren. / Das war der Gute Gerhard, / den der Kaiser suchte. / Er war's, den Gott in Gnaden annahm, / weil er viele gute Taten / in dem Namen seines Schöpfers / sein Leben lang verrichtet hatte / und sich dabei jederzeit / sein reines Herz bewahrte. / In männlicher Beständigkeit / war er, wie man mir berichtet, / stets treu so wie ein Edelstein.« Ein Hoch auf den Bürger, verfasst um 1210!

Wenngleich idealisiert, widersprach ein solches Bild wohl nicht allzusehr den Fakten von Gerhard Unmazes Leben. Der steinreiche Kaufmann fühlte sich der bürgerlichen Tätigkeit ebenso verpflichtet wie der »höfischen Weise«: der Eleganz, dem guten Geschmack, dem gefälligen Benehmen. Es haftete ihm nichts Angestrengtes an; ob bei Hofe, ob im Kontor, ob als Bürgermeister, stets blieb er geschmeidig, diplomatisch, kommunikativ. Die scharfe Trennung zwischen Bürgertum und Adel gab es für ihn nicht. Er gehörte beidem an, entstammte einer ministerialen, ritterfähigen Familie und war zugleich Kaufmann und Bürgermeister. Höfische Ideale, mit denen Rudolf von Ems ihn schmückte, wie »Wohlerzogenheit«, »Klugheit« und »Unerschütterlichkeit«, »Beständigkeit«, Charakterfestigkeit, mittelhochdeutsch »staete«, ebenso »mâze«, das Prinzip von Mitte und Maß, waren im Grunde urbane aristotelisch-ciceronische Tugenden, die einem Bürger gut anstanden.

Neu war gegenüber der Antike, dass ein Kaufmann und Bankier eine führende Position in der Stadt einnehmen konnte. Die Ökonomie, an der die antike Gesellschaft gescheitert war, wurde nun salonfähig, aber das vornehme Prinzip der kreativen Muße sollte deswegen noch nicht zu Grabe getragen werden: nicht die Maximen der Beredtsamkeit, des geselligen Verkehrs, der Freundschaft, der Entfaltung der Persönlichkeit. Gerhard Unmaze wohnte in seinem Hof gegenüber der erzbischöflichen Residenz wie ein wahrer Herr, der zu leben versteht.

Im Roman veranstaltet der Gute Gerhard ein Hochzeitsfest für seinen Sohn, das sich über drei Tage hinzieht. An dem einen Tag gibt es ein prachtvolles Festmahl, an dem auch der Erzbischof und andere hochrangige Gäste teilnehmen, an dem anderen ein nicht minder glanzvolles Ritterturnier. Gerhard vergisst auch nicht die Armen und spendet reichlich Almosen.

Dieses großbürgerliche Fest war nicht einfach nur dichterische Erfindung. Das älteste erhalten gebliebene Patrizierhaus in Köln und in Deutschland überhaupt, das Overstolzenhaus in der Rheingasse, entstanden um 1230, präsentiert sich bis heute mit gleichsam fürstlicher Fassade: mit imposantem Treppengiebel und ausgearbeiteten Arkadenfenstern; im Obergeschoss befand sich einst ein prachtvoller Festsaal; in einem anderen Raum sieht man immer noch Wandmalereien aus der Entstehungszeit: Szenen eines ritterlichen Turniers. Es bildete sich eine bürgerlich-großbürgerliche Haltung heraus: ein eigenes Leben führen, eigene Mittel erwirtschaften, mündig am Gemeinwesen teilnehmen, Tugenden ausbilden und nach Glück streben – in eine andere Sprache übersetzt: sowohl Citoyen als auch Bourgeois sein, Connaisseur und Bonvivant.

Man gewinnt den Eindruck, dass die Kölner Schritt für Schritt Neuland betraten, so vorsichtig und kühn wie möglich, sei es wirtschaftlich, sei es politisch, sei es kulturell. Auch der Beruf des Kaufmanns oder des Bürgers war ein Abenteuer, nicht weniger als der Dienst des Ritters. Womöglich stand das Bürgersein für manche sogar noch höher. Schon Cicero meinte in seiner Schrift »De officiis«, »Vom rechten Handeln«: »Wenn wir aber wahrheitsgemäß urteilen wollen, so haben sich viele Taten des Friedens als größer erwiesen und glanzvoller als solche des Krieges.«

10

ERLESENES MENÜ

Das höfische oder großbürgerliche Fest vermittelte im hohen Mittelalter die Tugenden der Freigebigkeit und Hochherzigkeit. Für den Gastgeber kam es darauf an, mit einer solchen Haltung die Gäste an sich zu binden und Freundschaften zu gewinnen. Nach Möglichkeit sollte das Fest länger als einen Tag dauern und die Leute bestens unterhalten: mit feierlichem Gastmahl, Musik und Tanz, den Auftritten der Gaukler und der Sänger sowie mit einem ritterlichen Turnier.

Beim Gastmahl legte man Wert auf den Schmuck des Saales, auf die überlegte Plazierung der Gäste, auf gewandtes Benehmen, auf aufmerksamen Service wie auf »edle« Speisen und Getränke. Worin das Edle der Speisen bestand, darüber schwiegen sich die Chronisten oder Dichter häufig aus. Offensichtlich gab es dafür allgemein bekannte Regeln, die man nicht eigens benennen musste.

Legendär wurde das Hoffest in Mainz im Jahr 1184, zu dem Kaiser Friedrich Barbarossa eingeladen hatte. Heinrich von Veldeke rühmte in seinem Eneas-Epos dieses Ereignis, ohne auch nur ein Wort über das Essen zu verlieren, abgesehen davon, dass es eine riesige Summe Geldes gekostet habe: »Von keinem Fest habe ich je berichten hören, das so groß gewesen wäre wie das, das Eneas ausgerichtet hatte, außer dem, das in Mainz veranstaltet wurde, das wir mit eigenen Augen sahen und von dem viele zugestanden, es habe alles Maß überschritten, damals, als Kaiser Friedrich (I.) zweien seiner Söhne das Schwert verlieh, wo viele tausend Mark verzehrt und verschenkt wurden.« Arnold von Lübeck wies in seiner Chronik bei der Beschreibung dieses Festes darauf hin, dass große Hühnerställe zu sehen waren, welche auch die Schaulust befriedigten, zudem sei Wein »rheinaufwärts und rheinabwärts herbeigeschafft worden«. Wesentlich waren die unermesslichen Mengen an Menschen, Speisen und Getränken, die magischen Glanz entfalteten.

Es ging nicht in erster Linie um das Ausgewählte, Erlesene, Elegante der Gaumenfreuden. Zumindest wurde darüber eben nicht ausführlicher berichtet. Hauptsache, es erschienen sehr viele ranghohe Gäste, die teils von weit her kamen, was den Einflussbereich des Herrschers demonstrierte. Die Speisen und Getränke mussten Reichhaltigkeit und Überfluss verkörpern: das noch nie Dagewesene.

Dennoch belegen einige schriftliche Quellen und archäologische Funde, dass es bereits im frühen und hohen Mittelalter hierzulande Menschen gab, die Sinn für das Exquisite hatten. In Klöstern und Stiften versammelte sich regelrecht die Zunft der Feinschmecker, bezeugt etwa durch das Gartenbaubuch des Reichenauer Abtes Walahfrid Strabo aus der Mitte des neunten Jahrhunderts oder durch die Latrine des Stiftes St. Cäcilien in Köln aus der Zeit um 900. Offenbar förderte die feinere Bildung der geistlichen Leute die aufmerksamere Wahrnehmung der Speisen.

Schließlich bewies auch der St. Galler Mönch Ekkehard IV. um die Mitte des elften Jahrhunderts in seiner Schrift »Benedictiones ad mensam«, »Segnungen des Tisches«, eine erstaunliche Kennerschaft der Genüsse. Ekkehard gehörte zu den gelehrtesten Klerikern seiner Zeit und war schon als junger Mann vom Mainzer Erzbischof Aribo von St. Gallen an den Rhein berufen worden, um im Mainzer Domstift 1022 die Leitung der Schule zu übernehmen. Er hatte als Mönch die Gelegenheit, die Magnaten des Ostfränkisch-deutschen Reiches kennenzulernen. Er selbst bezeugte in seiner »St. Galler Klostergeschichte«, dass er in Begleitung von Erzbischof Aribo an einem Hoffest von Kaiser Konrad II. in Ingelheim teilgenommen habe. Die rein klösterliche Kost in St. Gallen, wohin er nach 1031 zurückkehrte, hätte ihn vermutlich nicht befähigt, so ausgiebig über Essen und Trinken zu schreiben. Ekkehard kannte und beurteilte so gut wie alle Tiere, die damals in der gehobenen Küche verarbeitet wurden, auch die vierbeinigen, die nach der Benedikt-Regel für Mönche und Nonnen verboten waren. Einzig der Abt oder ältere Mönche durften im Gästehaus eines Klosters an einer exklusiven Tafel sitzen, um ranghohe Gäste großzügig und freundlich willkommen zu heißen, darunter – in einer Reichsabtei wie St. Gallen – auch Kaiser und Kaiserinnen.

Wahrscheinlich verknüpfte Ekkehard in seinen »Benedictiones ad mensam« eigene Erfahrungen mit literarischem Wissen. Jüngst hat Anne Schulz in ihrer Studie »Essen und Trinken im Mittelalter« die lateinische Schrift des Mönches erstmals ins Deutsche übertragen. Es lassen sich in Ekkehards Werk wichtige Merkmale eines erlesenen Menüs in der damaligen Zeit ablesen, ohne dass man den Eindruck gewinnt, die mittelalterliche Gourmandise habe der heutigen Zeit nichts mehr zu sagen.

Es erscheint wenig verwunderlich, dass Ekkehard eingangs auf unterschiedliche Brotsorten eingeht, ist doch die Vielfalt des Brotes auch heute noch typisch für die deutsche beziehungsweise mitteleuropäische Backkunst. Wichtig ist dem Autor, dass das Brot »angenehm« und »bekömmlich« schmeckt. Hoch im Kurs steht für ihn das »Dinkelbrot«, denn er wünscht ihm, dass es mit »reichem Segen« erfüllt sei. Dinkel ist eine Variante des hellen Weizens, nur reichhaltiger im Geschmack und mit etwas höherem Fettanteil, was dem Brot eine mildwürzige cremige Art verleiht. Glücklicherweise wird das Dinkelbrot heutzutage wiederentdeckt, sei es als Vollkornbrot, sei es als Weißbrot mit leicht beigefarbener Tönung. Es folgen bei Ekkehard die Brote aus Weizen, Roggen, Gerste und Hafer; nach Möglichkeit jeweils »frisch gebacken«, weil es so aromatischer ist.

Kaum etwas lohnt sich mehr, als heute nach gutem, traditionell hergestelltem Brot zu suchen: aus ökologischem Mehl, der Teig gut geknetet, mit genügend Zeit zum Reifen und Aufgehen, dann schonend gebacken im Schamottesteinofen. Ein solches Brot vermittelt die Geschichte der westlichen Zivilisation, die vor rund zehntausend Jahren im sogenannten Fruchtbaren Halbmond im Vorderen Orient begann. Der Erfolg des Brotes beruht vermutlich auf der gewissen Süße, die jede Art von Getreide enthält, gepaart mit einer röschen Kruste.

Ekkehard sieht im Brot auch ein christlich-religiöses Symbol, das im Gottesdienst an den Leib Christi erinnert. Brot vermittelt für ihn Segen in jeder Hinsicht. Wie schade, wenn heute unter dem Diktat des Kohlehydratrechnens das Brot als identitätstiftendes Kulturgut mancherorts unter den Tisch fällt, auch in Gourmetlokalen. Oder man erhält dort kleine Brötchen, die kein herzhaftes Aroma entfalten. Nichts schöner, als den Tisch mit bestem Brot zu schmücken, in dicken Scheiben: als das Zeichen einer zivilisierten Haltung, als Ausweis von gutem Geschmack.

Dem Brot folgen in den »Segnungen des Tisches« die zwei entscheidenden Würzmittel: das Salz und die Soße, die sich ihrerseits sprachgeschichtlich vom Begriff des Salzes ableitet. Auch um die Soße muss man heute in den Gourmetrestaurants bangen, oft erscheint sie nur noch in Tropfen. Doch wie wunderbar, wenn Würzig-Flüssiges, Sämiges und Festeres am Gaumen zusammenspielen. Der Gastgeber tut gut daran, neben das Brotkörbchen auch Salz, Butter und Olivenöl auf den Tisch zu stellen und wenigstens bei einem Gericht innerhalb des Menüs mit der Soße nicht zu geizen.

Bemerkenswert, wieviele unterschiedliche Süßwasserfische Ekkehard kennt. Weder das breite Publikum noch viele professionelle Köche können damit heute mithalten. Wer weiß schon, was eine »Trüsche« ist, auch Quappe genannt? Es handelt sich, wie bereits erwähnt, um eine Kabeljauart, die im Süßwasser heimisch geworden ist: mit verhältnismäßig festem, würzigem Fleisch und ausgezeichneter Leber. Schon äußerlich ist der exzellente Fisch mit seiner schwarzgelben Haut von exotischer Anmutung, fast wie ein Salamander. Er kommt heute noch im Bodensee vor, also nicht weit von St. Gallen entfernt. Wenn man Glück hat, findet man die Trüsche in dieser Region manchmal auf der Speisekarte. Ekkehard empfiehlt, sie mit der feinen Würze »des Pilzes« zu bereichern.

Der Bodensee zählt nach wie vor zu den reichsten Fanggebieten von Süßwasserfischen in Deutschland, wohl nur übertroffen von den Haff- und Boddengewässern an der Küste von Vorpommern, wo sich das Süßwasser ein wenig mit Meerwasser vermischt. Der Flussbarsch, für den Ekkehard ein Wort bei Gott einlegt, ist im Bodensee wie in den Boddengewässern heimisch; da wie dort herrscht sehr gute Wasserqualität vor. Weil aber die Deutschen den Flussbarsch, diesen herrlichen Fisch mit silbergrauer Haut, verhältnismäßig festem Fleisch und köstlichem Mandelaroma, kaum kennen, verkauft ein Fischhändler wie Birnbaum & Kruse in Wolgast, der mit rund siebzig Fischern in Mecklenburg-Vorpommern zusammenarbeitet, den Flussbarsch als Egli in der Schweiz.

Der Flussbarsch gehört, wie sein Name schon sagt, zu den barschartigen Fischen, ebenso wie der Zander. Während dieser eine ordentliche Portionsgröße erreicht, ist der Flussbarsch oft ein wenig kleiner, zudem verlangt das Schuppen des Flussbarsches einiges Geschick; so scheut man in deutschen Küchen vor ihm zurück, obwohl es sich um eine wahre Delikatesse handelt.

Schon im vierten Jahrhundert hatte Ausonius in seiner »Mosella« den Flussbarsch gepriesen: »Auch von Dir Barsch, Leckerbissen auf jeder Tafel, will ich nicht schweigen; nur du unter allen Flussfischen stehst Seefischen gleich an Rang, du allein kannst dich leicht mit roten Meerbarben messen.« Die rote Meerbarbe zählte damals für viele Römer zum Feinsten, was es an Meeresfischen gab. Was gäbe man darum, sähe man heute in einem guten Restaurant den Flussbarsch mit einer roten Meerbarbe vereint, ungekünstelt, Filet neben Filet, präzise gegart, um beide miteinander zu vergleichen. Der Koch könnte diese Speise galant mit »Fluss und Meer« umschreiben.

Winzig ist das »Neunauge«, auch Bachneunauge oder Lamprete genannt, ein aalartiges Fischlein, das man bestens in Öl backen kann. Leider ist diese Winzigkeit heute in Vergessenheit geraten. Ekkehard wiederum bittet den lieben Gott, dass er nur ja das Neunauge »schmackhaft« mache. Auch den Aal möge Gott segnen; ebenso heißt es: »Jede Art von Forelle segne vor allem gebührend«, sprich die Familie der Salmoniden, zu denen der »gekochte Rottel« gehört, lateinisch »rubricum coctum«, wohl besser mit »Röthel« übersetzt. Röthel ist bis heute in der Schweiz das Wort für Seesaibling mit natürlich-rötlichem Fleisch. Der Seesaibling liebt die kühlen alpinen Seen und ist weiter nördlich kaum noch vorhanden. Doch bekommt man heute Saibling auch aus der Zucht, in der Regel den Elsässer Saibling, eine Kreuzung aus See- und Bachsaibling, der seinerseits im neunzehnten Jahrhundert aus Nordamerika eingeführt wurde. Wichtig ist, dass der Züchter über kühles und frisches Quellwasser verfügt. So beweist die Fischzucht Nikolai Birnbaum in Epfenhausen bei Landsberg am Lech, wie erstklassig Saibling aus der Zucht sein kann.

Neben dem Flussbarsch und dem Zander ist der Saibling einer der feinsten Süßwasserfische aus heimischen Gewässern. Während Flussbarsch und Zander rund drei Prozent Fett haben, bringt es der Saibling auf acht und ist besonders saftig und aromatisch, sofern er aus guter Züchtung stammt. Fehlen noch, von Ekkehard nicht eigens erwähnt, andere feine Salmoniden, wie Bachforelle, Seeforelle, Felchen (andernorts Renke, Maräne oder Schnäpel genannt), Huchen (der nur in der Donau und ihren Nebenflüssen vorkommt) und last not least die Äsche, nicht zu verwechseln mit der Meeräsche. Die Äsche, auch Bachäsche genannt, gehört zu den mageren Fischen, hat aber ein bezaubernd samtiges Fleisch. Sie lässt sich nur schwer züchten und ist selten auf den Speisekarten zu finden, manchmal in Restaurants am

Untersee des Bodensees. Eine besonders glückliche Hand für Süßwasserfische hat dort der Patron und Küchenchef Klaus Neidhart im Hotel und Restaurant »Gottfried« in Moos. Am besten, man bestellt hier das Süßwasserfischmenü mit Bodenseegemüse, unglaublich köstlich, jedes Stück auf den Punkt gegart, den eigenen Geschmack unterstreichend.

Auch im Romantik Hotel »Residenz am See« in Meersburg isst man ausgezeichneten Fisch. Küchenchef Markus Philippi findet dort im Residenz-Restaurant für die Gerichte eine gute Balance zwischen dem unverfälschten Stück auf dem Teller und der Umgarnung mit raffinierter Soße. »Ich will«, sagt er, »dass der Gast erkennen kann, was auf der Karte steht.« Ein Felchenfilet bleibt ein Felchenfilet, behutsam auf der Haut gebraten. Becircend das milde Aroma dieses Fisches, der sich vorwiegend von Plankton ernährt; bestens schmeckt dazu die helle samtige Soße, ein Beurre blanc, verfeinert mit Kapernsaft. Auch die fleischlose Küche kommt in diesem Restaurant nicht zu kurz: etwa Ravioli, gefüllt mit Allgäuer Bergkäse, umzogen von Reichenauer Gemüsesud. Man fühlt sich hier sowohl an Walahfrid Strabo als auch an Ekkehard erinnert und schmeckt die Bodenseeregion.

An Meeresfischen sind dem St. Galler Mönch um 1050 bereits der gesalzene Hering und der Stockfisch bekannt, der getrocknete Kabeljau, von Ekkehard sehr geschätzt. »Tausende Male« möge der Stockfisch gesegnet sein, schreibt er. Wie bedauerlich, dass das Mus vom Stockfisch hierzulande mittlerweile so selten aufgetischt wird. Es hat mehr Tiefe als das Fleisch vom frischen Kabeljau – gegen den ansonsten nichts gesagt sein soll: ein ausgezeichneter Fisch, sehr mager, aber doch saftig.

Ein ähnlich großes Spektrum wie bei den Fischen bietet Ekkehard beim Geflügel; das eine wie das andere als Delikatesse an der Tafel der Mönche und Nonnen erlaubt, sofern nicht gerade Fastentage ohne Geflügel eingehalten werden mussten. Die fürstliche wie großbürgerliche Küche des hohen Mittelalters huldigte ja ebenfalls dem Fisch wie dem Geflügel.

»Den Fischen gleich segne, König Christus, die Vögel«, heißt es in den »Benedictiones ad mensam«. An erste Stelle steht der Pfau, der möglicherweise gern als Schaugericht mit Federkleid serviert wurde. Ekkehard selbst hält ihn für schwer verdaulich. Doch bezeichnet er den Fasan als »edel« und das Rebhuhn als »wohlschmeckend«. Schon damals handelte es sich um zwei Königstiere auf der Tafel, besonders zart und feinwürzig, sofern das Fleisch im voraus durch Abhängen gereift ist.

In dieselbe Kategorie wie Fasan und Rebhuhn gehört für Ekkehard die Wachtel, während er dann bedenklich bemerkt: »Der Gänsebraten möge nicht schädlich sein«, was wohl meint: Er schmeckt an sich prima, ist aber fettreich und nicht so leicht verdaulich. Unproblematischer erscheint wieder ein anderes Federvieh: »Jede Taubenart möge der Herr gleichermaßen segnen«, ähnlich wie das »Huhn«. Dagegen gehört der »kastrierte Hahn«, der Kapaun, wieder zur üppigen Kategorie der Gans.

Wie schon die Stiftsdamen von St. Cäcilien in Köln, so zeigt Ekkehard eine Vorliebe für zarte junge Haustiere, gleichsam für den urbanen Stil: »Reichster Segen sei nun gespendet den (noch) so kleinen Hähnchen«, heißt es; gemeint sind wohl die Stubenküken. Weniger Aufmerksamkeit schenkt der fromme Mann dem ausgewachsenen Rind, während er das »zarte Kalbfleisch« lobt, ebenso das »Lamm« und das »Zicklein«. Dagegen wird der »Ziegenbock« mit Skepsis betrachtet. Das Schweinefleisch und das Schweineschmalz lässt der Autor gelten, aber besonders hervorgehoben werden der »gekochte Schinken« sowie das »zarte Ferkel«. Die jungen Haustiere sind gegenüber den älteren eindeutig die Favoriten: Stubenküken, Zicklein, Lamm, Spanferkel, Kalb.

Im übrigen schätzt Ekkehard wiederholt »das gesottene und das gebratene Fleisch«, an anderer Stelle auch das »geröstete«. Nicht nur die erlesene Wahl der Zutaten, auch die Varianz des Garens sollte Abwechslung in die Speisen bringen: einmal mit sanften Noten, ein andermal mit kräftigen. Sobald der Mönch zum Wild kommt, wird er, anders als bei den ausgewachsenen Haustieren, wieder beredter. Deutlich zeigt sich die Präferenz für Fisch, Geflügel, junge Haustiere und Wild.

Zuerst wird in der Reihe des Wildes der Bär erwähnt, den es damals noch in den Alpen gab. Für adlige Jäger war der starke Bär etwas Besonderes, jedoch nicht für den Feinschmecker. Ähnlich wie der farbenfrohe Pfau gilt der mächtige Petz als beeindruckendes Tier, aber nicht als ein genussreiches. Dagegen sollen Hirsch, Wisent und Auerochse, so Ekkehard, gesegnet sein, mehr noch Damhirsch, Gams, Reh und Hase: »Das Wildfleisch möge kraft des Kreuzes insgesamt bekömmlich sein.«

Zum Schluss hin werden Milch und Käse löblich erwähnt, weil sie »Leben und Kraft« verleihen, nur möge man achtgeben, dass die Ware nicht verderblich ist. Als besonders gesund gelte, so Ekkehard, nach dem Befund der »medici«, der »Ärzte«, die Ziegenmilch. Regelrecht umschwärmt wird der Blütensaft, den die Bienen verarbeiten: »Diesen Honig möge Gott süß machen, damit er ohne Schaden schmackhaft sei. / Diesen Honig von tausendfacher Würze, Herrgott, segne. / Der du das Traurige vertreibst, segne, Gott, die Süße der Honigs.« Das »Druckprodukt der Milch«, wohl Quark oder Frischkäse, soll mit Honig, Pfeffer und Wein als Creme verfeinert werden.

Auffällig knapp behandelt Ekkehard Salate, Kräuter und Gemüse, die zuvor schon im »Capitulare de villis« von Karl dem Großen um 790 recht umfangreich behandelt worden waren, wenngleich dort umgekehrt noch nichts Genaueres über die Fische zu erfahren war. Erwähnt werden bei Ekkehard unter den Gemüsen hauptsächlich jene Hülsenfrüchte, und zwar solche, die bereits die jungsteinzeitlichen Bauern nördlich der Alpen angepflanzt hatten: etwa dicke Bohne, gelbe Erbse und Linse. Später werden auch Knoblauch und Lattich genannt, die Vorform des Kopfsalats.

Etwas gesprächiger wird der Mönch noch einmal beim Obst, wenngleich er dabei mediterrane Gewächse erwähnt, die er möglicherweise nur aus der Literatur kannte, wie Zitrone, Feige, Dattel, Granatapfel. Wenn es allerdings schon um 960 in Mainz fernöstliche Gewürze gegeben hatte, dann war es um 1050 auch möglich, mediterrane Dinge über die Alpen zu bringen. 1276 wurden im Augsburger Stadtbuch unter den Marktwaren neben italienischem Olivenöl die Feigen erwähnt.

Ekkehard weist beim traditionell heimischen Obst zuerst auf die Süßkirsche hin und geht davon aus, dass sie in der Antike aus Italien eingeführt worden sei, während damals Plinius der Ältere zu berichten wusste, dass die Germanen ihrerseits Süßkirschen züchteten. So oder so ist die fleischige rote Süßkirsche die Primaballerina unter den heimischen Baumfrüchten. Dazu tauchen bei Ekkehard Apfel, Birne, Quitte, Pflaume, Pfirsich auf, ebenso erscheint die Melone, wie vorher bei Walahfrid.

Im großen und ganzen empfiehlt Ekkehard eine urbane Kost, die nach dem Befund der »medici« so delikat wie gesund sein soll: zuerst Brot, Salz und Soßen, dann hauptsächlich »zartes« Fleisch, möglichst mager und nicht so deftig: Fisch, Geflügel, junge Haustiere, Wild – eine uralte Reihenfolge der feinen Tafel, wie sie ähnlich schon im ägyptischen Grab des Nacht rund zweieinhalb Jahrtausende früher an die Wand gemalt worden war, übernommen von den Griechen und Römern und schließlich auch von den Feinschmeckern im Ostfränkisch-deutschen Reich. Hier, nördlich der Alpen, folgen dem zarten Fleisch noch Käse sowie frische Milchprodukte mit Honig und Obst.

Diese Reihenfolge im Text dürfte auf die Reihenfolge im Service hinweisen. Jedenfalls ist es unwahrscheinlich, dass seinerzeit beim festlichen Gastmahl alle Gerichte auf einmal auf den Tisch gestellt wurden. Schon im Gartenbaubuch des Walahfrid Strabo war vom »Nachtisch« die Rede. Nach dem Urbar der Bamberger Domherren aus dem zwölften Jahrhundert gab es auch schon »Zwischengerichte«. Im großen und ganzen dürfte ein Service in drei Gängen üblich gewesen sein, wobei ein Gang variabel aus mehreren Speisen bestehen konnte.

Spiegelbildlich zum Aufbau der »Benedictiones ad mensam« führte der Ablauf im Service vermutlich vom Milden und Leichten der Fisch- und Geflügelsorten zum Herzhaften und Würzigen des Wildes bis hin zur Süße und Frische von Honig und Obst. Wie schon bei den Römern dürfte dem Menü eine dramaturgische Struktur eigen gewesen sein: Einstieg mit Mildem und Leichtem; Höhe- und Wendepunkt mit Herzhaftem und Würzigem; krönender Abschluss mit Süßem und Erfrischendem.

Daran hat sich bis heute nicht viel geändert. Ein schlichtes, aber feines Dreigangmenü könnte lauten: zuerst Fisch, dann herzhaftes Fleisch mit Gemüse; schließlich Obst. Oder man schiebt ein oder zwei Zwischengerichte ein, in der Reihenfolge: Fisch, Geflügel, Wild, Käse, Obst mit honigsüßem Quark. Stets stünden am Tisch auch Brot, Salz, Butter, Olivenöl. Der erste Gang könnte einfach ein Filet ohne Haut vom Flussbarsch sein, alternativ vom Zander oder Saibling, mit alpinem Steinsalz gewürzt, in eine Raine gelegt, mit Butterflocke, Olivenöl und Zitrone beträufelt und mit Pergamentpapier bedeckt, im Ofen bei 180 Grad Celsius etwa acht bis zehn Minuten gegart, je nach Dikke der Filets, dann mit einem Unterheber auf weißem Porzellanteller angerichtet, überzogen mit gebräunten Mandelblättchen und Butter; am Ende gießt man ein paar Tropfen Olivenöl und Zitronensaft darüber.

So etwas lässt sich zu Hause leicht bewältigen und entzückt jeden Gast: Es wäre das reine Flussbarscherlebnis, vielleicht noch mit goldenen Perlen vom Saiblingskaviar geschmückt. Das Farbspiel bliebe subtil Ton in Ton: das gedämpfte Weiß des Filets, das leicht Bräunliche der fein gehackten Mandeln, das Gold des Kaviars. Viel hängt natürlich in diesem Fall davon ab, wie frisch der Fisch in die Küche kommt. Das Filet soll nach dem Garen noch leicht glasig sein und zart, belebt von den knusprigen Mandeln; für das gewisse Extra sorgt der Kaviar, saftig am Gaumen zerplatzend. Auch eine solche Küche der vertieften Sensorik braucht dezente Kontraste und einen gewissen Pfiff; der Genießer lässt sich wunderbar auf die einzelnen Zutaten ein und erfreut sich an ihnen wirklich. Ebenso wäre das Garen im Laufe des Menüs variabel: zuerst sanft, dann kräftiger und kross.

Generell gilt für die Komposition eines Menüs die uralte Regel für jede Form von Kunst: »Variatio delectat« – Abwechslung erfreut. Das lässt sich leicht von Gang zu Gang bewältigen, indem jedes Gericht einen eigenen Schwerpunkt besitzt. Ferner darf die einzelne Speise in sich selbst ein paar Kontraste haben, damit eine gewisse Spannung entsteht, durch unterschiedliche Farben, Gewebe, Aromen. Die Gegensätze innerhalb einer Speise können klar und deutlich sein, aber auch subtil und fließend. Reizvoll, wenn jedes Gericht ein Element der Überraschung aufweist, etwa goldene Perlen vom Saiblingskaviar über weißem Flussbarschfilet. Das Überraschungsmoment darf jedoch nie beliebig wirken, sondern es soll stimmig sein. Es ergeben sich fünf Stichworte für das Menü: Abwechslung, Gegensätze, Überraschung, Stimmigkeit, Wohlgeschmack.

Natürlich spielt Gemüse, das mittlerweile vielfältiger und feiner ist als damals, längst eine größere Rolle und darf auch einmal für sich den ersten Gang bilden oder Geflügel und Wild ebenbürtig begleiten. Nicht missen möchte man feine Sorten wie Spargel, Spinat, Artischocke, Kohlrabi, Rosenkohl und so fort. Vielerorts findet man heute in Deutschland Gemüsebauern, die Sorten anbieten, die vergessen waren. Der Biohof Marko Seibold in Syke bei Bremen offeriert wieder die Kerbelrübe sowie neben der gewohnten Roten Bete auch die Gelbe

Bete, ebenso den neuerdings beliebten Knollenziest und die Kletten-wurzel, die nach Artischocke schmeckt.

Charmant ist es immer, zwischen dem Hauptgang und dem Des-sert ein wenig Käse anzubieten, als kleine eigene Episode im Menü so-wie als verzögerter Übergang zum Finale. Der angesehene französische Affineur Bernard Antony meint im Gespräch auf die Frage, welchen Rang der Käse für ihn im Menü einnehme: »Die verschiedenen Käse-arten sind von jeher ein großes À la française, wie man sagt, französi-sche Lebensart, Genussfreude.« Man könnte auch sagen: Käse vermit-telt ein Stück von Europa, ob nun Käse aus Frankreich, Italien, der Schweiz oder aus Deutschland, wo die Herstellung von feinem Käse seit einigen Jahren einen bemerkenswerten Aufschwung nimmt. Auch heimische Händler wie der »Tölzer Kasladen« in Bad Tölz machen heute von sich reden.

Käse lässt die Eigenart einer Gegend anklingen und schickt die Phan-tasie des Essers auf die Reise: hinaus aufs Land, ins Ursprüngliche, auf die Hochalmwiese, zu den Düften der Blumen, zum Geruch der Ziege. Am besten gelingt das mit Rohmilchkäse: mit Aromen an der Grenze zwischen Leben und Verwesung, Morbidezza. Zwei, drei Stückchen pro Person genügen im Menü: variabel Ziegenkäse, Schafskäse, Kuh-milchkäse oder: Weiß-, Rot-, Blauschimmelkäse oder: Weich- und Hartkäse.

Ohne das Süße am Schluss geht es nicht, solange der Nachtisch nicht in wahre Zuckerorgien ausartet. Viel feiner und reicher ist die Süße des reifen Obstes, geschält, entkernt, mundgerecht zugeschnit-ten, ergänzt durch cremige Milchprodukte, gesüßt mit Honig, wovon schon Ekkehard schwärmte. Entzückend ist Lindenblütenhonig mit einem erfrischenden Hauch von Minze in sich selbst; köstlich der Edelkastanienhonig mit nussartigem Touch; ungewöhnlich der Weiß-tannenhonig mit einem Anklang von Harz, verrührt beispielsweise mit naturreinem Joghurt, Sauerrahm und Zitronensaft, ohne sonstige Bindemittel, einfach in ein Schälchen oder in ein Glas gefüllt und be-gleitet von Obst. Nahrhafte Süße erweckt von Urzeiten her ein Gefühl von Sorglosigkeit und Verzauberung.

11

LIEBENSWÜRDIGER GASTGEBER

Die hochmittelalterliche Literatur entwickelte für das städtische Leben noch kein großes Interesse. Doch führte ein Dichter wie Rudolf von Ems in seinem Epos vom »Guten Gerhard« vor Augen, dass es spätestens seit dem zwölften und dreizehnten Jahrhundert in deutschen Metropolen schon Kaufleute gab, die in der Lage waren, Gäste fürstlich zu bewirten.

Auch Wolfram von Eschenbach ließ in seinem Willehalm-Epos einen reichen Kaufmann von ministerialer Herkunft auftreten: Wimar. Das Werk entstand seit 1210 etwa zeitgleich mit dem Epos des »Guten Gerhard«, weitgehend abgeschlossen um 1220. Wolfram war der erste höfische Dichter, der sich als Gourmet zu erkennen gab, sowohl im »Parzival« als auch im »Willehalm«. Er hatte Lust, ausführlicher auf das Essen einzugehen. Er stellte sich im »Parzival« selbst als ritterlicher Ministeriale vor: »schildes ambet ist mîn art.« Die Ministerialen bildeten, ob auf ritterlich-höfischer, ob auf kaufmännisch-bürgerlicher Seite, die kreative Klasse der damaligen Zeit.

Wimar tischte im »Willehalm« als wohlhabender Kaufmann groß auf, um gegenüber dem hochadeligen Willehalm ein freigebiger und hochherziger Gastgeber zu sein. Es gab, wie man es erwarten durfte: Fisch, Geflügel, Wild, unterschiedlich gegart und serviert mit bester Soße: »Der Hausherr hatte nun befohlen, / eine reiche Auswahl frischer, guter Speisen / zu braten und zu sieden. / Fisch und Fleisch, / Wild und anderen Braten. / (…) Vornehm installierte man / einen kleinen Tisch / für den Markgrafen allein. / Als der die Hände gewaschen hatte, / trug der Hausherr ihm / nach bester Kaufmannssitte / höflich die verschiedensten Gerichte auf, / gesotten und gebraten. / Ein armer Ritter, den man so bedenken / würde, nähm's mit Freude. / (…) Gebraten stand der Pfau vor ihm (Willehalm) / mit der besten Soße, die der Hausherr / kannte. / Den Kapaun, den Fasan, / die Lampreten in Aspik, / die Rebhühner ließ er stehen.« Allerdings rührte der Markgraf davon nichts an, weil er an das Gelübde gebunden war, auf seiner Reise zu fasten.

Die »beste Kaufmannssitte« stand nach Wolfram den Tugenden ranghoher höfischer Dienstleute in nichts nach. Wie ein edler Truchsess und Mundschenk bewirtete Wimar den Markgrafen. Ein rangniedriger »armer Ritter« konnte dagegen schon längst nicht mehr mit dem guten Leben eines wohlhabenden Händlers und Bürgers mithalten. Ohnehin stellte der Dichter im Willehalm-Epos die Idee des christlichen Rittertums in Frage, hielt nicht mehr viel von Kreuzzügen und religiöser Intoleranz. Bei der Schilderung einer Schlacht zwischen Christen und Muslimen rief der Autor aus: »Wenn Menschen nichts vom Christentum / erfuhren, ist das Sünde? / Daß man die erschlug wie Vieh, *das* nenne ich eine große Sünde.« Wolfram von Eschenbach ahnte, dass die ritterlich-höfische Gesellschaft nicht mehr die einzige herrschende Schicht war. Der rauhen kriegerischen Wirklichkeit stellte er eine regelrecht bürgerliche Szenerie gegenüber: das Haus, den Speisesaal, die Schlafstube, die intime häusliche Vertrautheit: sittliche wie materielle Verfeinerung.

Es zeichnete sich ab, dass die Taten des Friedens glanzvoller sein könnten als die des Krieges. Die Städte wurden zu einem Forum neuer Formen glücklichen Zusammenlebens. Die Bürger verschafften sich allmählich Zugang zu höherer Bildung: zu Schulen und Universitäten. Erhalten ist beispielsweise die Konzession des Apostolischen Stuhls für den Rat und die Bürger von Breslau zur Gründung einer städtischen Elementarschule mit Lateinunterricht aus dem Jahr 1267. Empfohlen wurde darin auch, nach dem Besuche dieser Schule auf eine höhere Lateinschule zu wechseln, die es schon in Breslau gab. Immer öfter kam es vor, dass wohlhabende Patriziersöhne aus deutschen Landen an der Universität in Bologna Jura studierten. Neben den Wirtschaftseliten gab es in den Städten bald auch Bildungseliten. Komplexeres Wissen verlangte nach feineren Genüssen und Vergnügungsorten: etwa nach städtischen Badstuben, erwähnt in einem Speyerer Zollweistum von 1265, oder nach Gärten vor den Toren der Stadt, im selben Jahr festgehalten im Testament des Erfurter Bürgers Reinhard.

Auch das Angebot an Delikatessen auf den städtischen Märkten nahm zu. Die herzogliche Markt- und Gewerbeordnung für Landshut aus dem Jahr 1256 legte Wert auf gute Bratwürste: Sie sollten »aus reinem Schweinefleisch« gemacht werden, gleichsam ohne Pfuscherei; ebenso erschienen darin feinere Backwaren: »Brezeln dürfen nur aus

Weizenmehl gemacht werden«, hieß es. Neben »italienischem Wein« verkaufte man auch »besten Frankenwein« und »bayerischen Wein«. Das Stadtbuch von Augsburg aus dem Jahr 1276 sprach von italienischem Olivenöl und Feigen.

In einer bischöflichen Zunftordnung für Würzburg von 1279 erschien dann bereits eine Art von Feinkosthändler, ein »Raffträger«, der in einem vergitterten Holzkasten auf dem Rücken mehrere Dinge zur Schau stellte: »Hühner, Eier, allerlei Wildbret und Käse.« Bäcker sollten täglich backen, »damit alle, die danach verlangen, frisches Weiß- und Schwarzbrot bekommen können«. Typisch für die deutschen Lande, gab es neben Schwarz- auch Weißbrot, so wie man neben Bier auch Wein genießen konnte, während die Zunft- und Gewerbeordnungen auf Güte achteten.

Rat und Bürger der Städte traten gelegentlich gegenüber einem Bischof, wenn er vor Ort eine Kirche einweihte, als großzügige Gastgeber auf, so etwa 1303 in Weißenfels gegenüber dem Bischof von Zeitz-Naumburg. Gefeiert wurde zwei Tage lang – und erstmals hat sich bei dieser Gelegenheit auch eine Menükarte erhalten. Am ersten Tag servierte man: Eiersuppe mit Safran, Pfefferkörnern und Honig; Hirsegemüse; Schaffleisch mit Zwiebeln; gebratenes Huhn mit Zwetschgen; Stockfisch mit Öl und Rosinen; in Öl gebackene Bleie; gesottenen Aal, gerösteten Bückling mit Senf; sauer gesottene Speisefische; gebackene Barbe; kleine Vögel, in Schmalz hart gebacken mit Rettich; Schweinekeule mit Gurken – vermutlich in drei Gängen auf den Tisch gebracht.

Deutlich wird, dass Fisch und Geflügel bei einem feierlichen Gastmahl nicht fehlen durften. Doch wie schon bei den Römern zählte auch das Ei zu den Delikatessen, nun gleich zum Einstieg in das Menü dargeboten in Form einer Suppe. Eine Suppe vorweg, das sollte populär werden in Deutschland. Zwar ist die Suppe ihrer Art nach eher alltäglich, abgeleitet vom Eintopf, aber wenn die Suppe in fein geseihter Form auf den Tisch kommt und mit edlen Sachen wie »Safran, Pfefferkörner und Honig« verfeinert wird, dann schmückt sie selbst die festliche Tafel.

Die Suppe hat, ähnlich wie die Soße, etwas Essenzartiges an sich und kann mit Hilfe von Gewürzen und bei entsprechendem Einkochen tiefer und komplexer schmecken als ein bloßes Stück Fisch oder

Geflügel. Für die Suppe wie die Soße muss man heute so manches Mal ein Plädoyer halten. Wie gerne äße man beispielsweise eine Krebssuppe, gezogen aus den Krebskarkassen.

Auffällig ist, dass die Köche des Menüs von 1303 bereits auf Kontraste achteten, die in der Regel mehr Reiz in die Gerichte bringen und die Aufmerksamkeit erhöhen – solange nur das Kontrastkochen nicht zum wesentlichen Prinzip wird. Wunderbar, wie schon 1303 die Methoden des Garens wechselten: »gebraten«, »gebacken«, »geröstet«, »gesotten«. Anregend auch das Zusammenspiel von Fleisch und Obst, »Huhn mit Zwetschgen«, oder von Fleisch und Gemüse, »Schafffleisch mit Zwiebel«. Charmant, wenn einem Gericht mit süßen Tönen, »Stockfisch mit Öl und Rosinen«, eines mit sauren Noten folgt, »sauer gesottene Speisefische«. Wohltuend ferner, dass sich der Koch zwischendurch zurücknahm und ein pflanzliches Gericht puristischer Art einbaute, ohne innere Kontraste, schlicht: »Hirsegemüse«. Auch das ist kunstvolles Variieren: mal Einfaches, mal Komplexes. Der Gast will zwischendurch einmal durchatmen, sich entspannen, um dann wieder für Raffinierteres aufgeschlossen zu sein: »kleine Vögel, in Schmalz hart gebacken mit Rettich«.

Die Wahrnehmungsfähigkeit des Gastes sollte nicht überdehnt werden. Er sollte die Tafelrunde wirklich genießen können, eins nach dem anderen: den geschmückten Saal, die Menüfolge, die Gespräche, den Wechsel zwischen Puristischem und Verspieltem. Schon 1303 wurde allem Anschein nach in Deutschland fein gekocht. Man baute auf der Kennerschaft der Genüsse auf, die sich in Europa schon über Jahrhunderte, Jahrtausende entwickelt hatte. Nicht Revolution, sondern Evolution sollte das Prinzip der Gastronomie sein. Das betont Innovative hat nämlich etwas Gehetztes an sich – ihm fehlt das Vornehm-Gelassene. Unfein, den Gast ständig durch manierierte Künststückchen zur Bewunderung zu nötigen. Ohne Not werden Traditionen hinweggefegt. Gegenüber dem naiven Lobpreis des Revolutionären sollte man sich eine gewisse Skepsis bewahren. Peter Sloterdijk diskutiert dieses Phänomen in seinem Buch »Die schrecklichen Kinder der Neuzeit«.

In der ersten Hälfte des vierzehnten Jahrhunderts brachte schließlich auch Nürnberg einen Handelsherren vom Schlag eines Gerhard Unmaze hervor: Konrad Groß, ebenfalls von ministerialer Herkunft, ebenfalls um einen Ausgleich zwischen dem privaten Gewinnstreben und dem Sinn für das Gemeinwesen bemüht. Wenn Kaiser Ludwig der Bayer nach Nürnberg kam, residierte er nicht mehr auf der kaiserlichen Burg über der Stadt, sondern in der Mitte des Ortes bei Patriziern, häufig bei Konrad Groß, seinem wichtigsten Finanzier. Der Herrscher nannte ihn des öfteren seinen »lieben Wirt« oder eben seinen liebenswürdigen Gastgeber, einmal sogar seinen »Freund«.

Groß gründete mit einem erheblichen Teil seines Vermögens das Heilig-Geist-Spital in Nürnberg. Es war alles zugleich: städtisches Krankenhaus, Seniorenwohnheim und Hospiz für mittellose Reisende und Pilger. In der Gründungsurkunde von 1339 nannte Groß seine Motive: »Der ehrbare Mann Konrad Groß, Bürger der Stadt Nürnberg (...), hat betrachtet, wie der höchste himmlische Ratschluß in hoher, unaussprechlicher Vorsehung alles lenkt und nicht ohne richtiges Urteil will, daß die einen im Lauf dieses Lebens Überfluß haben, während die anderen an vergänglichen Gütern leiden (...). Er hat ferner bedacht, daß die Stadt Nürnberg an der großen Völkerstraße liegt, mit Gottes Gnade schon von einer großen Menge Volkes bewohnt ist und wegen ihres hohen Wohlstandes auch noch weiterhin täglich wächst, weshalb auch die barmherzige Gastfreundschaft sehr großer Vermehrung bedarf.« Gastfreundschaft wurde regelrecht zu einem geflügelten Wort.

Das Heilig-Geist-Spital wurde 1511 durch den Nürnberger Baumeister Hans Beheim auf beeindruckende Art erneuert, indem er einen Teil des Spitals auf großen Bögen über der Pegnitz errichtete. Das Stiftergrab von Konrad Groß aus der Zeit um 1356 ist heute im Kreuzigungshof des Spitals zu sehen. Unter einer Tischplatte, die von acht Figuren getragen wird, erscheint auf der unteren Grabplatte ein nobler Herr mit halblangem, lockigem Haar, während das fast noch jugendliche Gesicht von sanftem Lächeln umspielt wird. Die Figur strahlt Selbstvertrauen und Würde aus und zählt zu den ältesten Darstellungen eines gastfreundlichen Bürgers in deutschen Landen.

In Würzburg entstand dann um 1350 das älteste erhalten gebliebene deutsche Kochbuch, das zu den ältesten Rezeptbüchern in Europa überhaupt gehört. Es war Teil eines Hausbuches, das Michael de Leone angelegt hatte, und erhielt seinerzeit den Titel: »Das buoch von guoter spise«. Der Hausherr entstammte der angesehenen Kölner Patrizierfamilie Jude, die zwischenzeitlich einen Zweig in Würzburg gebildet hatte.

Als Michael Jude in Würzburg den Löwenhof erwarb, nannte er sich in latinisierten Form nach diesem Hof: Michael de Leone (von Löwe oder vom Löwenhof). Er hatte zuvor seit 1324 in Bologna die Rechte studiert und kehrte vier Jahre später nach Würzburg zurück. Er wurde kaiserlicher Notar und bald darauf Protonotar und Erster Sekretär des Fürstbischofs von Würzburg. Auch er wirkte an der Nahtstelle zwischen bürgerlich-patrizischer und ritterlich-höfischer Gesellschaft und zählte zur kreativen Klasse. Das Hausbuch enthielt außerdem Schriften über Obst- und Weinbau sowie historische und literarische Werke, etwa Gedichte von Walther von der Vogelweide.

Die knapp hundert Rezepte des Kochbuchs entsprachen mehr oder minder dem urbanen Stil: viel Fisch, viel Geflügel, junge Haustiere, Wild, Obst, da und dort Gemüse. Fernöstliche Gewürze kamen recht häufig zum Zug: Pfeffer, Ingwer, mediterraner Safran, gelegentlich Zimt, Nelke und Galgant. Doch auch heimische Samen und Kräuter wurden geschätzt: Anis, Kümmel, Salbei und Petersilie. Bis heute zeichnet es eine gute Küche aus, regionale wie globale Elemente aufzunehmen, da man in beiden Sphären lebt: bodenständig-heimatlich und weltoffen-kosmopolitisch.

Daniel Achilles, einer der besten Köche im heutigen Berlin, hat in seinem Restaurant »Reinstoff« die schöne Sitte eingeführt, zwei Menüs anzubieten: eines mit dem Titel »Ganz nah«, was Gerichte mit deutschen Waren meint; das andere unter der Überschrift »Weiter draußen«, was Speisen mit Zutaten aus aller Welt umfasst. So leben wir: Wir schätzen das Vertraute und fliegen gern hinaus.

Ein Paradegericht war 1350 die Pastete im Teigmantel, im Ofen gebacken. Für die Füllung wurden beispielsweise frische Fische enthäutet und zerhackt und die Stücke mit Petersilie, Salbei, Pfeffer, Ingwer, Zimt, Safran und Wein gewürzt; alternativ konnte man statt der Fische auch Huhn, Wildgeflügel oder größeres Wild nehmen. Die Kombination der Zutaten unterlag noch keinen allzu strengen Kriterien. Die Gewürzmischung blieb stets gleich, ob für Fisch, Huhn, Wildgeflügel – Hauptsache, erlesene Zutaten trafen auf erlesene Gewürze, die ihrerseits so etwas wie ein mittelalterliches Curry darstellten: Anklänge von Tausendundeiner Nacht.

Reizvoll war natürlich auch der Gegensatz zwischen knuspriger Teighülle und zarter Füllung – ein Spiel des Verhüllens und Enthüllens, nicht allzu fern von erotischer Tändelei. Die Pastete umgab die Aura der Distinktion und Noblesse, sie war Zeichen von guter Lebensart und Feinschmeckerei. Als einfachere Varianten solcher Pasteten entwickelten sich bald diesseits und jenseits der Alpen die Schlutzkrapfen beziehungsweise Ravioli, ohne sich allzu sehr voneinander zu unterscheiden.

Anfang des fünfzehnten Jahrhunderts rückte eine deutsche Reichsstadt gar ins Zentrum europäischer Gastronomie. 1414 wurde ein Konzil nach Konstanz einberufen, um das Schisma, die vorübergehende Spaltung der römisch-katholischen Kirche, aufzuheben und einen neuen Papst zu wählen. Fast aus allen Ländern, die heute zur Europäischen Union gehören, kamen geistliche Prälaten, weltliche Fürsten und Gelehrte herbei: Kardinäle, Erzbischöfe, Bischöfe, Äbte, Pröbste, dazu Könige, Herzöge, Markgrafen oder Doktoren der Theologie. Man besprach sowohl kirchliche Belange als auch weltliche, ganz so, als sei sich Europa bei dieser Gelegenheit zum ersten Mal selbst begegnet. Man bildete quasi eine Vor- oder Frühform des Europäischen Parlaments und tagte im Konstanzer Münster. Selbst der griechisch-orthodoxe Patriarch von Kiew stellte sich ein.

Es wurde die europäische Willensbildung als Prozess erprobt: im Reden und Debattieren, in der friedvollen Suche nach der besten Lösung. Nach vier Jahren des Zusammenseins wählten die Kardinäle in einem umgebauten Kaufhaus am Seeufer, das bis heute erhalten ist, einen neuen Papst, der überall im römisch-katholischen Gebiet anerkannt wurde: Martin V.

Die meisten hohen Herren kamen mit großem Gefolge, teilweise mit fünf- oder sechshundert Leuten. Dabei wurden die weltlichen Fürsten auch von ihren Frauen begleitet: Königinnen, Herzoginnen, Markgräfinnen, die bei Festivitäten nicht fehlen sollten. Die Stadt am Bodensee, die normalerweise sieben- bis achttausend Einwohner zählte, beherbergte in Spitzenzeiten des Konzils rund siebzigtausend Gäste. So lauteten jedenfalls die Schätzungen des Zeitzeugen und Konstanzer Stadtschreibers Ulrich Richental, der eine Chronik des Konzils verfasste.

Was für ein Staunen über die unendliche Zahl an hohen Würdenträgern! »Am Fronleichnamstag«, notierte Richental, »veranstaltete der ganze Klerus eine Prozession rund um die Stadt, wie man es in

Konstanz für gewöhnlich tut: Vier Patriarchen, 27 Kardinäle – die anderen waren krank und konnten nicht mitgehen –, 49 Erzbischöfe, 270 Bischöfe, 96 Weihbischöfe, alle Hochschulen und Schulpriester und alle Gelehrten waren dabei.« Die europäische Zunft der Feinschmecker, wenn man so sagen darf, war fast komplett vertreten. Ständig sprachen sich die Herren nach den kirchlichen Versammlungen oder politischen Beratungen gegenseitige Einladungen zum Gastmahl aus.

Richtental war stolz darauf, dass während des Konzils weitgehend Frieden in der Stadt herrschte und die Gäste wohl versorgt wurden: »Und jedermann verhielt sich so wohlgesittet auf dem Fischmarkt, in der Metzig (der Fleischbankhalle) und anderswo, dass alle sich wunderten, wie so viele fremde Menschen mit unterschiedlichen Sprachen so friedlich und freundschaftlich miteinander lebten.« Die europäischen Herrscher bedankten sich ihrerseits beim Konstanzer Rat für die gute Ordnung und baten die Bürger zum Bankett: »Am 24. Januar luden der Erzbischof von Salisbury, der Bischof von London und fünf weitere englische Bischöfe alle Stadträte von Konstanz und viele weitere ehrbare Bürger in das Haus von Burkart Waher (...). Sie richteten ihnen ein gar köstliches Mahl aus, drei Gänge hintereinander, jeder Gang mit acht verschiedenen Gerichten.« Der dreigängige Service, bei dem jeder Gang aus mehreren Gerichten bestehen konnte, war obligat geworden.

Wenn heute die Deutschen für ihr Organisationstalent weltweit gerühmt werden, so legten schon im fünfzehnten Jahrhundert der Rat und die Bürger von Konstanz ein beredtes Zeugnis von dieser Tugend ab. Man schaffte es, die hohen Herrschaften einigermaßen manierlich unterzubringen, und besorgte kulinarische Delikatessen in beeindruckenden Mengen. Das große Einzugsgebiet des Bodensees bot dafür keine schlechte Voraussetzung.

Neu waren mobile Imbissstationen, die bereits eine Art von Street Food darreichten, und zwar der feinsten Art: »Außerdem waren in Konstanz Bäcker mit kleinen, leichten Öfen unterwegs. Die fuhren sie auf Stoßkarren durch die Stadt und buken darin Pasteten, Ringe, Brezeln und ähnliches Brot. Die Pasteten waren gefüllt mit Hühnern, etliche mit Vögeln (Wildgeflügel), Gewürz und guten Spezereien, einige waren auch mit Fleisch und Fisch gebacken, wie man sie gern haben wollte.«

Schon damals hätten die Konstanzer oder die Deutschen, so wie in unseren Tagen bei der Fußballweltmeisterschaft 2006, das Motto prägen können: »Die Welt zu Gast bei Freunden«. Offiziell war beim Konzil Sigismund der Gastgeber, der König des Heiligen Römischen Reiches, weil Konstanz eine Reichsstadt war, die ihm formell unterstand. Praktisch übernahmen jedoch die Bürger und Räte von Konstanz die Rolle des Gastgebers und kümmerten sich um die Versorgung der Gäste. Der Erfolg des Konzils hing wohl zum nicht geringsten Teil von diesen achtsamen Gastgebern ab.

Geraume Zeit danach wurde der italienische Humanist Enea Silvio Piccolomini, der spätere Papst Pius II., als junger Mann Sekretär und Berater von König Friedrich III. Der stolze Südländer war nicht immer zufrieden mit dem, was er in deutschen Landen erlebte. Bei einer diplomatischen Reise mit dem Kanzler des Herrschers entdeckte er jedoch in Bischof Leonhard von Passau das Ideal eines Gastgebers. Im Bischof vereinten sich benediktinische und aristotelische Tugenden: die herzliche Aufnahme des Gastes mit einer großzügigen und unterhaltsamen Bewirtung. Die sozialen Schranken wurden, wie es sich für die Kunst der Gastlichkeit gehört, so niedrig wie möglich gehalten. Jeder Gast sollte Mensch sein dürfen, egal, welchen Rang er sonst im Leben einnahm.

In einem Brief an Giovanni Campisio schrieb Piccolomini 1444: »So kamen wir also vor ihn, nachdem er seinen geistlichen Pflichten nachgekommen war: und so herzlich hat nicht Euander den Herkules noch Acestes den Anchises aufgenommen wie er den Kanzler. Ihn und jeden einzelnen von uns anderen begrüßte er mit leuchtendem Gesicht, umarmte uns mit liebenswürdigem Lächeln, hieß uns mit herzlichsten Worten willkommen, fragte einen jeden, wie es ihm ging, und behandelt uns gar nicht wie Untergebene, wozu er immerhin das Recht gehabt hätte, sondern wie Söhne oder Brüder. Glaube mir, lieber Giovanni, ich hab noch nie jemanden so gütig und so hochherzig gegen seine Gäste gefunden, so herrschaftlich ferner in seinen Bauten, so freigebig in seinen Gastmählern, so mildtätig gegen die Armen, (...) so gerecht gegen alle wie diesen Kirchenfürsten.«

Bischof Leonhard von Passau legte es nicht darauf an, den Gast für all das, was geboten wurde, zur Bewunderung zu drängen, sondern er schuf einfach ein Flair der Freude, der Genüsse, der heiteren Unterhaltung. Piccolomini fuhr fort: »Und was könnte ich Dir über die Umgänglichkeit, den feinen Witz und den prachtvollen Humor dieses Kirchenfürsten Ausreichendes erzählen! Es gibt doch Leute, die, durch ihre Verpflichtung genötigt, Gäste einladen und ihnen dann jeden Bissen vorzählen. (...) Aber dieser Gastgeber bedauerte bald, bald ermunterte er seine Gäste, wenn er sie nachlassen sah, und beklagte nicht, daß die Speisen aufgetischt, sondern daß sie nicht ganz aufgezehrt. Und wenn wir sagen, ein freundliches Gesicht adle eine schlichte Mahlzeit, was werden wir dann sagen, wenn sich mit üppig besetzten Tischen frohe Gesichte und liebenswürdige Worte vereinen.«

12

ERSTES HAUS AM PLATZE

1506 verfasste Johannes Butzbach, der Prior der Abtei Maria Laach, ein »Odeporicon«, ein autobiographisches Wanderbüchlein, in dem er sein Leben von der Kindheit bis zum Eintritt ins Kloster schilderte. Er wurde 1478 in Miltenberg am Main geboren und kam als wandernder Scholar weit herum, bis nach Böhmen. Um von dort wieder in die Heimat zurückzukehren, gab er sich in einem böhmischen Heilbad, wo eine Nürnberger Kaufmannsfamilie kurte, als Sohn eines namhaften Gastwirts in Miltenberg aus, in der Hoffnung, dass ihm der Fuhrmann dieser Händlerfamilie dazu verhelfen werde, mit nach Nürnberg zu kommen und von dort aus weiter nach Miltenberg, einer Handelsetappe zwischen Nürnberg und Frankfurt am Main. Der vermögende Vater werde sich dort erkenntlich zeigen.

Der Scholar log, denn er selbst war gar nicht der Sohn dieses vermögenden Wirts, sondern stammte aus bescheidenen Verhältnissen; doch die Not schien die Mittel zu heiligen. Der Prior der Abtei Maria Laach war stolz auf seine Selbstbehauptung als Scholar und schrieb in seinem Wanderbüchlein:»Damit er (der Nürnberger Kaufmann) mich mit sich nehmen würde, hatte der Fuhrmann ihm nämlich weisgemacht, mein Vater sei ein sehr berühmter und reicher Bürger unserer Stadt.«

Zuvor schon hatte der Scholar den Fuhrmann präpariert:»So redete ich denn etwas mit den folgenden Worten auf ihn ein: ›Mit großem Triumph machte Kaiser Friedrich (III.) auf seiner Rückreise aus Niederdeutschland zusammen mit seinen Fürsten halt in meiner Vaterstadt, nachdem sein Sohn Maximilian, der römische König, bereits aus der Gefangenschaft befreit worden war. Schon auf seinem Weg dorthin hatte er unsere Stadt besucht. So ereignete es sich, daß er einige Tage lang dort rasten wollte, um sich zu erholen. Dabei stieg er bei jenem Bürger ab, der mein Vater ist ...‹ – und dazu nannte ich einen sehr bekannten, bei allen Fürsten und sogar beim Kaiser und allen Adligen, die jemals die Stadt Miltenberg besucht haben, namhaften und reichen Gastwirt, von dem ich gar keinen Zweifel hatte, daß er ihm wenigstens dem Namen nach vor allen anderen bekannt sein würde.«

Der Scholar konnte nicht das Blaue vom Himmel herunterlügen; die Geschichte musste einigermaßen glaubhaft sein, um zum Erfolg zu führen, was am Ende auch der Fall war. Es erschien glaubhaft, dass es mittlerweile Herbergen gab, in denen Kaiser, Könige und Fürsten abstiegen. Bestimmte Gasthäuser erlangten jetzt überregionale Bekanntheit. Entsprechend wurde die Notlüge ausgemalt: »Nun, der Kaiser hielt also einige Tage lang Hof im Haus meines Vaters – denn dieses ist, wie du sicher weißt, sehr geräumig und als Herberge für viele Mächtige mit manchen Kammern gebaut worden; es steht ihnen offen, so oft sie kommen. Sein großartiges Gefolge und sein Heer fand dabei überall in der Stadt bei den Bürgern Aufnahme.« Üblich war in solchen Luxusherbergen nicht mehr der Schlafsaal mit vielen Betten, sondern schon das einzelne Zimmer für die individuelle Nutzung.

Tatsächlich lässt sich dokumentieren, dass im späten Mittelalter so mancher Kaiser über Miltenberg reiste. Die Räte des Kurfürsten Albrecht von Brandenburg berichteten schon 1474 ihrem Herrn, dass Kaiser Friedrich III. in Miltenberg Station gemacht habe. Im März 1488 brach das Reichsoberhaupt dann von Innsbruck aus auf, um seinem Sohn Maximilian in den Niederlanden aus der Patsche zu helfen. Er dürfte die Route über Augsburg und Frankfurt am Main gewählt haben, denn im April war er bereits in Köln. Im »Reisebüchlein« von Jörg Gail, das 1563 in Augsburg veröffentlich wurde, stellte Miltenberg eine Reisestation zwischen Augsburg und Frankfurt am Main dar. Sehr wahrscheinlich war Kaiser Friedrich III. auch 1488 in Miltenberg gewesen, wie es Butzbach schilderte.

Das Reichsoberhaupt dürfte dort im Gasthaus »Zum Riesen« an der Hauptstraße eingekehrt sein, erstmals erwähnt 1411. Im Laufe des sechzehnten Jahrhunderts wurde für dieses Gasthaus die Bezeichnung »Fürstenherberge« gebräuchlich. Man baute es 1590 um, so wie es heute noch zu sehen ist. Das steinerne Erdgeschoss enthält vermutlich Bauteile gotischer Zeit, doch die darüber liegenden zwei Stockwerke mit prachtvollem Fachwerk und das steile Schieferdach gehören der Renaissance an. Am Eingang liest man, in Eichenholz geschnitzt: »Dieser bauw stehet in gottes handt – Zum Rißen ist er genandt – Fürsten und herren ist er woll bekandt – Burger und bauern Steht er zu der handt –

Jakob Storz burger zu Miltenburck hat In gemacht mitt seiner handt – im Jahr 1590.« Heute nennt sich die ehemalige »Fürstenherberge« schlicht »Hotel zum Riesen«, bietet allerdings nach wie vor ein paar »Fürsten-zimmer« mit antiquarischen Möbeln an. Die Gaststätte im Erdgeschoss wird separat von einem Pächter betrieben, als Gasthaus »Zum Rie-sen«.

In vielen deutschen Städten, die an einer Fernstraße lagen, gab es seit der Frühen Neuzeit »Fürstenherbergen« als führende Häuser am Ort. Man fand sie in der Regel in bevorzugter Lage: am Marktplatz oder an der Hauptstraße. Gewöhnlich ragten sie durch Größe und Pracht heraus, um eine gewisse Fürstlichkeit auszustrahlen. Selbst in einem »Städtlein« wie Eschenbach, im heutigen Wolframs-Eschenbach, das seinerzeit an der Fernstraße von Nürnberg nach Straßburg eine Han-delsstation bildete und rund tausend Einwohner zählte, gab es eine Fürstenherberge an der Hauptstraße, nicht weit vom Marktplatz ent-fernt. Das Anwesen wurde schon 1497 als Gasthaus bezeugt; seit 1576 erschien der Wirt als »Fürstenwirt«. Rund dreißig Jahre später erfolgte ein Neubau des Hauses, das sich durch sein Äußeres von allen anderen Anwesen des Ortes abhob.

Während sonst in diesem Städtlein nur Fachwerkbauten üblich wa-ren, erhielt die Fürstenherberge ein Dekor aus Sgraffito: mit schwar-zem Untergrund und weißer Oberschicht. Die Ritzungen betonten die Geschosse und die Fenster. Es entstand eine klare Formgebung von feiner graphischer Wirkung. An den Giebelschrägen schwangen sich Voluten empor. Ganz oben thronte ein Löwe, der in majestätischer Po-situr den Schwanz aufstellte und mit den Vorderpfoten das Wappen des Stadtherrn präsentierte: des fränkischen Landkomturs des Deut-schen Ordens, Konrad Schutzbar gen. Milchling.

Bis heute vermittelt das zweigeschossige Haus mit seiner breiten fünffachsigen Traufseite und dem hohen Dach einen Hauch von südlän-discher Grandezza, ganz so, als sollte schon die Baukunst einer Fürsten-herberge die Phantasie beflügeln. Im Bogen über der Doppelhaustüre ist die Jahreszahl 1609 eingemeißelt. Das Anwesen wurde in jüngerer Zeit denkmalpflegerisch vorbildlich erneuert, ist aber heute kein Gast-haus mehr. Doch kann der Gast daneben in die ehemalige Vogtei des Deutschen Ordens einkehren, in die »Alte Vogtei«, die aus derselben Zeit stammt und ebenfalls kürzlich mit hohem denkmalpflegerischen

Aufwand ertüchtigt wurde. Das Restaurant befindet sich dort im einstigen »Tafelzimmer« des Vogtes sowie der Deutschordensherren, wenn sie hier vorbeischauten, geschmückt mit einer Stuckdecke aus dem achtzehnten Jahrhundert. Wie kaum anderswo vermittelt der Ort bis heute das Bild einer kleinen Handelsetappe in der frühen Neuzeit.

Eine Nürnberger Chronik, die »Tucher'sche Fortsetzung der Jahrbücher bis 1469/1499«, berichtet, dass Kaiser Friedrich III. auch in Eschenbach Station gemacht hatte, wo ihn Nürnberger Patrizier in Empfang nahmen: »Item 1487 (…) kam kaiser Friedrich vom Niderland (von der Krönung seines Sohnes Maximilian I. zum römisch-deutschen König in Aachen) wider her, und man schickt in entgegen Gabriel Nützel und Sebolt Rieter piß gen Eschenbach, das der deutschen Herrn ist.«

Der Kaiser hielt danach fast ein ganzes Jahr in Nürnberg Hof, oben auf der kaiserlichen Burg, zog Magnaten aus allen Teilen des Reiches an und machte die fränkische Metropole vorübergehend zum Mittelpunkt in deutschen Landen, was Nürnberg damals für viele gefühlsmäßig ohnehin war. Als sich Johannes Butzbach 1488 von Miltenberg aus auf die Wanderschaft begab, steuerte er zuerst auf Nürnberg zu. In seinem Wanderbüchlein schrieb er: »Da ich bereits von weitem Türme und Rauch erblickte, glaubte ich nicht eine Stadt zu sehen, sondern die ganze Welt.«

Nürnberg besaß damals ein regelrecht internationales Flair. 1517 trafen dort der italienische Kardinal Luigi d'Aragona und sein Sekretär Antonio de Beatis ein, der seine Eindrücke in einem Reisebuch festhielt. Über die fränkische Metropole bemerkte er: »Die Stadt (…) beherbergt eine große Menge von Kaufleuten aller Nationen und ehrbaren Leuten.« Von mehreren Beobachtern wurde Nürnberg wiederholt mit Venedig verglichen. Ende des sechzehnten Jahrhunderts, 1597, notierte der Franzose Jacques Esprinchard in seinem Reisebericht: »Diese Republik steht unter allen Europas im Rang nach Venedig und hat sich noch nie in einem so blühenden Zustand befunden wie jetzt.«

Allerdings erwuchs Nürnberg etwas weiter südlich eine bedeutende Rivalin unter den Freien Reichsstädten: Augsburg. Nach dem Tod von Kaiser Friedrich III. bevorzugte sein Nachfolger, Kaiser Maximilian I., die Stadt am Lech als Reichsresidenz, während er als Fürst der habsburgischen Lande hauptsächlich in Innsbruck weilte. Es war für ihn bequem, zwischen Innsbruck und Augsburg hin- und herzureisen.

Bedeutende Hof- und Reichstage fanden jetzt nicht mehr in Nürnberg statt, sondern in Augsburg und verliehen dem Ort Glanz und Glamour. Antonio de Beatis schrieb 1517 in sein Tagebuch: »Die Stadt ist groß, bevölkert, ganz in einer Ebene gelegen, heiter, reich an schönen Plätzen, Straßen, Häusern und Kirchen, von sehr elegantem Aussehen.« Während Nürnberg durch die mächtig thronende kaiserliche Burg und die starke Stadtbefestigung doch auch etwas Herbes verkörperte, erschien Augsburg wie zum Genuss des Lebens hergerichtet. Es war unendlich viel Geld in der Stadt, und der Reichtum förderte Selbstvertrauen, Geschmack, Lustbarkeiten.

Selbst wenn der Kaiser nicht anwesend war, traf man hier mit etwas Glück eine europäische Berühmtheit an: Jakob Fugger. Kardinal Luigi d'Aragona, der dem neapolitanischen Königshaus entstammte, wurde von dem Kaufmann und Bankier empfangen. Antonio de Beatis hielt im Reisebuch fest: »Die Fugger gehören zu den größten Kaufleuten der ganzen Christenheit, denn sie haben ohne ihre sonstigen, keineswegs geringen Geldquellen jederzeit 300 000 Dukaten zur Verfügung. Diesen Reichtum erwerben sie zunächst durch Leihen von Geld an diejenigen, welche Abgaben nach Rom bei Besetzung von Bistümern, Abteien und großen Benefizien zu zahlen haben. Jakob Fugger rühmte sich, daß er (...) bei der Besetzung sämtlicher deutschen Bistümer, und bei vielen zwei- und dreimal, mitgewirkt habe.«

Der Verfasser des Reisebuches machte auch allgemeine Bemerkungen über das gut ausgebaute Fernstraßennetz in Deutschland sowie über die dazugehörige gewerbliche Gastronomie. Nach der Reise von Augsburg nach Köln resümierte er, »daß man dabei aber ständig durch Täler auf ganz ebenem Wege reiten kann; ebenso durch einige andere Gebirge hindurch, die wir mit Unterbrechungen bis Köln passierten, durch die man überall bequem im Wagen fahren kann, die fortwährend in großer Zahl hin und her fahren. (...) Überall findet man bequeme Unterkunft, (...) so hat man doch in allen Gasthäusern zwei Sorten Wein, weißen und roten, gut und wohlschmeckend, manchmal mit Salbei, Flieder und Rosmarin gewürzt. Das Bier ist in Deutschland wie in Flandern im allgemeinen gut. Es gibt schmackhaftes Kalbfleisch, viele Hühner und treffliches Brot.«

Die lobende Erwähnung von gewürztem Wein, Kalbfleisch und Hühnern dürfte darauf hinweisen, dass der Kardinal und sein Sekretär vornehmlich in Fürstenherbergen eingekehrt sind. Beatis wies auch darauf hin, dass in den guten Gasthäusern viel Wert auf frische Süßwasserfische gelegt wurde; diese hielt man lebend in Holzkästen mit Wasserdurchlauf und schlachtete sie nach Bedarf. Typisch für die Einrichtung der Gaststuben, so Beatis, war die Holzvertäfelung mit Kachelofen.

Sogar mit den Betten war der Sekretär des Kardinals zufrieden (wenngleich nach seinem Geschmack oft zu viele davon im Zimmer standen): »Allgemein sind Federbetten und ebenfalls mit Federn gefüllte Oberdecken im Gebrauch; man spürt darin weder Flöhe noch Wanzen. (…) Die Betten sind groß und haben sehr große Kopfkissen; an Federn ist ja kein Mangel, da die Gänse so massenhaft gezogen werden, daß ich in Deutschland deren oft gegen vierhundert beisammen sah.« Wie schon Plinius d. Ä. in seiner »Naturgeschichte«, so lobte auch Beatis die Gänse nördlich der Alpen. Ebenfalls hervorgehoben wurden wieder die Kirschen: »An Obst fanden wir gute Weichselkirschen, zahlreiche große Apfel- und Birnbäume fast überall, (…) auch Pflaumenbäume.«

Recht charmant fand der Italiener den Service: »In allen Gasthäusern sind drei oder vier junge Serviermädchen; sowohl der Wirtin und ihren Töchtern wie den genannten Mädchen gibt man aus Artigkeit die Hand; sie lassen sich zwar nicht küssen, wie die französischen Kammermädchen, wohl aber um den Leib fassen und drücken, oft auch gern zum Mittrinken einladen, wobei es im Reden und Benehmen recht frei zuzugehen pflegt.« Das Gasthaus war von der Kirche oft nicht weit entfernt. Beatis staunte, dass es neben der frohen Freizügigkeit im Gasthaus in der Kirche noch echte Frömmigkeit gab: »Sowohl Frauen als Männer besuchen fleißig die Kirchen. (…) Da spricht man nicht von Geschäften und unterhält sich nicht wie in Italien; man richtet seine Aufmerksamkeit nur auf Messe und Gottesdienst.« In den Augen des Italieners war hier, im Jahr 1517, als Martin Luther seine Thesen gegen den Ablass verfasste, alles andere als eine Reformation des Glaubens nötig.

Den Deutschen haftete, vielleicht klimatisch bedingt, ein gewisser Zug zum Häuslichen, Innerlichen, Gefühlvollen an; aber sie hatten längst auch Sinn für die romanisch-urbane Lebensart. Es hätte ihnen genügt, dem Papst nicht mehr so viel Geld zu überweisen, statt nun auch noch die protestantische Ethik des Verzichts einzuüben, wie es ähnlich schon Moses in der Bronzezeit gelehrt hatte, den der Mann aus Wittenberg so gern zitierte, zumal in seinem Hauptwerk »An den christlichen Adel deutscher Nation«: »Das weis ich gut, daß es viel göttlicher wäre, Ackerwerk zu mehren und Kaufmannschaft zu mindern und die viel besser tun, die der Schrift nach die Erde bearbeiten und ihre Nahrung daraus suchen, wie zu uns und allen gesagt ist in Adam: ›Vermaledeit sei die Erde, wenn du drin arbeitest; sie soll dir Distel und Dornen tragen und in dem Schweiße deines Angesichts sollst du essen dein Brot.‹«

Viele dachten aber gar nicht daran, zum vermeintlich einfachen Leben der alten Israeliten und Germanen zurückzukehren, im Gegenteil, Augsburg wurde zu einem Lustort, den manche nun besuchten, nur um dort Urlaub zu machen: bestens unterhalten durch eine delikate Küche und feine Weine sowie durch allerlei Sehenswürdiges – so wie es viele Leute heute gewohnt sind, nach all den Umerziehungsprogrammen der Menschen durch Religion und Ideologie. Der moderne Wohlstand stieg schlicht infolge vermehrter weltlicher Bildung und Industrie.

1575 trafen in der Stadt am Lech Herzog Heinrich XI. von Liegnitz und sein Hofmarschall Hans von Schweinichen ein. Der letztere ließ sich in seinen Erinnerungen frank und frei darüber aus: »Hier sind I. F. Gn. (Herzog Heinrich) beim Gastwirt Jürge Lindemann am Weinmarkt in Quartier gegangen (in allerbester Lage, wo sich auch der Firmensitz der Fugger befand, heute Maximilianstraße) und haben drei Wochen und vier Tage daselbst still gelegen. Es ist ja wahr, I. F. Gn. hatten an diesem Ort so wenig ein eigentliches Geschäft, wie anderswo. Aber es gefiel ihnen daselbst ausnehmend gut. (…) Das Leben war da auch gar zu vortrefflich, denn der Wirt gab gutes Essen. Dazu hatten wir Tag für Tag die allerschönste Musika. Mein Lebtag habe ich nicht so viel Geflügel und feine Fische zu essen bekommen. Aber auch an trefflichen Weinen, wie Muskateller und Rheinwein, war da die Hülle und Fülle. Unser Leben spielte sich etwa folgendermaßen ab: wir gingen spazieren oder auch wohl zur Kirche, besuchten die Proviant- und Zeughäuser, sahen uns wohl auch nach schönen Jungfrauen um, tranken und spielten und waren guter Dinge. Augsburg ist ja so recht ein Ort zum Amüsieren.«

Vorläufig, bis zum Dreißigjährigen Krieg, rissen die Lobeshymnen über die deutsche Gastronomie nicht ab, zumal über jene im Süden und im Westen, von Augsburg bis Köln, wo sich der Protestantismus nie voll und ganz durchsetzen konnte – und das spiegelt sich bis heute in Gourmetführern wie dem »Michelin«, der in Deutschland die meisten Sterne in Bayern, Baden-Württemberg und Nordrhein-Westfalen vergibt, südwestlich der römischen Limes- und heutigen Weinbaugrenze. Die Nähe zur romanisch-urbanen Kultur zahlt sich immer noch aus.

1580 veröffentlichte der französische Philosoph Michel de Montaigne die erste Ausgabe seiner berühmten »Essais«, wörtlich: seiner »Versuche«, die der Frage nach dem richtigen Leben nachgingen. Es erschien dem Autor ratsam, sich auf die Weisheit der Jahrhunderte zu stützen – statt Revolution zu machen – und zugleich behutsam durch Versuch und Irrtum auch Neues zu finden. Manchmal tischte Montaigne in seinen »Essais« auch das Klischee der barbarischen Deutschen auf, wie es Franzosen oder Italiener immer wieder gerne tun. Im Herbst desselben Jahres, 1580, brach er dann zu einer großen Reise auf, die ihn zuerst in die Schweiz und später nach Deutschland führte. Als er tatsächlich hierzulande angekommen war, war er bass erstaunt, dass die Deutschen gar nicht so unkultiviert waren, ja, dass sie sogar über eine ganz ausgezeichnete Gastronomie verfügten.

Als er sich in Lindau am Bodensee im Gasthaus »Zur Krone« einquartierte, schrieb er freimütig in sein Reisetagebuch: »Denn was die Aufwartung bei Tisch betrifft, machen sie (die Deutschen) solchen Aufwand an Lebensmitteln und bringen in die Gerichte eine solche Abwechslung an Suppen, Saucen und Salaten, und das alles ist in den guten Gasthäusern mit solchem Wohlgeschmack zubereitet, daß kaum die Küche des französischen Adels damit verglichen werden kann, auch fände man in unseren Schlössern wenig derartig geschmückte Säle.« Er freute sich in den Gasthäusern über »anmutige«, »halbmondförmige« Bohlendecken und Wandvertäfelungen aus Tannenholz.

Während noch im frühen und hohen Mittelalter Fladenbrote als Teller dienten, reichte man jetzt oft schon Zinnteller, in die wiederum Holzteller eingesetzt wurden, um das Zinn zu schonen. In den größeren und vornehmeren Gasthäusern servierte man überdies die Schüsseln mit den heißen Gerichten zugedeckt, damit sie ja warm auf den Tisch kamen. Auch gab es Servietten.

Die Deutschen nahmen die Herausforderung an, die gewerbliche Gastronomie soweit wie möglich angenehm zu gestalten und die Genüsse zu verfeinern. Für die führenden Häuser, die Fürstenherbergen, galten gewisse Standards: attraktive Lage, am besten am Marktplatz oder an der Hauptstraße, wo es für die Gäste sowieso etwas zu sehen gab; phantasievolle Architektur des Hauses, womit es sich aus der Umgebung heraushob; ferner großzügige Räume, ob Gaststube, ob Zimmer, oft mit anmutiger Decke; regelrecht obligat war die Vertäfelung mit Kachelofen, insgesamt geschmückt mit Gegenständen, die für eine warme Atmosphäre sorgten. Der Service war in der Regel jung und weiblich, nicht zu steif; das Essen erschien variabel und köstlich, mit viel Fisch, Geflügel, jungen Haustieren; manchmal begann das Menü schon mit Suppen und Salaten; nach Möglichkeit kamen die Hauptspeisen warm auf den Tisch; dazu servierte man ausgezeichnetes Brot, schließlich feinen Wein und gutes Bier. Die Zimmer, die saubergehalten wurden, verfügten über große Betten, ausgestattet mit Kissen, die mit Gänsedaunen gefüllt waren.

Nicht selten war mit einer gehobenen Herberge auch eine Badestube verbunden, wie Montaigne berichtet, zugänglich sowohl für die Gäste des Hauses als auch für das städtische Publikum. Hans Sachs beschrieb in einem »Ständebuch« von 1568, das Jost Amman mit Holzstichen schmückte, den Service einer solchen Badestube, indem er dem Bader die Worte in den Mund legte: »Kommt her ins Bad, Reiche und Arme, / es ist jetzt gut geheizt. / Ihr werdet mit wohlriechender Seife gewaschen, / dann setzt ihr euch auf die hohe Bank, / schwitzt und werdet wieder gewaschen / und abgerieben. / Mit einem Aderlaß wird überflüssiges Blut abgenommen. / Dann werdet ihr mit einem Wannenbad erfreut, / anschließend geschoren und von Flöhen befreit.« Wellness, Gesundheits- und Schönheitspflege gehörten zum städtischen Leben wie zur angesehenen Herberge.

In guter Tradition

Um 1780 machte Johann Kaspar Riesbeck in seinem Reisebuch, das er unter dem Titel »Briefe eines reisenden Franzosen über Deutschland« veröffentlichte, eine kuriose Beobachtung: »Die Hamburger sind die ersten Protestanten, die ich sah, welche im Essen und Trinken gut deutsch-katholisch geblieben sind. Ihre Tafeln übertreffen noch jene der Wiener, Grazer, Prager und Münchner, und vielleicht wird nirgend in der Welt so viel auf den sinnlichen Geschmack raffiniert wie hier.« Müsste man heute die Palme für das beste erste Haus am Platze in Deutschland vergeben, könnte man sich getrost für das »Fairmont Hotel Vier Jahreszeiten« in Hamburg entscheiden. Gewisse Standards der ehemaligen Fürstenherbergen gelten hier immer noch, da und dort weiterentwickelt. Tendenziell werden die Räume heute heller, luftiger, aber auch braune Vertäfelungen finden sich noch. Oder man nutzt die Höhe des Hauses besser, um unerwartete Ausblicke zu schaffen. So oder so gehört die deutsche Gastronomie und Hotellerie nun wieder zur europäischen Spitzenklasse.

Das »Vier Jahreszeiten« befindet sich in bester Lage: an der Binnenalster, die als »gute Stube« der Stadt gilt. An der Südseite des quadratischen Bassins, am Jungfernstieg, wimmelt es von Menschen; etwas ruhiger geht es an der Westseite zu, wo das Hotel liegt. Das Haus erhebt sich als ein strahlend weißer, langgestreckter Bau mit grünem Kupferdach, nicht ohne fürstliche Grandeur. Im leicht erhöhten Erdgeschoss reihen sich unterschiedliche Gelegenheiten zum Essen und Trinken, vorwiegend in großzügigen Räumen: Dem Gourmetrestaurant »Haerlin« folgt die Wohnhalle des Hauses mit einer hellbraunen Wilhelminischen Vertäfelung aus dem Jahr 1912; daran schließt sich der »Jahreszeiten Grill« mit einer Vertäfelung im Stil des Art Déco aus dem Jahr 1926 an. Wie diese Lokale wirken auch die Zimmer großzügig, haben große Betten und große Federkissen. Das Kleinliche, Engbemessene würde sich mit einem Haus, das als das erste am Platze gilt, nicht vertragen. Ganz oben, unter dem Dach, findet der Gast einen neuen weiträumigen Wellness- und Kosmetikbereich, verbunden mit einer Terrasse, die einen Rundblick über die Dachlandschaft von Hamburg ermöglicht.

Das »Haerlin« wurde jüngst neu eingerichtet und vermittelt dezenten Glanz und Glamour: mit großen Fenstern zur Binnenalster hin und mit Blick auf das glitzernde Wasser, mit hellen warmen Stoffen in den Farbtönen von Erde, Sand und Schlamm, erfrischt von grünen und violetten Tupfern, ergänzt von funkelnden Gläsern und Metallen. Es entsteht Atmosphäre; man fühlt sich in temperierter Stimmung.

Der Service ist jung und vorwiegend weiblich, so auch die Restaurant-
chefin Catharina Boll, die dafür sorgt, dass der Gast so elegant wie
charmant bedient wird, frei von jeglicher Steifheit. Die Teller kommen
mit einer Glosche überwölbt auf den Tisch, die dann wie mit einem
Abrakadabra hochgehoben wird.

Küchenchef Christoph Rüffer gibt sich nicht als Revolutionär und
ist doch auf der Höhe der Zeit. »Das Neue«, erklärt er im Gespräch,
»darf nicht aufgesetzt sein; es sollte dem eigenen natürlichen Impuls
entspringen, aus der täglichen Arbeit erwachsen. Er werden neue Produkte angeboten, und man spielt mit Gedanken, was man daraus machen könnte.« Stark angeregt fühlt er sich seit geraumer Zeit von dem
Gemüsebauern Markus Seybold aus Syke bei Bremen, der sich um vergessene Pflanzen kümmert. So brachte er die Rote Vysocke in Rüffers
Küche. Der Form nach ähnelt sie dem Spitzkohl, der Farbe nach dem
Rotkohl, zugleich verbindet sich die gewisse Süße, die dem Rotkohl
eigen ist, in der Roten Vysocke mit der feinen zarten Art des Spitzkohls.
»Sie lässt sich«, führt Rüffer aus, »wunderbar roh mit Walnussöl ma-
rinieren oder auch köstlich köcheln mit Zwiebeln, Apfel, Rotwein,
Portwein, Orangensaft – hervorragend zu Wildhase mit Sauerrahm.«

»Kochen«, erklärt er weiter, »ist immer eine Entwicklung; täglich
fragen wir uns, welche Kombinationen passen könnten; es gibt Gerichte, da können Sie nichts falsch machen: Wolfsbarsch mit Tomate
und Artischocke; damit brechen Sie aber nicht zu neuen Ufern auf.
Wir sind immer auf der Suche nach Verbindungen, die ungewohnt sind,
aber ineinandergreifen und eine Harmonie ergeben.« Rüffer gelingt
der Spagat zwischen erweiterter und vertiefter Sensorik. Der Gast erfreut sich an beidem: an der Abwechslung wie am Wohlgeschmack.
Das Ideal des Meisterkochs ist eine kreative Küche europäischer Tradition. Die Produkte kommen weitgehend aus Norddeutschland, aber
gegebenenfalls auch aus Frankreich. Neben Gängen, die vom Gemüse
geprägt sind, gibt es nach wie vor selbstverständlich Fisch oder auch
Speisen mit rotem Fleisch, dunklem Jus und Rotwein dazu. Überhaupt bezaubernd, wie hier Interieur, Service und Gourmandise zusammenspielen.

13

ARKADISCHES LANDHAUS

Überall, wo sich Hochkulturen entwickeln, taucht neben dem Stadt-
auch das Landhaus auf. Die antiken Griechen machten es wie die antiken Ägypter. Nach den Perserkriegen, Mitte des fünften Jahrhunderts
v. u. Z., schuf man um Athen herum Lusthäuser, die nicht selten luxu-
riöser waren als die Stadthäuser und dazu verleiteten, dort mehr Zeit
zu verbringen als im Zentrum der Polis. Isokrates sagte in seinen »Reden«: »Deshalb lebten sie in solcher Sicherheit, daß ihre Wohnhäuser
und Einrichtungen auf dem Land schöner und aufwendiger waren als
die innerhalb der Stadtmauern und dass sich viele Bürger nicht einmal
zu den Festen in die Stadt begaben.«

Um den Stadtbewohnern das vorübergehende Landleben noch
mehr zu versüßen, schufen Dichter eine eigene Art von Poesie: arkadische oder bukolische Lieder. Arkadien meinte eine besonders idyllische Gegend in Griechenland, und »bukolos« hieß Hirte. Bukolische
Lieder bedeuteten somit Gesänge der Hirten oder Schäfer in traumhaft schöner Natur, weit weg von der Stadt.

Unter den griechischen Dichtern wurde Theokrit der bedeutendste
Vertreter dieser Art von Poesie; unter den römischen Autoren erntete
Vergil viel Ruhm für seine »Bucolica«. Es wurde die Natur besungen,
das Ursprüngliche, die Welt der Pflanzen, der Tiere, ebenso das be-
scheidene, aber gute Essen und Trinken, Milch, Obst, Wein, ferner die
Freundschaft, die Liebe, die Welt der Musen.

Auch Horaz stilisierte, wie gesehen, sein kleines Landgut in den Sabiner Bergen zu einem bukolischen Landhaus und sehnte sich in Rom
stets nach dem einfachen Leben dort, nach Bohnen, Kohl und Speck in
geselliger Runde mit Freunden, hoffte auf ungestörte Gespräche und
Lektüre. Das bukolische Landhaus wurde allgemein zu einem Zu-
fluchtsort, ob reell, ob ideell: naturnah, einfach, friedvoll, zugleich anregend, verwandelnd, ein »locus amoenus«, ein verzaubernder Ort.

In vieler Hinsicht bot das Sommerhaus die Essenz einer Hochkultur. Man verbrachte nicht schlicht einige Zeit auf dem Land, sondern
freute sich über das Zusammenspiel von Natur und Kunst. Urbanes

Wissen und Können verschönerten das Landleben und erzeugten den Schein des Natürlichen: mit Hilfe von anmutiger Baukunst, Gartenanlagen, Wasserspielen, Geschmack.

Stephen Greenblatt verfolgt in seinem Buch »Die Wende« die Spuren des römischen Philosophen Lukrez: von der Antike bis zur Wiederentdeckung in der Renaissance. Er weist dabei auch auf jüngere Funde von Lukrez-Fragmenten in der Villa dei Papiri in der Nähe von Herculaneum hin. Diese Villa wurde im ersten Jahrhundert v. u. Z. vermutlich von einem vornehmen Bürger aus Rom als Erholungsort am Golf von Neapel errichtet, unmittelbar am Wasser. Neben zahlreichen Kunstwerken aus Bronze, darunter eine Porträtbüste des griechischen Philosophen Epikur und die Statue einer Tänzerin, entdeckten die Archäologen auch eine Bibliothek mit verkohlten Papyrusrollen, die man teilweise entschlüsseln konnte. Stark vertreten war die Schule des Epikur, einschließlich Lukrez.

Die Philosophie des Epikur schien wie gemacht zu sein für das bukolische Landleben. Epikur war einst in Athen ein Schüler des Aristoteles. Wie sein Lehrer fühlte er sich ganz der Empirie und der liberalen Daseinsweise in der Polis verpflichtet; er nahm die Natur natürlich und erkundete das gute Leben. Seine Schriften sind nur bruchstückhaft überliefert. Am wertvollsten ist sein »Brief an Menoikeus«, in dem er den Kern seiner Lehre erklärte, ergänzt um einige »Aphorismen«. Er stritt die Existenz der Götter nicht kategorisch ab, aber er kam zu der Einsicht, dass sie auf das irdische Leben keinen Einfluss nähmen. Am Ende war für ihn alles auf Erden Natur, deren Gesetze man erforschen könne.

Der Mensch war sich in einer solchen Natur selbst überlassen; er musste das Leben in die eigene Hand nehmen. Die Zukunft, erklärte Epikur, liege nicht ganz außerhalb der Macht des Menschen, wenngleich sich nicht alles, was man plane, verwirklichen lasse. Neben Kreativität sei auch Bescheidenheit vonnöten. So oder so möge man sich nicht von der religiös-metaphysischen Beschwörung dunkler magischer Kräfte oder von vermeintlich überirdischer Bedrohung einschüchtern lassen. Man solle versuchen, die Natur zu verstehen, und die blinde Angst vor ihr überwinden – der Genuss des Lebens beginne damit, dass die Natur natürlich erscheine.

Man möge Schmerzen kurieren, sowohl seelische Ängste als auch körperliche Krankheit. Man solle gesund leben, sich bekömmlich ernähren, auch das fördere die Lust und Freude am Leben. Es gehe nicht um Prasserei, sondern um das Auswählen: »Unsere Aufgabe ist es, durch Abwägen und Unterscheiden des Zuträglichen und Abträglichen immer alles richtig zu bewerten.«

Diese maßvolle Lebenslehre Epikurs ist dem Publikum bis heute oft unbekannt, weil seine Gegner, die glaubten, ohne autoritäre Himmelsmacht gebe es nur Chaos, ihn verunglimpften. Er wurde als zügelloser Schlemmer hingestellt, doch war er alles andere als das. Er war ein Feinschmecker des Lebens, der auf seelische wie körperliche Gesundheit achtete und nichts mehr liebte als das beschauliche Wandeln im Garten, umgeben von Freunden sowie erheitert durch Lektüre.

Möglicherweise hat er jenes Glück unterschätzt, das in großen Herausforderungen liegt, in der Freude, das Leben zu gestalten. Aber für erholsame Tage im bukolischen Landhaus ist seine Lehre bestens geeignet. Ein Horaz verehrte Epikur mit liebevoller Ironie. In seinen dichterischen »Briefen« schrieb er einem seiner Kritiker, indem er das übliche Klischee der epikureischen Philosophie aufnahm: »Du findest mich rund und behäbig, / glänzend das Fell, recht ein Schweinchen aus epikureischer Herde.« In Wahrheit ging es Horaz auf seinem Landgut um ruhige Beschaulichkeit, um Zufriedenheit mit dem, was da war, frei von Aberglauben, überhitzten Phantasien und Exzessen. Daraus zog er Kraft und Erholung gegenüber dem Hasten und Treiben in der Großstadt.

In der Renaissance wurden Epikur und Lukrez aufs neue verehrt, begleitet vom Verlangen der begüterten Stadtbewohner, abermals wie in der Antike idyllische Villen auf dem Land zu bauen, um sich dort maßvollem Genuss und kultiviertem Geistesleben hinzugeben, der Gewohnheit der freundschaftlichen Gespräche und des Lesens, und zwar antiker wie zeitgenössischer Autoren: Homer, Aristoteles, Epikur, Cicero, Horaz, Ovid oder Petrarca und Boccaccio.

Ob speziell die erneute Lektüre des Lukrez, seiner Schrift »De rerum natura«, in der er die Naturlehre des Epikur vorstellte, dazu beitrug, im ausgehenden Mittelalter die »gesamte Welt zum Einsturz« zu bringen, wie Greenblatt heute meint, darf bezweifelt werden. Das weltliche Denken eines Aristoteles oder Cicero war im Mittelalter stets präsent, ob mittelbar oder unmittelbar. Neu war allerdings, dass jetzt ein breiteres Publikum die Lust am Lesen entdeckte und dabei gerade an antiken Dichtern und Philosophen Gefallen fand. Es dürfte insgesamt ein höherer Grad an sittlicher wie materieller Verfeinerung vorhanden gewesen sein, der die Lebenslust und das Glück förderte.

Schon seit etwa 1250 hatten die Florentiner für sich in Anspruch genommen, so etwas wie eine historische Mission zu erfüllen: die Wiedergeburt der freiheitlichen Stadt, des Bürgersinns und der Kreativität, des Unternehmertums wie des Humanismus, der Künste und der Wissenschaften. Das florentinische Landgebiet vergrößerte sich; vermögende Bürger kauften dem ritterlichen Adel die Landgüter ab und verwandelten die wehrhaften Ansitze in bequeme Wohnungen mit Gärten und florierender Landwirtschaft. Die neuen bürgerlichen Herren zeigten Flagge auf dem Land. Es waren nicht nur die reichen Fernhandelskaufleute und Bankiers, die dem Zug aufs Land folgten, sondern alle Bürger, die Steuern zahlten, auch die gut verdienenden Handwerker und Krämer, ebenso die neue Schicht der akademisch Gebildeten, der Notare, Ärzte und Apotheker, der Gelehrten und Dichter.

So sieht es Christoph Bertsch in seinem Buch »Villa Garten Stadt«, wenngleich Florenz mit dieser historischen Mission nicht ganz allein dastand (man könnte in Deutschland auch an Köln, Nürnberg oder Augsburg denken). Durch den Aufenthalt auf dem Land und die Arbeit in den Gärten, so Bertsch, veränderte sich das Verhältnis zur Natur. Diese verlor ihren bedrohlichen oder magischen Charakter und erschien selbst als etwas Natürliches, als ein Element, das sich nutzbar machen und verschönern ließ. Bereits Boccaccio verlegte um 1350 die Gesprächsrunden in seinem legendären »Decameron« in die Gärten florentinischer Landhäuser. Hier war der freiheitliche Ort, an dem über neue Formen des Zusammenlebens geredet und kontrovers diskutiert werden konnte. Die Villen wurden förmlich zu Akademien. Cosimo de Medici schrieb um 1450 an den Humanisten Marsilio Ficino: »Zur Villa in Careggi bin ich nicht gekommen, um die Felder zu bestellen, sondern um die Seele zu pflegen. Komm so bald wie möglich zu uns, Marsilio. Bring Platons ›De summo bono‹ mit.«

Das florentinische Landhaus blieb lange Zeit nach außen hin eher schlicht. Idealerweise sollte es von leicht erhöhtem Standpunkt aus einen schönen Ausblick bieten. Willkommen waren eine kühle Quelle im Garten oder ein plätschernder Brunnen. Das Nebeneinander von Nutz- und Ziergärten erschien obligat als belebender Kontrast zwischen Natürlichem und Kunstvollem: hier Gemüse- und Kräuterbeete, dort Rasenflächen mit Rosen und zugeschnittenen Buchsbäumen.

Tatsächlich waren solche Vorstellungen auch den deutschen Kaufleuten und Patriziern nicht fremd. Christof Metzger (mit Ulrich Heiß und Annette Kranz) stellt in seinem Buch »Landsitze Augsburger Patrizier« über vierzig ländliche Anwesen vor, die seit dem ausgehenden Mittelalter in den Besitz der dortigen vornehmen Geschlechter kamen oder von ihnen neu errichtet wurden. Wie der Florentiner Cosimo de Medici begriff auch der Augsburger Bürgermeister und Kaufmann Sigmund II. Gossembrot, gestorben 1493, das eigene bukolische Landhaus in Untermeitingen als einen Ort musischer Begegnung. Dementsprechend nannte er diesen Ansitz seine »Habitatio academica«.

Im siebzehnten Jahrhundert wurde dieses Haus von der Patrizierfamilie Imhof erworben und in ein barockes Schloss verwandelt; ein Jahrhundert später baute man ein Treppenhaus mit kunstvoll geschnitztem Geländer im Stil des Rokoko ein. Heute befindet sich darin ein Gasthaus, allerdings ohne Übernachtungsmöglichkeiten, dafür aber mit einem Biergarten.

Im frühen sechzehnten Jahrhundert war in der Stadt am Lech ein farbenprächtiger Bilderzyklus entstanden: vier größere Gemälde mit zwölf Monatsbildern, die abwechselnd bürgerlich-großbürgerliches Stadtleben und bukolisches Landleben zeigen. Obwohl darauf viele Menschen zu sehen sind, erscheinen keine Kleriker und Theologen, die auf einem mittelalterlichen Gemälde solcher Art nicht gefehlt hätten. Man ahnt nichts von religiös-metaphysischer Streiterei, nichts von dem, was die Zeitgenossen in Atem hielt, im Gegenteil, der lebensfrohe Bilderzyklus wirkt wie ein Pamphlet dagegen. Der Zyklus reiht sich ein in eine ikonographische Tradition, die im Grunde bis zur Wandmalerei im Grab des Nacht in Theben-West zurückreicht. Es ist die Jahreszahl 1531 sowie das Wappen der Augsburger Patrizierfamilie Rehling zu erblicken, vermutlich gemalt von Jörg Breu.

Diese Augsburger Monatsbilder, die heute im Deutschen Historischen Museum in Berlin zu sehen sind, vermitteln eine heitere Welt, ganz so, als gehe das Leben voll und ganz in irdischen Freuden auf. Männer und Frauen sind gleichermaßen in der Öffentlichkeit vertreten: bei bunten gesellschaftlichen Auftritten und lebenslustigen Vergnügungen, bei Veranstaltungen in der Stadt, Geselligkeiten auf dem Land, beim Badevergnügen im Sommer, Weinkeltern im Herbst, Schlittenfahren im Winter, ebenso auf dem Markt und beim Gastmahl.

Um Nürnberg herum gab es noch weit mehr bürgerlich-großbürgerliche Landsitze als um Augsburg. Die fränkische Metropole besaß von allen Freien Reichsstädten in Deutschland das größte Landgebiet. So gut wie jedes Patriziergeschlecht oder jede wohlhabende Kaufmannsfamilie leistete sich dort ein ländliches Gutshaus. Der gelehrte Humanist und Patrizier Willibald Pirckheimer, der in Padua wie Pavia antike Literatur und Jura studiert hatte, verbrachte im Jahr 1521 den Sommer auf Schloss Neunhof bei Lauf, nach Osten hin eine Tagesreise von Nürnberg entfernt. Diese Landidylle gehörte seinem Schwager Martin Geuder, der ebenfalls zu den Nürnberger Patriziern zählte. Der Kern der Anlage bestand aus einem quadratischen Wohnturm, geschützt von einem Weihergraben. Auch Pirckheimer konnte dort nach Belieben verweilen. Er schilderte die Erlebnisse dieses Sommers seinem Freund Bernhard Adelmann von Adelmannsfelden. So entstand die Skizze eines bukolischen Landaufenthalts nördlich der Alpen, frei nach dem Motto: Auch ich in Arkadien!

Der Brief wurde zwei Jahre später sogar veröffentlicht, gemeinsam mit einigen Dialogen Platons, die Pirckheimer auf Schloss Neunhof ins Lateinische übersetzt hatte (wenngleich die Dialoge nicht echt waren). Es hieß: »Ich habe mich aber auf ein Dorf begeben, welches ebensosehr durch seine Lage, als durch die Milde des Himmels der Gesundheit zuträglich, und, was bei den jetzigen Zeiten das Beste, etwas von der Hauptstraße und von der Berührung mit den Leuten entfernt ist. (…) Es liegt in einer weiten Ebene, überall von benachbarten Hügeln umgeben, die nicht rauh, sondern höchst anmutig und sonnig sind, allmählich sich ergeben, und weithin in die offenen Felder ausbreiten; man könnte es einen von der Natur kunstreich gebildeten Schauplatz nennen. (…) Aber es fehlt auch nicht der Schmuck der Gärten, sondern überall ist das Land mit fruchtbaren Bäumen bepflanzt.«

Die bukolische Landschaft wird zum Forum feiner Menschlichkeit und Leutseligkeit: »Es strömen an diesen Ort die Leute aus den benachbarten Dörfern zusammen, teils um zu baden (denn der Ort hat ein öffentliches Bad), teils um zu beten, vorzüglich an Feiertagen; dann wohnen sie dem Gottesdienst bei und hören des göttlichen Wortes Verkündigung. Wenn dies vorüber ist, dann tun sie sich etwas zugut; die einen erfreuen sich im Wirtshaus an einem guten Trunk, die anderen schieben Kegel; denn das Würfelspiel ist nicht erlaubt. Diejenigen aber, welche noch in der Blüte ihres Alters stehen, Jünglinge und Mädchen, führen Reigen auf und muntere Tänze, indem sie nach den Tönen der Schalmei wechseln.« Auch eine solche Szene wirkte wie ein Gegenbild zum Gezänk der Theologen. Nichts zu hören und zu sehen von Disteln und Dornen in den Händen der Landleute, im Gegenteil: An Feiertagen sei auch den Bauern ein maßvoll-epikureisches Leben gegönnt!

Der Humanist bot ein Brevier der Lebenskunst – eine Lehre der Abwechslung. Das eine Erlebnis ging ins andere über: Der Freude an der Natur folgte der nette Umgang mit Menschen, einschließlich Badevergnügen, Feinschmeckerei, Liebelei, ferner Studium und Lektüre sowie die Pflege freundschaftlicher Gespräche. Die Anklänge an das bukolische Hirten- und Schäferleben durften nicht fehlen: »Denn des Morgens sehe ich, nach meinem Gebet zu Gott, nicht ohne innige Freude die blökenden Schafe in zwei Herden auf die Weide eilen (…). Wenn dies geschehen ist, so beschäftige ich mich einen großen Teil des Tages mit Lesen, vorzüglich in den Schriften des Plato (…). Dann esse ich zu Mittag; bald erquicke ich mein Auge durch einen Blick ins Freie, lese Geschichten oder treibe etwas Erheiterndes; bisweilen beschäftige ich mich auch mit Musik oder antworte denen, die mit mir in Briefwechsel stehen, deren Anzahl groß ist. Bisweilen kommen auch Freunde, die sich ebenfalls auf die nächsten Dörfer geflüchtet haben, mit Weibern und Kindern, mich zu besuchen; diese kann ich dann, bei einem so großen Überflusse an Fischen und Fleisch, sogar auf das herrlichste bewirten. (…) Wenn keine Freunde bei mir sind, so lasse ich Leute aus dem Dorfe zu einem Mahle einladen, vorzüglich an Festtagen, und dann spreche ich mit ihnen vom Feldbau und der Natur.«

Schloss Neunhof hat sich so, wie es Pirckheimer erlebte, nicht erhalten. An dessen Stelle entstand im achtzehnten Jahrhundert ein dreigeschossiger barocker Bau mit Mansarddach, der bis heute zu sehen ist und Kolerschloss genannt wird. Denn der Herrensitz war zwischenzeitlich an die Familie Koler übergegangen, deren Erbin Helene Juliane Jacobine mit Johann Michael Welser (der Nürnberger Linie) verheiratet war; diese beiden ließen das Kolerschloss errichten. Daneben entdeckt man in Neunhof bis heute weitere Herrensitze, darunter das Welserschloss.

Es gab im alten Nürnberger Land schließlich noch ein zweites Dorf namens Neunhof, nach Norden hin eine Tagesreise von der Stadt entfernt. Bis in die Gegenwart kann man hier einen der am besten erhaltenen Herrensitze der Nürnberger Patrizier bestaunen, mit seltener originaler Einrichtung des sechzehnten bis neunzehnten Jahrhunderts. Mittlerweile ist Schloss Neunhof bei Kraftshof an das Germanische Nationalmuseum in Nürnberg verpachtet und öffentlich zugänglich.

Sein wesentliches Gepräge erhielt das Schloss nach 1503 durch Georg Fütterer, der in dieser Zeit als Jüngerer Bürgermeister in den Kleinen Rat der Stadt Nürnberg aufgenommen wurde. Es erschien ihm angemessen, nun für einen repräsentativen Landsitz zu sorgen. Auf einem wehrhaften zweigeschossigen Quaderbau ruht ein Fachwerkgeschoss, das später verputzt wurde, bekrönt von einem Satteldach mit zwei großen Zwerchgiebeln, die dem Haus das charakteristische, malerische Aussehen geben. Fütterer umzog den Sitz mit Festungsmauer und Zwinger, welcher der Fischzucht diente. Im Vorzwinger gab es auch ein Badehaus. In der Mitte des achtzehnten Jahrhunderts wurde dann noch ein barocker Garten angelegt, der jedoch lediglich einen schon älteren ersetzte.

Die Idee vom vorübergehenden arkadischen Landleben der Stadtbewohner als Laboratorium eines neuen Natur- und Menschenverständnisses war in der Frühen Neuzeit in den bürgerlich-großbürgerlichen Kreisen der hiesigen Freien Reichsstädte weit verbreitet. Der Kölner Ratsherr und Weinhändler Hermann von Weinsberg berichtet in seinem Tagebuch aus der ersten Hälfte des sechzehnten Jahrhunderts, dass er bereits auf der Lateinschule Vergils »Bucolica« gelesen habe, ebenso die »Colloquia familiaria«, die »Vertrauten Gespräche« des Erasmus von Rotterdam, in denen der Wechsel zwischen Stadt und Land als ideales Ineinander ein reizvolles Thema war.

Nicht jeder Städter kann sich heute einen repräsentativen Landsitz leisten. Doch manche kaufen ein altes Bauernhaus und richten es her. Andere verbringen ein paar Tage in einem Landhotel. Wie aber sollte ein solches Landhotel aussehen, um sich dort so gut wie möglich zu erholen? Man könnte sich, frei nach Montaigne, auf die Weisheit der Jahrhunderte stützen, um diese Frage zu beantworten.

Über Säkula hinweg gab es sowohl große, luxuriöse Landvillen – wie bereits um das antike Athen oder antike Rom herum – als auch kleine, beschauliche Landsitze. Letztere wurden von den Dichtern und Philosophen, die über das gute Leben nachdachten, bevorzugt, sofern diese eher das Gefühl entspannter Bukolik vermittelten: am besten auf einem leicht erhöhten Punkt gelegen, mit herrlichem Blick in die Landschaft hinein oder aufs Wasser; das Haus eher schlicht und kubisch gehalten, doch mit bequemen Wohnräumen, eingerichtet mit urbanem Geschmack, kein Kleinklein – was nur für Unruhe sorgen würde –, verbunden mit Gärten, Nutz- und Ziergärten, Brunnen, plätscherndem Wasserspiel, Bade- und Wandermöglichkeiten.

Zu den deutschen Paradelandschaften zählen jene an den großen Seen, vom Bodensee bis zur Müritz; ferner die Berge, von den bayerischen Alpen über das Alpenvorland bis zu den Mittelgebirgen, Bayerischer Wald, Schwarzwald oder Harz; hinzu kommen die Regionen am Meer, von den friesischen Nordseeinseln wie Juist, Amrum oder Sylt bis hin zu Usedom an der Ostsee; auch die weiten Ebenen mit ansteigenden Hügeln und Wäldern gehören dazu, wie der Ostrand des Pfälzer Waldes, verbunden mit dem Rheingraben, auf der anderen Seite, weiter südlich, das Markgräflerland, um nur besonders prominente Beispiele zu nennen. Im Hotel gäbe es eine ansprechende Landküche, ebenso Bier und Wein. Gelegentlich fänden hier Musikabende und Lesungen statt, Gespräche über epikureische Lebensart. Es wären Tage der Zufriedenheit, Gesundheit und Bildung – als zeitgemäße Erlebnisse von Luxus und Glück.

Die landschaftliche Wahl könnte beispielsweise auf die Halbinsel Höri am Untersee des Bodensees fallen. Die Höri erscheint wie ein versteckter, idyllischer Winkel in Deutschland, ohne bedeutenden Durchgangsverkehr. Südlicher geht es hierzulande kaum noch, weder fak-

tisch noch gefühlsmäßig. Man ist umgeben von Wasser und Pappel-
alleen, Weite und Helle, sanft welligen Streuobstwiesen und Gemüsegärten, Feldern und ansteigenden Wäldern.

Das Dorf Horn, das etwas erhöht liegt, bietet einen arkadischen
Rundblick über den Untersee, am besten von jener Anhöhe aus, wo
sich die barocke Dorfkirche mit dem Friedhof befindet. Man schaut
auf die Insel Reichenau und erkennt in der Ferne die breite Turmfas-
sade des Konstanzer Münsters. An der Friedhofsmauer gedeihen Wein-
stöcke, am sanften Abhang folgen die typischen Streuobstwiesen, unten
funkelt der See. Dem Träumer fallen Hölderlinverse ein: »Mit gelben
Birnen hänget / Und voll mit wilden Rosen / Das Land in den See, / Ihr
holden Schwäne (…).«

Die Kirche, der nahe Pfarrhof und das traditionsreiche Gasthaus
»Hirschen« bilden ein klassisches Dorfensemble in der Mitte. Im »Hirschen« gibt es noch so etwas wie eine Metzgerküche: Schlachtplatte
mit Würsten und Sauerkraut; Innereien vom Kalb oder ein Ochsen-
Kotelett, am Knochen abgehangen und gereift. Das marmorierte Kotelett wird dem Gast zuerst roh gezeigt, dann nach dem Braten am
Tisch tranchiert. Ein elementarer Schmaus! In der warmen Jahreszeit
sitzt man im schattig-luftigen Biergarten mit plätscherndem Brunnen
und Blumen. Neben dem Gasthaus befindet sich ein jüngeres Hotelge-
bäude im urbanen Stil, so schnörkellos wie komfortabel.

Nur nichts Unruhiges, Plüschiges, Überladenes in den Räumen eines
modernen Landhauses, sondern erholsame Klarheit! Umgekehrt sollen die Zimmer auch nicht zu karg sein, sondern Annehmlichkeit vermitteln, alles Ton in Ton, natürliche Materialien, Holz, Naturstein,
Stoffe, ein großes Bett mit Federkissen, wie im Haus »Verena« im »Hirschen«. Gäste mit Halbpension können dort auch eine leichte Fisch-
und Gemüseküche genießen. Auch die Speisen vermitteln ein Fluidum der Ruhe wie der lässigen Bewegtheit – mit Waren von echter
Substanz: Felchen natürlich, Flussbarsch, der hier Kretzer heißt; gelegentlich ist sogar ein Stück von der sehr raren Trüsche auf dem Teller.

14

LUST DER GÄRTEN

Schon um 1550 konnte Hamburg Lübeck überflügeln. Während das
berühmte Haupt der Hanse am Althergebrachten festhielt und sich
mit Geschäften in den Regionen von Nord- und Ostsee zufrieden gab,
erkannte die Stadt an der Elbe die Zeichen der Zeit und schloss sich
dem neuen transatlantischen Handel an, in enger Verbindung zu den
Niederlanden und zu England. Während Lübeck riskante Finanzge-
schäfte ablehnte, hegte Hamburg demgegenüber keine Bedenken. Man
gab sich moderner, aufgeschlossener und gründete 1558 eine Börse.

Hamburg gewann an urbaner Dynamik und konnte sich bereits um
1600 mit Köln, Nürnberg und Augsburg messen. Noch vor Ausbruch
des Dreißigjährigen Kriegs entschloss sich der Rat, das Stadtgebiet fast
um die Hälfte zu vergrößern und stark zu befestigen. Was folgte, war
regelrecht paradox oder ein Mirakel: So gut wie alle deutschen Städte
litten fürchterlich unter dem Dreißigjährigen Krieg und schrumpften;
Hamburg hingegen wurde reicher und größer. So manche Bürger-
und Kaufmannsfamilie andernorts sah in der Stadt an der Elbe eine
sichere Zuflucht mit Perspektive und siedelte sich hier an, darunter
nicht wenige vermögende und talentierte Leute.

Luxuriöse Neigungen nahmen zu: Naturliebhaberei, Pflanzenleidenschaft, das Faible für Lustgärten, Lustwandeln und Muße. Vor dem
Dreißigjährigen Krieg hatte es in Hamburg so gut wie keine Ziergärten gegeben, ebenso fehlte ein feinerer Gemüseanbau. Weder schriftliche Quellen noch Stadtkarten aus der Vogelschau bekunden dergleichen. Als Zentrum des Gartenbaus in deutschen Landen galt bis dahin
Nürnberg, sollten dort doch die Landsitze der Patrizier verschönert
werden.

Es war fast ein symbolischer Akt, als beim Ausbruch des Dreißigjährigen Krieges der niederländische Kaufmann Hans Berenberg von
Nürnberg nach Hamburg umzog und auch noch einen Gärtner, Hans
Maila, aus der fränkischen Metropole mitbrachte, ganz so, als sollte
tatsächlich jetzt der Stab der Gartenkunst von Nürnberg an Hamburg
übergeben werden. Meila legte hier in den 1620er Jahren für Berenberg

einen großen Garten mit extravaganten Pflanzen an und begründete selbst eine Handelsgärtnerei mit eigener Zucht. Überdies besorgte er über Nürnberg südländische Gewächse wie Orangenbäume aus Italien. Die Geschäfte liefen für ihn so gut, dass Meila bald einen neuen Firmensitz in bester Lage eröffnen konnte: am Gänsemarkt in der Neustadt.

Ebenso kam der Lübecker Joachim Jungius herbei. Er hatte in Rostock, Gießen und Padua neben anderen Fächern auch Botanik studiert. In Hamburg wurde er nun Rektor an der führenden Schule der Stadt, des Johanneums und Akademischen Gymnasiums. Er schuf für sich drei verschiedene Gärten: einen Ziergarten, einen Nutzgarten und einen Schulgarten für pflanzliche Experimente. Unter anderem kaufte er 1638 Zierpflanzen von Meila: weiße, gelbe und blaue Lupinen und Adonisröschen; an Küchenkräutern: Basilikum, Majoran und Thymian; an Gemüsen: Steckrüben und Savoyer Kohl, sprich Wirsing. Mediterrane Gewächse wie Basilikum und Wirsing dürften neu in Hamburg gewesen sein. Wirsing war eine Kohlart, die erstmals im sechzehnten Jahrhundert erwähnt worden war.

Gärtner der Renaissance wie des Barock sorgten dafür, dass sich die Gemüseauswahl vermehrte und im Geschmack verfeinerte. Manche neue Sorte mag in einer Vorform bereits in mittelalterlichen Klostergärten vorhanden gewesen sein. Doch die Gärtner der Fürsten, der Kaufleute und gewerblichen Betriebe steigerten in der Frühen Neuzeit den züchterischen Eifer. Naturliebhaberei, Pflanzenleidenschaft, Experimentierfreude: all das war nun en vogue.

Bereits 1580 hatte Michel de Montaigne bei seinem Besuch in Augsburg in sein Reisebuch notiert, dass es in den Gärten der Fugger schon Kopfsalat, Spinat und Artischocken gab. Das gärtnerische Tagebuch von Joachim Jungius in Hamburg führte dann seit 1637 ein beachtliches Spektrum an Kräutern, Gemüsen und Obst auf, von Jahr zu Jahr wechselnd: Variatio delectat! An Kräutern und Salaten säte er, neben den Sorten, die er von Meila bezog, auch Kerbel, Estragon, Kresse, Kopfsalat, Feldsalat und Radieschen; an Gemüsen: Spargel, Spinat, Artischocken, Erbsen, Bohnen, Möhren, Pastinaken, Grün- und Weißkohl, Zwiebeln, Petersilienwurzel und Meerrettich.

Vor allem Spargel, Spinat und Artischocken stiegen nun zur Königsklasse unter den Gemüsen auf. Spargel war zwar schon den Römern bekannt gewesen, doch hatte sich nach der Völkerwanderung, als die städtische Kultur starke Einbußen erlitt, die Spur dieser Pflanze verloren. Das Mittelalter wusste so gut wie nichts davon. Selbst Hildegard von Bingen, die um 1150 in ihrer »Physica« fast alle essbaren Dinge der damaligen Zeit erfasste, blieb der Spargel unbekannt. Auch im ersten gedruckten deutschen Kochbuch, in der »Küchenmeisterei« von 1485, kam der Spargel nicht vor.

Erst Hieronymus Bock erwähnte in seiner »Teutschen Speißkammer«, die seit 1550 in vielen Auflagen erschien, dass »in etlichen Wiesen am Rheinstrom« – gemeint war der Rheingraben – Spargel wachse. Es handelte sich vermutlich um wilden, grünen Spargel, der sich noch vom ehemaligen römischen Anbau her hier erhalten hatte. Marx Rumpolt rückte in sein großes »Neues Kochbuch« von 1581 gerade einmal ein Rezept für »Spargelsalat« ein, während er anderen Sachen viel mehr Aufmerksamkeit schenkte.

Im Laufe des siebzehnten Jahrhunderts entwickelten wohl die Niederländer den weißen Spargel. Über der Pflanze wurden dreißig bis fünfzig Zentimeter hohe erdige Dämme errichtet, damit sich die Sprossen nicht, wie bisher, im Sonnenlicht grün verfärbten, sondern schneeweiß blieben. Um 1700 malte der niederländische Künstler Adriaen Coorte mehrere Stillleben mit weißem Spargel.

Weiß galt von alters her als vornehm, und die niederländischen Calvinisten dürften in der Farbe Weiß auch ein Symbol des Reinen und Unschuldigen gesehen haben. So oder so spielte der Spargel als weißer Spargel nun in einer anderen Liga und errang kulthaften Status: als Delikatesse ersten Ranges. Mancher Gourmet ist allerdings bis heute der Meinung, der grüne sei eigentlich der bessere, schmecke kräftiger, nussartiger, voll von der Energie des Sonnenlichts. Doch der bleiche, weiße Spargel kann in seiner besten Ausprägung ungemein zart und fein sein, nobel, wenn es sich um eine feine Sorte handelt und er von einem guten sandigen Boden kommt, womöglich leicht mit würzigem Lehm vermischt – und wenn er frisch geerntet ist. Quasi-religiösen Verzehr bietet einzig der weiße Spargel: geschält, gegart und auf weißem Teller mit geklärter goldener Butter dargeboten.

Um 1650, als wieder Frieden einkehrte, zählte Hamburg fünfzigtausend Einwohner. Es ließ damit nun auch Augsburg, Nürnberg und Köln hinter sich und war aktuell neben Wien, der kaiserlichen Residenz, die bedeutendste Stadt in deutschen Landen, ein Ort von hohem Urbanitätsgrad. Die aufblühende Wirtschaft sowie die soziale Ordnung der Freien Reichsstadt sorgten für Reichtum, Zutrauen und Geschmack. Parallel zum enormen Kapital am Ort entwickelte sich ein tüchtiges, vielseitiges Gewerbe, darunter die neue Branche der Gärtnereien.

Binnen kurzer Zeit war die gehobene Gartenkunst zu einem charakteristischen Phänomen in Hamburg geworden. Es gab jetzt nicht länger nur kleine Nutzgärten mit ein paar Gemüsesorten und Obstbäumen, sondern häufig das Nebeneinander von großen Zier- und Küchengärten mit außergewöhnlichen Pflanzen: sowohl innerhalb der befestigten Neustadt, die noch viel Platz bot, als auch in den Dörfern vor den Toren der Stadt. Leute, die etwas auf sich hielten, Ratsherren, Fernhandelskaufleute, Akademiker, wohlhabende Handwerksfamilien, die Honoratioren eben, leisteten sich einen repräsentativen »Lustgarten«. Der jeweilige Besitzer konnte sich ein wenig wie Gott selbst fühlen: als Kreator, als Schöpfer; denn Pflanzen und Gärten ließen sich in verhältnismäßig kurzer Zeit nach eigenen Vorstellungen formen und verändern. 1651 veröffentlichte Michael Kirsten sein Büchlein »Gartenlust / oder Lob des Gartenbaues«, das er seinem Gönner, dem Hamburger Domherrn Eberhard Möller, widmete. Die Kernaussage lautete: »Hie gilt Natur / und Kunst.« Es war die Erzformel eines kultivierten, glücklichen Lebens! Entzückt fuhr der Autor fort: »Was wunders würdig ist / Und mancher nicht wol glaubt / das hat durch schlaue List / Die Kunst zu wege bracht. Sie kann das Erdreich zwingen / Und fast den Himmel selbst. (...) Sie kann die Früchte treiben / Daß sie bald zeitigen. (...) Man ändert ihre Farben / Geschmakk / Geruch / und Kraft.«

Lust machte schon das ständige Verwandeln der Gewächse im Garten, dazu das Gestalten von bestimmten Beeten und Wegen, nach neuer barocker Manier formal geordnet, mit Achsen und Symmetrien, zugeschnittenen Hecken und Laubengängen, Skulpturen und plätschernden Brunnen. Lust machte es ferner, in solchen Gärten zu flanieren und ein Schäferstündchen zu halten. Oder man traf sich hier mit der Familie, mit Freunden zum Plausch, zum Gespräch, zum Musizieren und Tanzen. Schließlich wurden auch die Genüsse an der Tafel reicher durch neue Kräuter-, Gemüse- und Obstsorten. Die Leute fühlten sich selbst wie verwandelt, nicht zuletzt durch neue Getränke wie Tee und Kaffee, die man im Gartenhaus servierte. Die Janibalsche Chronik berichtet für das Jahr 1677: »Um diese Zeit kam ein Englisch Mann in Hamburg und fing an Thee und Coffee zu schenken, diesem folgte ein Holländer: darauf denn Thee und Coffee trinken sehr gemein worden.«

Es ging nicht mehr so sehr um schwere, berauschende, vernebelnde Genüsse, sondern mehr um solche, die munter machten und die Stimmung aufhellten. Man wollte nicht länger nur drinnen sitzen, sondern auch draußen sein, an der frischen Luft, unter freiem Himmel. In Konkurrenz zu hergebrachten Tafelgenüssen wie Fleisch, Bier und Wein traten Salate, Kräuter, Gemüse, Tee, Kaffee und Trinkschokolade als im großen und ganzen gleichwertige Delikatessen.

Handwerker und Wissenschaftler, Gärtner und Botaniker, Poeten und Maler schlossen sich in Hamburg zusammen, um die Gartenkunst auf eine neue Höhe zu bringen. Johann Rist, der im nahen Wedel sowohl Pastor als auch Dichter und erklärter Gartenliebhaber war, schrieb 1663: »Hast du Lust Fürstliche Gahrten zu sehen / so komm nur nach Hamburg / da kann man dir nicht einen / nicht fünfe, nicht zehn / sondern dreißig / vierzig / fünfzig welche mehrentheils den stattlichen Fürstlichen Gahrten wenig / ja wohl gahr nichtes nachgeben / zeigen.«

Einer der prächtigsten Hamburger Barockgärten war der des Ratsherrn Caspar Anckelmann. Er lag innerhalb der Befestigungsanlage, in der westlichen Neustadt, an der heutigen Poolstraße. Anckelmann hatte ihn 1664 von seinem Vater übernommen und mit großem Aufwand weiterentwickelt. Fünf Jahre später schuf der Maler Hans Simon Holtzbecker von diesem Garten ein wunderbares farbiges Bild aus der Vogelperspektive, so lebhaft wie elegant; eine Gouache auf Pergament, die sich heute im Kupferstichkabinett in Berlin befindet.

Die Anlage erstreckt sich lang und verhältnismäßig schmal in die Tiefe. Hintereinander staffeln sich Zier-, Küchen- und Baumgarten. Eine zentrale Achse bindet die Teile zusammen und verstärkt im Stil des Barock die Tiefenwirkung. Am Ende, im Baumgarten, mündet die zentrale Achse in einen grünen Laubengang, in dem ein galanter Kavalier und eine Dame verschwinden, ganz so, als würden sie sich zu einem Schäferstündchen treffen. Im Vordergrund prunkt hingegen eine Reihe mit Kübelpflanzen. Kein Kübel ist wie der andere, jeder variiert lässig in Farbe und Größe, teils aus weiß-blauer Delfter Fayence, teils in terracottafarbenem Ton – sogenannte Fränkische Krüge. Man erkennt oder erahnt mediterrane und exotische Gewächse: Feige, Myrte, Granatapfel, Pomeranze, Oleander, Agave, Peruanischen Blaustern oder Indisches Blumenrohr. Der Garten vermittelt schon beim Eintreten eine weltläufige Atmosphäre. Im Hintergrund wiederum erscheint ein stark verglastes Gebäude, das im Sommer wohl als Gartenhaus, im Winter als Gewächshaus der südländischen Pflanzen diente.

Der Ziergarten, der den Kübelpflanzen folgt, setzt sich aus quadratischen Beeten zusammen, in denen Krokus, Hyazinthe, Narzisse, Lilie und Tulpe blühen und für Buntheit sorgen. In der Hauptachse sowie auf den Nebenwegen gehen einige Leute spazieren, schauen oder unterhalten sich. Der Garten bot noble Freizügigkeit und war offenbar für ein gesittetes Publikum öffentlich zugänglich. Selbst Fürsten ließen sich hier anregen. 1682 wollte Kurfürst Friedrich Wilhelm von Brandenburg den Besitzer des Gartens dazu bewegen, ihm für eine horrende Summe den »Caneelbaum« zu verkaufen. Doch Anckelmann lehnte dankend ab und wollte sich weiterhin lieber selbst daran vergnügen.

Der Boom der Hamburger Barockgärten hielt noch rund ein Säkulum an, bevor Ende des achtzehnten Jahrhunderts weiter draußen, im Westen, an der heutigen Elbchaussee, die neue Form des englischen Landschaftsgartens in Mode kam. Von den Barockgärten ist später nichts mehr übrig geblieben, weil das Wachstum der Stadt ihnen keinen Raum mehr ließ. Doch hat das Museum für Hamburgische Geschichte 2006 der heimischen Gartenkunst seit dem Barock eine Ausstellung gewidmet, begleitet von einem aufschluss- und bildreichen Katalog: »Die unaufhörliche Gartenlust. Hamburgs Gartenkultur vom Barock bis ins 20. Jahrhundert«, herausgegeben von Claudia Horbas.

Lust der Terrassen

Heute gibt es in den Städten nur wenig Platz für Gärten, ob man nun an das bürgerliche Miets- und Wohnhaus oder an die gewerbliche Gastronomie denkt. Lohnend ist es allemal, die knappen Spielräume zu nutzen und dabei auf Utensilien des Barockgartens zurückzugreifen, denn sie machen auf engem Raum mehr Effekt als die Elemente eines Landschaftsgartens. Die Lust, auch in der Stadt ein bisschen Grün zu erleben und bei gutem Wetter im Freien zu sitzen, ist größer denn je.

Gerade für den Gastronomen schickt es sich, in eine Terrasse zu investieren und mit einem Gärtner zusammenzuarbeiten, der im Sommer reizvolle Kübelpflanzen bringt und sie im Winter wieder in sein Gewächshaus stellt. Der Gast ist entzückt, wenn er mit südländischen Pflanzen überrascht wird und sich dadurch bei ihm das Gefühl des Sommers und des Südens noch verstärkt.

Bloß kein Kommerz, keine Werbung auf der Terrasse! Es geht um Gartenstimmung, um Muße, um eine Oase des Natürlichen und Kultivierten. Einladend, wenn die Terrasse mit einem Boden aus Naturstein oder aus Holz gefasst ist, beispielsweise mit festem Lärchenholz; zudem sollten helle freundliche Sonnenschirme ohne Schriftzüge Schatten spenden. Dementsprechend freut sich der Gast über leichte Speisen auf der Terrasse: Salate, Kräuter, Gemüse, Eiergerichte, dazu gutes Brot, nach Möglichkeit vom besten Bäcker am Ort, ergänzt von ein paar Grilladen, Fischen, Steaks, Bratwürsten; schließlich kämen frisches Obst, geschält, entkernt und mundgerecht zugeschnitten, sowie Speiseeis dazu. Nur nichts zu Künstliches! Ein kühles Glas Wein oder ein Bier, das von der neuen Craft-Bier-Bewegung inspiriert ist und feine Nuancen gewährt, heben die Stimmung. Es müssen aber nicht unbedingt alkoholische Getränke sein. Frisch gepresste Säfte und Mineralwasser gehören gleichfalls zur Szenerie des Natürlichen, ergänzt um Tee und Kaffee.

Weltweit betrachtet, ist der Salat auf der Grundlage von zarten Blattsalaten, sei es als Vorspeise, sei es als eigener Gang, eine europäisch-mediterrane Eigenart. Ein solcher Salat ist die ideale Speise, wenn man bei warmen Frühlings- und Sommertemperaturen im Freien essen möchte. So mancher Koch neigt jedoch dazu, möglichst viele verschiedene Zutaten in den Salat hineinzumischen, auch härteres rohes Gemüse, so dass die Salatschüssel nicht selten aussieht wie Kraut und Rüben. Köstlicher ist es, tatsächlich auf erfrischende, zarte, saftige Pflanzen zurückzugreifen, damit wirklich Salate von frühlingshafter und sommerlicher Anmutung entstehen: mit grünem Kopfsalat, Tomaten, Gurken, Radieschen, Zwiebeln, Kräutern, mit einer Marinade aus Zitronensaft, Apfel-Balsamessig, Lindenblütenhonig, Olivenöl, etwas Knoblauch, durch die Presse gedrückt, und frisch geriebenem Ingwer. Wer will, gibt noch hellbraune Champignons, vielleicht sogar Kalamata-Oliven dazu – Zutaten, die ein wenig die Illusion von Fleisch erwecken – oder jungen Ziegenkäse, Pinienkerne, Walnüsse.

Schließlich ist die Idee, im städtischen Raum auf einer gastronomischen Terrasse zu sitzen und die Muße zu genießen, ein Element europäischer Lebensart, die man in asiatischen Ländern nicht im selben Maße kennt. In Tokio beispielsweise, das mit seiner Metropolregion über dreißig Millionen Einwohner zählt und als die größte Stadt der Welt gilt, gibt es so gut wie keine Boulevards mit breiten Gehwegen und schattigen Bäumen, und wenn doch, wie im Fall der Achse Omtesando, die im neunzehnten Jahrhundert als Boulevard nach europäischem Muster angelegt wurde, findet man dort keine Cafés mit Tischen und Stühlen vor dem Haus. Hamburg hingegen kann sich rühmen, eine der ältesten europäischen Promenaden hervorgebracht zu haben, die sich langsam in einen Boulevard mit Cafés und Terrassen entwickkelte: den Jungfernstieg.

Bevor sich die Meile zum Vergnügungsort mauserte, war sie als großtechnisches Unternehmen aus der Taufe gehoben worden. Schon 1235 hatte man westlich vor den damaligen Stadttoren durch die Niederungen der Alster einen Damm legen lassen, um mit Hilfe des Stausees leistungsfähige Mühlen zu betreiben. Im Zuge der Stadterweiterung in der Frühen Neuzeit wurde der Mühlendamm samt Binnenalster in die Befestigungsanlagen einbezogen. Der Damm war nun geschützt und lud zum innerstädtischen Spaziergang mit Blick auf das Wasser ein. Als sich hier im siebzehnten Jahrhundert zunehmend Mädchen im heiratsfähigen Alter einfanden, nannte man den Damm Jungfernstieg.

Seit 1796 wurde der Stieg systematisch als Prachtmeile ausgebaut. Im zwanzigsten Jahrhundert herrschte auf der Meile am Ende allerdings nur noch Flickschusterei. Es gab einen Wust von Straßenmöbeln, Pollern, Ketten, Zäunen, undurchschaubaren Baumreihen. 2002 ging dann der Versandhausgründer Werner Otto auf den damaligen Ersten Bürgermeister Ole von Beust zu, um gemeinsam mit ihm über Möglichkeiten eines Engagements für die Hansestadt nachzudenken. Man nahm nicht ein weiteres Museum ins Visier, sondern dachte an den öffentlichen Raum. Der Jungfernstieg und die Binnenalster sollten wieder zur »Guten Stube« der Hansestadt werden.

Unter der Federführung des Hamburger Oberbaudirektors Jörn Walter schrieb man einen Wettbewerb für die Neugestaltung des Jungfernstiegs aus, den das heimische Büro für Landschaftsarchitektur »WES & Partner« zusammen mit dem Architekturbüro »André Poitiers« gewann. Gleichzeitig gründeten Sponsoren und Vertreter der Stadt den Verein »Lebendiger Jungfernstieg«, um das Projekt zu finanzieren und durchzuführen.

Heute freut sich der Flaneur über die einheitliche Fassung des Jungfernstiegs, die so freundlich und selbstverständlich wirkt, als sei sie von jeher schon da gewesen. Weder biedermeierliche Idylle noch spektakuläre Effekte sind Trumpf. Es entstand eine elegante Anlage, die Schicht für Schicht den Bedürfnissen der Gegenwart entspricht. Hintereinander reihen sich ein angenehm breiter Fußweg an der südlichen Einkaufsmeile, nördlich davon eine Straße für Autos, Taxis und Busse, dann ein Weg für Fahrradfahrer, eine Promenade mit Lindenallee sowie eine flach ausgestreckte, vierstufige Aufenthalts-Tribüne, die eine schnurgerade Wasserkante bildet, an der sich Ausflugsschiffe vertäuen können; schließlich wird die Tribüne flankiert von zwei gastronomischen Betrieben mit Terrassen.

Der Lust an den Gärten zu Zeiten des Barock entspricht für viele Bürger heute die Lust an gastronomischen Terrassen sowie an innerstädtischer Landschaftsarchitektur; es ist die Lust am Spiel mit dem Grün und mit dem Wasser auf verhältnismäßig engem Raum. Möge sich Hamburgs Gartenboom im siebzehnten und achtzehnten Jahrhundert in diesen neuen Formen wiederholen, ja, nicht nur an der Alster, sondern vielerorts in Deutschland.

15

GALANTE SEIDENSTOFFE UND PORZELLAN

So gut wie jede deutsche Stadt hinkte der Entwicklung in Hamburg nach dem Dreißigjährigen Krieg hinterher. Auch Leipzig, immerhin damals neben Frankfurt am Main die bedeutendste Messestadt in hiesigen Breiten, konnte vorläufig nicht mithalten. Erst ein paar Jahrzehnte später erlebte die Stadt an der Pleiße denselben Gartenboom wie die Stadt an der Elbe; erst seit 1684 entstanden vor den Toren von Leipzig ebenfalls repräsentative Barockgärten: der Kleinbosische und der Großbosische Garten, welche die Brüder Georg und Caspar Bose als reiche Kaufleute anlegen ließen.

Langsam schob sich Leipzig neben Hamburg und erreichte einen ähnlich hohen Urbanitätsgrad. Die bürgerlichen Barockgärten erregten bald da wie dort das Erstaunen des Publikums. Als der junge Goethe, der in Frankfurt am Main aufgewachsen war, in Leipzig studierte, ließ er 1765 in einem Brief an seine Schwester Cornelia seiner Bewunderung freien Lauf: »Die Gärten sind so prächtig, als ich in meinem Leben etwas gesehen habe. Ich schicke Dir vielleicht einmal den Prospekt von der Entree des Apelischen, der ist königlich. Ich glaubte das erstemal, in käme in die Elysischen Felder.«

Anders als Hamburg und Frankfurt am Main war Leipzig keine Freie Reichsstadt, sondern gehörte zum Kurfürstentum Sachsen mit der Residenz in Dresden. Der Leipziger Rat konnte jedoch die weitgehend selbständige Verwaltung der Stadt im späten Mittelalter auch in der Frühen Neuzeit einigermaßen gut behaupten und das Gepräge einer bürgerlichen Kommune aufrechterhalten. Zugleich förderten die sächsischen Herrscher die Leipziger Messe nach dem großen Krieg nach Kräften und waren keine schlechten Partner für die Stadt. Die aufblühende Wirtschaft sowie die soziale Ordnung Leipzigs mit einer fast freien Ratsverfassung sorgten für Reichtum, Zutrauen und Geschmack.

Als die großen Fürstenstaaten nach dem Dreißigjährigen Krieg erstarkten, war es für Leipzig regelrecht ein Vorteil, das Kurfürstentum Sachsen hinter sich zu wissen. Während vor dem Krieg die Reichsstadt

Frankfurt am Main der führende Messestandort in Deutschland gewesen war, wuchs dieser Rang allmählich Leipzig zu. Die Stadt an der Pleiße konnte seit Ende des siebzehnten Jahrhunderts in mancher Hinsicht eine führende Rolle in hiesigen Breiten einnehmen und wurde sogar zum bestimmenden Ort für ein modernes bürgerliches Selbstverständnis in Deutschland.

Schließlich verfügte man hier über eine Institution, die weder Hamburg noch Frankfurt am Main oder Dresden damals besaßen: über eine Universität, eine der ältesten in deutschen Landen, die bereits 1410 gegründet worden war und zu der das kaiserliche Privileg einer Reichsmesse im Jahr 1497 hinzukam. Es gab somit in Leipzig zwei wichtige stadtprägende Elemente: das Messewesen, Handel und Kommerz – und die Universität, Wissenschaft und Kunst.

Der Bau einer Börse in unmittelbarer Nähe des Rathauses, seit 1678 geplant und 1687 vollendet, bildete gleichsam den symbolischen Beginn einer neuen Epoche in der Stadt. Während bis dahin die Gebäude oft noch den Elementen der Renaissancearchitektur treu geblieben waren, wandte man sich nun entschieden der Kunst des Barock zu: die Fassade blockhaft, aber konsequent symmetrisch geordnet; das Dekor voller Pracht, Noblesse und Lebensfreude. Das ganze Gebäude, von Kaufleuten gewünscht und vom Rat erstellt, erscheint bis heute wie ein Lustschloss. Über einer gewölbten Verkaufshalle liegt der Börsensaal (ursprünglich mit Stuckdecke, im Zweiten Weltkrieg zerstört), zugänglich über eine Freitreppe, die man später leicht veränderte.

Vier skulpturale Figuren des klassischen Altertums, die man an den Ecken des flachen Dachs auf luftigen Balustraden stehen sieht, spiegeln das Selbstverständnis des aufblühenden barocken Leipzig: Merkur und Apoll zur Freitreppe hin; Venus und Minerva auf der anderen Seite. Merkur und Apoll versinnbildlichen die zwei wichtigen stadtprägenden Elemente: das Messewesen, Handel und Kommerz sowie die Universität, Wissenschaft und Kunst. Venus und Minerva zeigen darüber hinaus an, dass die Mühen, die mit Merkur und Apoll verbunden sind, noch keinen Selbstzweck bedeuten, sondern auch Muße ermöglichen sollen, Freizügigkeit und Lebensgenuss, Komfort und Urbanität.

An der Leipziger Börse vereinigen sich quasi bis heute Bourgeois und Bohemien und werden zum Typus des Bourgeois Bohemien. Der amerikanische Journalist David Brooks schuf diesen Begriff im Jahr 2000 und kürzte ihn neckisch mit Bobo ab. Er bezog diesen Ausdruck in seinem Buch »Bobos in Paradise« auf die Gegenwart, auf die jungen Eliten der Informationsgesellschaft. Doch was man darunter versteht, wusste man in Leipzig schon Ende des siebzehnten Jahrhunderts. Im Grunde handelt es sich seit jeher um die bürgerliche Haltung des Westens, des Abendlandes, Europas, seit den Tagen von Aristoteles und Epikur, Cicero und Horaz: Was man tue, möge nützen und erfreuen. 1692 meinte der französischen Philosoph Pierre Bayle, man könne Leipzig »l'Athène d'Allemagne«, deutsches Athen, nennen. Bald sprachen die Leipziger selbst vom »angenehmen Pleißathen«.

Ein prominenter Vertreter der neuen Leipziger Gesinnung war Christian Thomasius. Sohn eines dortigen Professors für Beredtheit, wurde er selbst in Leipzig Dozent für Rechtswissenschaft und Philosophie. Verstörend für ältere Kollegen, trat der junge Gelehrte nicht mehr im todernsten schwarzen Talar ans Lesepult, sondern im gefälligen bunten Gehrock, um eine weltmännische Haltung zu zeigen. Es sollte vorbei sein mit der Vorherrschaft der hochspekulativen und rechthaberischen theologischen Fakultät und dafür Konzilianz an der Universität einkehren.

Spektakulär war 1687 seine Ankündigung, die Vorlesung nicht mehr auf Latein, sondern auf Deutsch zu halten, in der Landessprache, um die Wissenschaft näher an das gelebte Leben heranzurücken. Die Kluft zwischen Akademikern und Bürgern, die nicht studierten, sollte sich verringern. Bildung sollte nicht ausschließlich auf Büchern beruhen, sondern ebenso auf der eigenen Erfahrung und Beobachtung, auf dem Studium der Menschen, der Natur, der Geschichte und Gesellschaft. Es erschien ratsam, auch zeitgenössische Gedanken zu verarbeiten, die Ideen der bevorzugten Geister wahrzunehmen. Eine verbesserte weltläufige Bildung sollte einer feineren Lebensart zuarbeiten.

Während nicht wenige Deutsche nach der Katastrophe des Dreißigjähren Krieges dazu neigten, die zunehmenden Einflüsse Frankreichs abzuwehren und sich in den Schmollwinkel zurückzuziehen, drehte Thomasius den Spieß um und lehrte, man möge von den Franzosen ruhig dasjenige übernehmen, was das Leben in Deutschland angenehmer machen könnte – den Zeitläuften angemessen. Das Projekt der Romanisierung, Europäisierung der Deutschen, das einst von Bonifatius, Karl dem Großen und Otto dem Großen angeschoben worden war, sollte gleichsam fortgesetzt werden. Nicht die Germanen des Tacitus oder die Krieger des Nibelungenliedes sollten das Ideal sein, sondern der belesene und welterfahrene Bürger: freundlich, tolerant, weise.

In ausführlicher barocker Titulatur lautete die Ankündigung der Vorlesung auf Deutsch: »Christian Thomas / eröffnet / Der / Studierenden Jugend / zu Leipzig / in einem Discours / Welcher Gestalt man denen Frantzosen in gemeinem Leben und Wandel nachahmen soll? / ein Collegium / über des Gratians Grund-Regeln / Vernüfftig / Klug und artig zu leben.« Hatte ehedem Martin Luther seine Landsleute auf Maximen wie Glauben, Gehorsam, Treue, Biederkeit eingeschworen, Maß nehmend an den alten Israeliten und Germanen, so hießen nun die neuen Zauberworte für Thomasius »Vernunft«, »Wissenschaft«, »Lebens-art«, »Manieren«, »Esprit«, »Geschmack«, »Galanterie«.

In den Augen der lutherischen Orthodoxie war eine solche Lehre ein Skandal. Die erzkonservativen universitären Gegner des jungen Dozenten konnten 1689 ein Lehr- und Publikationsverbot für ihn in Leipzig und Sachsen durchsetzen. Er musste sich deshalb nicht zu sehr grämen, denn er wurde gleichzeitig zum brandenburgischen Hofrat ernannt, war dann 1694 maßgeblich an der Gründung der neuen brandenburgischen, bald preußischen Universität in Halle beteiligt und stieg dort zum beliebtesten Professor auf. An der neuen Hochschule wurden die Macht der theologischen Fakultät eingeschränkt und ein Spielraum für die Ideen der Aufklärung geschaffen, auch wenn in Halle nach dem preußischen Thronwechsel von 1713 die Exzellenz der Gründungsphase wieder verlorenging. Doch blieb die Lehre des Thomasius lebendig und wanderte über Halle nach Göttingen, wo 1737 eine neue hannoversche Universität aus der Taufe gehoben wurde. Leipzig, Halle und Göttingen stellten im achtzehnten Jahrhundert die populärsten deutschen Hochschulorte dar, und im frühen neunzehnten Jahrhundert wurde dann Göttingen das Vorbild für Berlin.

Peter Watson erklärt in seinem Buch »Der deutsche Genius«, dass es in Europa nicht bloß eine einzige Epoche der Renaissance gegeben habe, sondern deren drei: erstens die Wiedergeburt des Altertums im zwölften Jahrhundert; zweitens die Renaissance in Italien im vierzehnten und fünfzehnten Jahrhundert und drittens die »deutsche« Renaissance, die seit dem achtzehnten Jahrhundert abermals das »klassische

Altertum« erweckt und durch ein neues Wissenschaftsverständnis einen »fundamentalen Einfluss auf die moderne Welt« genommen habe, wie etwa durch die historisch-kritische Philologie oder die Einführung des Seminars für die freie Diskussion. Watson macht insbesondere auf die neuen Universitäten in Halle, Göttingen und Berlin aufmerksam. Bis 1933 seien die meisten Nobelpreisträger aus Deutschland gekommen, nicht zuletzt aus Göttingen und Berlin.

Merkwürdigerweise kommt bei Watson der Ursprungsort der »deutschen« Renaissance – und zwar erstens im Hinblick aufs klassische Altertum und zweitens auf Deutschland selbst nach dem Dreißigjährigen Krieg – kaum vor: Leipzig, seine Messe, seine Universität, das »deutsche Athen«, von dem schon 1692 der französische Philosoph Pierre Bayle gesprochen hatte.

Galante Sitten und die Verbesserung der materiellen Kultur bedingten an der Pleiße einander. Seit etwa 1700 entstand hier eine ganz eigene Stadtstruktur: einem verführerischen barocken Gartenlabyrinth nicht unähnlich. Verbunden mit dem Messewesen, schufen Bauherren und Baumeister große Handelshäuser mit Innen- und Durchgangshöfen, die den Flaneur jenseits der Straßen quer durch die Stadt führten, ihn dahin und dorthin lockten. Überall stieß der Besucher auf Luxuswaren: Bücher, Gewürze, Parfüme, Seidenstoffe, Porzellan.

Der Charmeur und Connaisseur Kurfürst August der Starke, der zugleich König von Polen war, hatte seine Hände mit im Spiel – so wie einst das kaiserliche Haus der Ottonen die Entwicklung in Köln beeinflusst hatte oder später das Haus Habsburg das Geschehen in Augsburg. Vorübergehend erhielten diese bis dahin führenden deutschen Städte starke höfische Impulse, ohne das eigene bürgerliche Selbstverständnis zu vernachlässigen. In Orten wie Köln, Nürnberg, Augsburg oder Leipzig entstand quasi ein genialer mittlerer Stil höfisch-bürgerlicher Kultur.

Wenn Norbert Elias in seinem Buch »Über den Prozeß der Zivilisation« behauptet, dass es in Deutschland zu einer nur unzureichenden Vermischung zwischen bürgerlicher und höfischer Gesellschaft gekommen sei, was den Sinn für Höflichkeit, Umgangsformen, Sprache, Wohnung, Kleidung beeinträchtig habe, so möchte man dem nicht ohne weiteres zustimmen.

Eigentlich wollte August der Starke eine neue kurfürstlich-sächsi-

sche Residenz in Leipzig bauen, doch konnte der Rat ihn davon ab-
bringen und versprach im Gegenzug, selbst für die Verschönerung der
Stadt zu sorgen. Man ließ sich darauf ein, dass der Dresdner Hofbau-
meister Johann Gregor Fuchs herbeikam und zum Ratsbaumeister erhoben wurde. Zugleich wählte man auf Wink des Kurfürsten den gerade dreißigjährigen Franz Conrad Romanus zum Bürgermeister. Die
beiden Günstlinge von August dem Starken schufen den Typus des
neuen großen Stadthauses: welches sowohl bürgerliches Palais als
auch Handelshaus mit Durchgangshof war; wobei der Hof so prachtvoll
wie die Außenfassade gestaltet wurde. Seit 1701 wuchs das Romanushaus an der Ecke Brühl und Katharinenstraße empor. Die Wohn- und
Empfangsräume wurden im ersten Stock wie in einem Schloss ange-
ordnet und lagen auf siebenunddreißig Metern in einer langen Folge
hintereinander. Rasch wurde das Romanushaus von anderen reichen
Kaufleuten und Ratsherrn nachgeahmt. Nikolaus Pevsner hat diese
Entwicklung in seinem Buch »Leipziger Barock« nachgezeichnet.

1725 erschien unter dem Künstlernamen Iccander (wohinter sich
Johann Christian Crell verbarg) ein Buch mit dem sprechenden Titel:
»Das in gantz Europa berühmte, galante und sehenswürdige Kgl. Leipzig in Sachsen«. Tatsächlich kamen dreimal im Jahr aus fast allen europäischen Ländern Handelsleute zur Messe nach Leipzig und gaben
dem Ort ein weltläufiges Flair. Die Stadt erschien nicht nur als geschäftig, sondern eben auch als galant und gefällig, geistreich und verspielt,
für manches amouröse Abenteuer gut; so wie auch der Kurfürst von
Sachsen, August der Starke, als Verführer galt. Carl Ludwig von Pöllnitz veröffentlichte 1734 anonym eine Chronique scandaleuse mit dem
Titel: »La Saxe galante«, »Das galante Sachsen«, in der er die vielen
Affären Augusts des Starken schilderte.

Die Freizügigkeit des Dresdner Hofes strahlte auf Leipzig aus – und
vermutlich war es auch umgekehrt. Wann immer es möglich war, kam
August der Starke mit seinem Gefolge zur Messe an die Pleiße. Er
wohnte stets im Apelschen Haus an der Südseite des Marktplatzes
(heute Königshaus genannt), das 1706 wiederum durch den Ratsbaumeister Johann Gregor Fuchs für den Seidenhändler und Fabrikanten
Andreas Dietrich Apel im Stil des Barock umgebaut worden war, für
jenen Apel, der auch den Apelschen Garten anlegen ließ, den später
Goethe, wie schon gesagt, für die »Elysischen Felder« hielt. Spielend

konnte offenbar ein Bürgerpalais die Rolle eines Fürstenpalais übernehmen.

Das Treiben während der Messe kam regelrecht einem orientalischen Basar gleich, plastisch festgehalten 1740 von einem Zeitgenossen, zitiert im Ausstellungskatalog »Merkur & Die Musen. Schätze der Weltkultur aus Leipzig«, herausgegeben von Dieter Gleisberg 1989: »Obgleich die Stadt an sich nicht groß, waren doch die Gassen breit und nach der Schnur. Alle waren mit Fracht- und Marktwagen, die ankamen und abluden, mit Karossen und mit Menschen von beiderlei Geschlecht, von allerlei Nationen und Stand gefüllt. Das artige sächsische Frauenzimmer, die Leipziger galanten Herren, vermischt mit allerlei Ausländern, Ungarn, Siebenbürgern, Juden, Türken, Griechen, Arabern, Armeniern, Chinesen, Persianern, Mohren, Russen, Holländern, Engländern usw. in ihren verschiedenen, seltsamen und zum Teil seidenen, bunten, langen, auch geblümten Kleidern, wobei der Bund und die Dolche in dem Gurt mit Edelsteinen besetzt waren, mit ihren langen Bärten, mit bloßer, von der Sonne braun gebrannten Brust setzte das Auge in Erstaunen.«

Leipzigs Wohlstand fußte sowohl auf Handel als auch auf eigenem Gewerbe. Ein Adressenverzeichnis von 1715 nannte neunundzwanzig Seidenhandlungen, gefolgt von dreizehn Tuch- und dreizehn Gewürzhandlungen, neun Wechselgeschäften (Banken), fünf Woll-, fünf Leder-, vier Zeug- und je zwei Leinwand-, Kattun- und Rauchwarenhandlungen für edle Pelze, hinzu kamen Gold- und Silberwarenfabriken sowie Verlage für Bücher. Beherrschend waren demnach Luxusartikel: Seide, Gewürze, Gold, Silber, Pelze, Bücher – allerhand exotische und glitzernde Dinge, die den Glanz des Lebens erhöhten und die Phantasie der Leute steigerten. Die Luxusfabrikation nahm noch zu. Ein Adressenverzeichnis von 1747 führte in Leipzig neunzehn Manufakturen auf, darunter acht für Gold- und Silbergespinste, sechs für Samt- und Seidenwaren.

Die Seidenwaren drangen etwa seit dem ersten Jahrhundert u. Z. von China aus nach Europa vor, über die Seidenstraße nach Konstantinopel; bis in Europa selbst, zuerst im arabischen Spanien, dann im hohen Mittelalter in Italien, Seidenstoffe hergestellt wurden. Jetzt, im Barock, wurden sie en gros auch in Leipzig und anderen deutschen Städten produziert. Seide wurde zum wichtigsten Stoff für die Kleidung der Dame und des Kavaliers. Seide fühlte sich gut an und war angenehm zu tragen: geschmeidig, verführerisch, ob Unterwäsche, Strümpfe, Kleider und Gehröcke, vom leichten durchsichtigen Chiffon über Satin und Taft bis zum schweren, dichten Brokat.

Neben dem Tragekomfort spielte die Eigenschaft des Glitzerns eine entscheidende Rolle. Selbst die Räume der Palais wurden mit Seidenstoff ausgekleidet. Solche Tapeten erhöhten wie die Kleidung der Gäste den Glanz an der Tafel und in den Salons, in denen nach dem Essen noch Kaffee oder Tee serviert wurde. Der Mensch ist nicht nur das, was er isst und trinkt, sondern er ist auch so, wie er sich kleidet, entweder roh und grob oder graziös und galant. Bis heute trägt die Dame bei einem Galadiner oft ein Kleid aus Seidenstoff; der Herr erscheint im Smoking, bei dem das Revers der Jacke aus Seide besteht, ebenso die Halsschleife, bestens ergänzt von schwarzen Lackschuhen.

Allgemein erlangten im Barock sanfte Stoffe mit gewissem Glanz eine größere Bedeutung denn je, beispielsweise auch Damast aus Baumwolle, sei es für Tisch-, sei es für Bettwäsche. Komfort und Annehmlichkeit eines Tafel- oder Gästezimmers hängen seither nicht unwesentlich vom überlegten Spiel der feinen Stoffe ab, ob für Betten, Kissen, Sessel, Sofas, Stühle, Tische oder Vorhänge.

Weißer Damast verleiht einer Tafel hellen Glanz – wunderbar wird es jedoch erst, wenn dieser Glanz vom Glamour weißen Porzellans überboten wird. Kaum ein anderes Material spielt so faszinierend mit dem Licht, zumal das europäische Porzellan, das im Gegensatz zum älteren chinesischen unter höherer Temperatur gebrannt wird und dadurch härter und glatter ist und stärkere Lichtreflexe entwickelt. Das europäische Porzellan wurde um 1710 in Sachsen erfunden, im wesentlichen von Johann Friedrich Böttger nach Vorarbeiten des Ehrenfried Walther von Tschirnhaus. Kurfürst August der Starke patentierte dann die Herstellung von Porzellan auf der Albrechtsburg in Meißen, einem Betrieb, der in der Folge die »Staatliche Porzellan-Manufaktur Meissen« genannt wurde.

Schon 1713 erfolgten große Verkäufe von weißem Porzellan aus Meißen auf der Leipziger Messe. Sieben Jahre später wurde Johann Gregorius Höroldt von der Manufaktur eingestellt, der eigene Porzellanfarben mit besonderer Leuchtkraft entwickelte; wiederum rund zehn Jahre später kam der Bildhauer Johann Joachim Kändler dazu. Nun begann die frühe Glanzzeit des Meißner Porzellans. Denn Kändler zauberte in den glamourösen Stoff die heiteren Formen des Rokoko hinein, während Höroldt brillante farbliche Akzente setzte. Seit 1737 entwarfen Kändler und Eberlein für den Grafen Brühl das legendäre Schwanenservice, das aus über zweitausend Teilen besteht und heute noch hergestellt wird, ob in Weiß, ob mit Goldrand, ob mit mehreren farblichen Nuancen.

Galt für viele bis dahin das Silbergeschirr als die vornehmste Zierde der Tafel, so wurde das Silber nun in der Gunst des Publikums vom Porzellan überboten, weil es noch mehr Strahlkraft besaß. Erst edles Porzellan gab der europäischen Tafel eine eigene Physiognomie, sei es durch das einheitliche Geschirr, sei es durch plastischen Schmuck, Figuren, Vasen und so fort. Sachsen, Dresden, Meißen, Leipzig und seine Messe sorgten so im achtzehnten Jahrhundert für einen Schub der Verfeinerung.

Bis heute ist die Meißner Manufaktur stolz darauf, dass kein anderer Porzellanhersteller in Europa über eine so lange Erfahrung verfügt wie sie, obwohl andere namhafte Betriebe nicht recht viel jünger sind, wie etwa die »Porzellan Manufaktur Nymphenburg«, gegründet 1747, oder die »Königliche Porzellan-Manufaktur Berlin«, gegründet 1763. Von letzterer wird heute bei Staatsbanketten des Bundespräsidenten im Schloss Bellevue das Service »Rocaille« eingedeckt, das 1767 von Friedrich Elias Meyer, der seinerseits ein Kändlerschüler war, modelliert wurde.

Max Pfeiffer, einer der bedeutenden Betriebsleiter der Meißner Manufaktur, schwärmt vom Wunderstoff des Porzellans und spürt seiner Eigenart nach: »Das Wesen des Porzellans wurzelt im Licht. Das Porzellan trinkt das Licht in sich hinein und strahlt es tausendfach gebrochen als weißes Licht zurück. So ist der weiße Schein sein eigenes Wesen, das es sich selbst gibt. Dieses innere Licht gilt es, zur höchsten Entfaltung zu bringen. Wer Porzellan vollständig oder mit lichtundurchlässigen Farben bedeckt oder es in geschlossene schwere Formen zwingt, tötet dieses Licht. Dünne Kanten, die der Schein leicht durchdringt, heben das Licht, und Farben, die wie Edelsteine auf der weißen Fläche sitzen, lassen das Weiß selbst zur leuchtenden Farbe werden«, zitiert von Günter Meier in seinem Buch »Porzellan aus der Meißner Manufaktur«.

Die wohlhabenden Bürger des Leipziger Barock und Rokoko waren durchaus darauf aus, sich auf Erden wohnlich einzurichten. Luxusgüter wie Seide und Porzellan standen nicht für sich, sondern stellten Teile größerer Kompositionen dar, welche die Wohn- und Empfangsräume schmückten, ergänzt durch plastischen Schmuck aus wertvollen Metallen, Möbel aus Edelhölzern, Parkettböden mit Intarsien und so fort. Ende des achtzehnten Jahrhunderts erschien eine weitere anonyme sächsische Chronique scandaleuse, die jetzt nicht mehr den sächsischen Herrscher, sondern die reichen Bürger von Leipzig zur Schau stellte, teilweise namentlich genannt. Das Buch erhielt 1799 den Titel: »Leipzig im Taumel« – und der Autor, der sich dahinter verbarg, war August Maurer.

Der Leser wurde in die Stadtpalais geführt – dafür gemacht, den Besucher in eine andere Sphäre zu heben: »Du würdest in den Palast eines Fürsten zu treten glauben, wenn du in den Vorsaal eines hiesigen Kaufmanns eingehest, die vergoldeten Schlösser mit Schweizerpapier umwickelt, die Mahagonischränke mit der kostbarsten Bronze verziert, die Wände mit den auserlesensten Tapeten geschmückt (…). Nun öffne vollends die Türen der Zimmer, und wahrlich, dein Auge wird geblendet vom Glanz der überirdischen Pracht; du glaubst im Feenreich zu sein (…). Nicht weniger Pracht würdest du finden, wenn dir einmal das Glück winkte, bei der Gasterei eines hiesigen Kaufmanns zu erscheinen. Gleich groß ist da die Verschwendung in Tischzeug, Servicen und Gerichten; selbst an der Tafel eines Fürsten kann kaum dein Gaumen herrlicher gekitzelt und dein Magen von den Geistern der auserlesensten und teuersten Weine durchdringender angefeuert werden.«

16

CHARMANTER SERVICE

Im engeren Sinn besagt gastronomischer Service, dass Speisen und Getränke an den Tisch gebracht werden; im übergeordneten Sinn geht es ebenso um den Umgang mit Menschen. Den Servicekräften der gewerblichen Gastronomie wird heute hauptsächlich ersteres beigebracht: wie man den Tisch deckt, wie man Getränke einschenkt und die Teller darreicht. Man spricht im Bürokratendeutsch von Restaurantfachmann und Restaurantfachfrau, ganz so, als handle es sich um Leute ohne Tradition.

Man stelle sich vor, Koch und Köchin hießen Küchenfachmann und Küchenfachfrau; damit wäre das Ansehen dieses Berufs regelrecht ruiniert, weil das betont Fachmännische oder Fachfrauliche das künstlerische Spiel übergeht. Ausdrücke wie Koch oder Kellner vermitteln dagegen eine urtümliche Sinnlichkeit und geschichtliche Tiefe: der Koch, der über dem Feuer die Brühe zum Sieden bringt; der Kellner, der den Wein oder das Bier aus dem Keller holt und mit einer Kelle in die Becher gießt. Man gebe dem Service die angemessene Würde zurück, achte Begriffe wie Kellner und Kellnerin oder Maître d'hôtel als Restaurantchef und bilde die Leute vermehrt im Umgang mit Menschen aus.

Wie das geht, steht schon im ersten bürgerlichen Grundbuch Europas: in der »Nikomachischen Ethik« des Aristoteles. Ethik meint die Lehre guter Sitten – und das hat etwas mit gutem Service zu tun. Aristoteles fragt nach dem richtigen Verhalten der Menschen, um ein Höchstmaß an Glück zu erlangen. Lust, Freude und Glück liegen für ihn nicht im Reichtum, sondern im Handeln, sei es im politischen Bereich, sei es im geselligen Verkehr, sei es in der zurückgezogenen kreativen Muße. Das unbedingt Gute gibt es für ihn nicht, doch die Vorstellung von gutem Leben, Stil, Geschmack lässt sich durch Erfahrung und Beobachtung erschließen sowie durch die Musterung der Tradition, die in Büchern überliefert ist. Es lassen sich keine festen Gesetze erstellen, aber Normen finden.

Ein gewisses Maß an Lust, Freude und Glück ist nicht an hohe Geburt gebunden, sondern jedem Bürger der zivilen Gesellschaft möglich. Denn Glück hängt, so Aristoteles, von guten Sitten und Tugenden ab, die jeder erlernen und durch Gewöhnung festigen kann. Während frühe Kulturstufen aristokratisch-kriegerische Tugenden wie Tapferkeit oder ländlich-bäuerliche Tugenden wie Feldarbeit und Frömmigkeit betonten, richtete sich Aristoteles nach der höheren Kulturstufe seiner Gegenwart, nach dem Städtischen, Bürgerlichen, der zivilen Gesellschaft.

Während sich Platon, sein Lehrer, noch auf vier oder fünf Kardinaltugenden beschränkt hatte: Frömmigkeit, Tapferkeit, Weisheit, Besonnenheit, Gerechtigkeit, dehnt Aristoteles den Kanon der guten Sitten aus, um dem komplexeren Leben der urbanen Gesellschaft gerecht zu werden, einer Gesellschaft, die nach Frieden, Umgang, Verfeinerung der Sitten und der materiellen Güter strebt. Hellmut Flashar hat in seiner Aristoteles-Biographie diese Unterschiede fein herausgearbeitet.

Aristoteles kommt in seiner Ethik ohne die Götter und das Jenseits aus, weil diese Phänomene für ihn unerkennbar bleiben und daher bedeutungslos für das Leben auf Erden seien. Die Tugend der Frömmigkeit fällt deswegen bei ihm weg. Es geht um irdische, lebensbejahende Normen – und sie berühren häufig das gastronomische Thema, den geselligen Verkehr.

Unabhängig von Aristoteles könnte man sagen: Gastlichkeit beruht auf drei Säulen, in der Reihenfolge, in welcher der Gast die Dinge wahrnimmt: erstens auf Raum und Einrichtung; zweitens auf Service und Gespräch; drittens auf Speisen und Getränken. Ersteres und letzteres betreffen die materielle Kultur, doch Service und Gespräche die sittliche. Die materielle Kultur, eben Räumlichkeit, Einrichtung, Speisen, Getränke, verlangen vom Gastgeber aber auch schon sittliche Tugend, nach Aristoteles: Freigebigkeit, Großzügigkeit, Hochherzigkeit, Geschmack.

Speziell bei Service und Gespräch stehen andere Tugenden, die Aristoteles zur Norm erhebt, im Vordergrund: Aufrichtigkeit, Gewandtheit, Freundschaft. Später macht Benedikt von Nursia in seiner Ordensregel den herzlichen Empfang des Gastes sogar zur Kardinaltugend der Gastlichkeit: sofortige Aufmerksamkeit, Bekundung der Sympathie, wenn nicht gar der Zuneigung und Liebe. Das ist bis heute so wichtig wie eh und je. Selbst wenn im Restaurant gerade Hochbetrieb ist, sollte der Gast so schnell wie möglich begrüßt werden – und sei es vorläufig durch einen freundlichen Blick, der dem Gast zu verstehen gibt, dass er bemerkt wurde und willkommen ist. Schon das Spiel mit offener, heiterer Miene, der einladenden Gestik und leichten Verneigung sind wesentliche Sprachmittel für Patron, Maître, Kellner und Kellnerin. Der sittliche Kern der Gastlichkeit heißt Abbau von Fremdheit, Beklemmung; im Gegenzug Entfaltung von Geselligkeit, Freundschaft, Menschlichkeit.

Sprache in jeder Form, sei es Mimik und Gestik, sei es tatsächliches Sprechen und Reden, ist das A und O für den Umgang mit Menschen, auch für den Service. Aristoteles erklärt: »Da es im Leben auch eine Erholung gibt und bei dieser eine mit heiterem Scherz verbundene Unterhaltung, so scheint es auch hier eine angemessene Art des Verkehrs zu geben, eine Art zu sprechen.« Man soll nicht zu viel, aber auch nicht zu wenig reden, weder Possen reißen noch schweigen. Es geht darum, eine Sprache zu finden, die aus den gewohnten Anschauungen ein wenig heraustritt und in die Sphäre des guten Lebens weist, in der jede Person Mensch sein darf: durch Witz, Humor, leichte Ironie. Bloß nicht dastehen wie ein Klotz, bloß keine Sprachfloskeln, sondern Beredtheit: »Die aber selbst niemals scherzen und denen, die einen Scherz machen, böse sind, erscheinen steif und trocken. Die aber angemessen zu scherzen wissen, heißen artig und gewandt, als wüßten sie sich wohl zu wenden.«

Eine Grundregel des guten Benehmens, der Sitten und Lebensart lautet: Das gewitzte Sprechen würzt den geselligen Verkehr und macht ihn vergnüglicher. Aristoteles ergänzt: »Die aber die Ironie mit Maß und in nicht gar zu handgreiflichen und offenkundigen Dingen anwenden, erscheinen als freie und anmutige Menschen.« Zwar kostet der feine Ton ein wenig Übung, aber wenn man ein solches Sprechen einmal gewohnt ist, geht es leichter, als man denkt. Für Gäste, Gastgeber und Service gilt gleichermaßen: Gewandtheit und Geschmeidigkeit in der Bewegung wie im Reden.

Gegenüber dem antiken Athen, wo Aristoteles lehrte, war das antike Rom schon mehr als zehnmal so groß und zählte um die Zeitenwende rund eine Million Einwohner. Cicero, der dort wirkte, nahm die Gedanken des Aristoteles auf und entwickelte sie in seiner Schrift »De officiis«, »Vom rechten Handeln«, weiter. Das Werk ist an seinen Sohn gerichtet, allgemein jedoch hat Cicero den »vir bonus«, den guten Menschen, im Blick – einen Typus, aus dem dann seit der Renaissance der »gentiluomo«, der »gentleman«, der »honnête homme«, die »honnête femme«, der Herr, die Dame hervorgingen: gewandte, beredte, gebildete Menschen ohne Dünkel. Für die Gastronomie ist es eine ideale Situation, wenn Gastgeber, Gäste und Service solchen Leuten entsprechen, wenn sich alle gegenseitig respektieren und für gute Stunden sorgen.

Auch Cicero erörtert Gewandtheit und Beredtheit. Wichtig sei schon ein souveränes Auftreten im geselligen Verkehr, das heißt, weder unterwürfig noch betont souverän, sondern anmutig und natürlich: »Denn einstudierte Bewegungen sind oft recht geckenhaft und einige Gebärden der Schauspieler nicht frei von Affektiertheit. (…) Die Würde der äußeren Erscheinung nämlich muß durch das Gesunde der Farbe gewahrt werden, die Farbe auch durch körperliche Abhärtung. Man sollte ferner auf Gepflegtheit Wert legen (…). Ebenso sollte man seine Aufmerksamkeit richten auf Kleidung, bei der – wie in den meisten Äußerlichkeiten – die rechte Mitte das beste ist. Andererseits müssen wir uns hüten, entweder beim Gehen in allzu lässiger Langsamkeit uns zu bewegen (….), oder bei Zeitgedränge auf übertriebenes Hasten uns einzulassen.«

Cicero wünscht sich Beherrschtheit, Sportlichkeit, Stetigkeit, Natürlichkeit. Schlimm beispielsweise, wenn sich heute der Service vor dem Gast aufbaut, mit breiter Brust und gespreizten Beinen, statt in eleganter Haltung aufzutreten; ebenso schlimm eine schlappe Haltung oder das Hetzen durchs Lokal, sei es, weil Not am Mann ist, sei es aus Wichtigtuerei. Schön sind flüssige Abläufe im Service.

Neben den sprechenden Gesten kümmert sich Cicero wie Aristoteles um das Reden selbst. Wieder gelten Beherrschtheit, Entgegenkommen, eine liebenswürdig gewinnende Art: »Es sei also diese Gesprächsführung, bei der die Sokratiker sich am meisten auszeichnen, gelassen und nicht rechthaberisch, und sie besitze Charme. Auch schließe sie nicht andere aus.« Ob Herr, ob Dame, ob Kellner, ob Kellnerin, jeder sollte auf Dialog, Witz, Bezauberung aus sein.

Das diesseitsbezogene, lebensbejahende Nachdenken über das menschliche Glück war im Mittelalter leicht eingeschränkt, weil nach christlicher Lehre die entscheidenden Bezugspunkte der Moral im

Himmel lagen. Als diese Ordnung ins Wanken geriet, sah es Martin Luther gar nicht gern, dass die Leute wieder weltliche Literatur lasen. In seiner Hauptschrift »An den christlichen Adel deutscher Nation« von 1520 empfahl er den durchlauchtigsten Fürsten, sie möchten doch bitte die ethischen, politischen oder naturwissenschaftlichen Schriften von Aristoteles und Cicero verbieten.

Nichts schlimmer, gab sich der Theologe überzeugt, als die Werke des »blinden, heidnischen Meisters Aristoteles«, dessen »Buch der Ethik ärger denn kein Buch stracks der Gnade Gottes und christlichen Tugend entgegen ist«. Luther orientierte sich an frühen Kulturstufen, in der die Tugenden der Feldarbeit und Frömmigkeit oder der Tapferkeit im Vordergrund standen wie bei den alten Israeliten und den Germanen. Er war beseelt von der Idee, dass ein anspruchsloses frommes Leben Neid und Streit unterbinde und für Gerechtigkeit sorge. Im übrigen möge man sich dem blinden göttlichen Schicksal anvertrauen und ja nicht versuchen, das Leben in die eigene Hand zu nehmen.

Eine solche Lehre hinterging den Prozess der Zivilisation. Sich als Mensch mündig fühlen, sich selbst eine Fassung geben, dazu das Wesen der Natur, Geschichte und Gesellschaft erkunden, Sitten und materielle Kultur verfeinern – das war für den Reformator Satanskult. Die Einschüchterung durch eine himmlische Macht sollte unangetastet bleiben. Luther pries zwar die Freiheit gegenüber dem Papst, aber gleichzeitig die Untertänigkeit gegenüber Gott und fürstlicher Obrigkeit: Er wünschte sich den Bürger als Untertan. Das Romanische, das Italienische, die Wiedergeburt der klassischen Antike: all das war ihm ein Dorn im Auge. Nicht Geschmeidigkeit und Liebenswürdigkeit sollten Trumpf sein, sondern die Rechthaberei: »Hier stehe ich. Ich kann nicht anders. Gott helfe mir. Amen.«

Der italienische Hofmann und Diplomat Baldassare Castiglione war aus anderem Holz geschnitzt. Er verfasste seit 1508 sein Werk »Il Libro del Cortegiano«, »Der Hofmann«, und gab es 1528 heraus. Ein paar Jahrzehnte später, 1560, wurde es erstmals ins Deutsche übersetzt und war dann in Italien wie in Deutschland und Europa ein lange Zeit wirkmächtiger Bestseller. Das Buch schildert eine fiktive Gesprächsrunde am herzoglichen Hof von Urbino in Mittelitalien, an der Damen wie Herren teilnehmen. Vordergründig geht es um den idealen, dienstfertigen Hofmann adliger Herkunft im Verhältnis zu seinem Fürsten, doch eigentlich schon um den freien Bürger, der sich selbst bestimmt und in der Welt durch Gewandtheit, Beredtheit, Bildung zu behaupten weiß.

Aus dem »vir bonus«, dem guten Menschen bei Cicero, wird bei Castiglione der »Gentiluomo«, der Herr oder die Dame. Einer der Teilnehmer der Gesprächsrunde lobt den »herrlichen Philosophen Aristoteles, vielleicht den größten auf der ganzen Welt«. Dieser vermittle bereits den inneren Dreh- und Angelpunkt eines Herrn oder einer Dame: die Anmut – jene Tugend, schön zu sein und zugleich bescheiden, gesittet und zurückhaltend. Für Castiglione gehen aus der Anmut weitere Tugenden des Umgangs hervor: insbesondere »sprezzatura«, wie es im italienischen Original heißt, ein Wort, das im heutigen Italienisch kaum mehr gebräuchlich ist. Doch das Timbre, die Klangfarbe dieses Begriffs scheint seine Bedeutung zu verraten: Lässigkeit, Leichtigkeit, ohne das Formgefühl zu verlieren; verwandt mit »naturalezza«, Natürlichkeit, und »semplicità«, Einfachheit. Der Gegenbegriff, der überwunden werden soll, ist »affettazione«, Affektiertheit, Ziererei.

Anmut, Grazie, Lässigkeit mit Formgefühl, Nonchalance, Eleganz meinen mehr oder minder dasselbe. Es handelt sich um Tugenden, die nicht angeboren sind, sondern die man sich aneignen kann: durch Sport, Körperpflege, Bildung, Spracherwerb, Umgang mit Leuten von Welt. Die angewandte Mühe soll vor dem anderen verborgen bleiben. Bloß keine Prahlerei, was man alles könne, was man alles wisse, wie schön man sei, sondern beherrscht bleiben, sich lässig zurücknehmen, den anderen mitspielen lassen, Komplimente machen, so lautet die Devise: »Daher kann man sagen, dort sei die wahre Kunst, wo man die Kunst nicht sieht.« Der Umgang mit Menschen soll den Schein des Natürlichen bewahren, um für andere angenehm und vergnüglich zu sein.

Gewandtheit und Beredtheit machten auch vor den Alpen nicht Halt. Selbst wenn einem Martin Luther der Sinn für guten Ton gefehlt hatte, gab er doch durch die Übersetzung der Bibel der deutschen Sprache neue Ausdruckskraft. Einer der ersten, der im frühen siebzehnten Jahrhundert entschieden die Pflege der deutschen Sprache und Literatur forderte und förderte, war Martin Opitz. Die heimische Sprache sollte geschmeidiger werden, auf dass die Deutschen gewandter miteinander umgingen. 1617 veröffentlichte er die Schrift »Aristarchus sive de contemptu linguae Teutonicae« – »Aristarch oder Wider die Verachtung der deutschen Sprache«. Nicht religiöse Bildung, wie noch hundert Jahre zuvor in Luthers 95 Thesen gegen den Ablass, sondern weltliche Bildung stand nun auf dem Programm. Einer Übersetzung von antiken Epigrammen stellte Opitz eine Widmung voran und hob Eigenarten des Epigramms hervor: Vielfalt der Argumente, Witz, Weltläufigkeit, Anmut.

Der dreißigjährige Glaubenskrieg unterbrach dann diese Reformbemühungen; doch führte im späten siebzehnten und im achtzehnten Jahrhundert gerade die Leipziger Schule, wenn man so sagen darf, das Werk von Opitz fort, vertreten durch Dichter und Philosophen, die entweder an der Universität in Leipzig lehrten oder studiert hatten: wie Thomasius, Gottsched, Gellert, Lessing, Goethe.

Ende des achtzehnten Jahrhunderts musste sich die deutsche Sprache kaum noch hinter anderen europäischen Sprachen, die stärker auf elegantem Latein beruhten, verstecken. Die deutsche Sprache war nun biegsam und wortreich wie das Italienische, Französische oder Englische. Goethes Jugendwerk »Die Leiden des jungen Werthers« von 1774 wurde zum europäischen Bestseller.

1788 veröffentliche Adolph Freiherr von Knigge sein Buch »Über den Umgang mit Menschen«, um in beeindruckender Manier an die großen Lehren des guten Benehmens von Aristoteles, Cicero und Castiglione anzuknüpfen. Ohne Mühe findet man bei ihm versteckte Zitate dieser Autoren. Er selbst hatte an der Universität in Göttingen studierte, wo der Geist der Aufklärung herrschte, und war dann wie Aristoteles oder Castiglione eine Zeitlang Hofmann, unter anderem Hofjunker des hessischen Landgrafen Friedrich in Kassel, gewesen. Doch der Begriff des »Hofmanns«, der bei Castiglione noch im Titel stand, weicht bei Knigge dem Begriff des »Menschen«. Es geht nicht mehr um einen bevorzugten Stand – wenngleich das auch schon bei Castiglione in Frage gestellt wurde –, sondern um den Bürger der Zivilgesellschaft, um den Herrn, um die Dame, um Leute mit Sitten und Lebensart.

Im Vorwort zur dritten Auflage wies der Autor darauf hin, dass das Buch nicht bloß Vorschriften einer konventionellen Höflichkeit beinhalte, sondern Grundwahrheiten der Weltklugheit. Es lehre, wie man glücklich und vergnügt lebe und andere froh mache. Knigge folgt den humanistischen Philosophen des klassischen Altertums: Jeder ist seines Glückes Schmied; jeder kann die Kunst des Umgangs mit Menschen erlernen, in der Welt fortkommen und eigenes wie fremdes Glück bauen.

Notwendig sei es, sich in der Welt bemerkbar zu machen und geachtet zu werden, ohne Neid oder Missgunst hervorzurufen. Wenngleich Knigge nur selten speziell auf gastronomische Situationen eingeht, lassen sich die menschlichen Szenen, die er anführt, leicht darauf übertragen. Allgemein empfiehlt Knigge einer »Person«, sich in andere Menschen einzufühlen und nicht einfach nur, wie bis dahin in der ständischen Gesellschaft üblich, den sozialen Rang zu beachten.

Knigge individualisiert die Kunst des Umgangs. Es erscheint ihm ratsam, »sich nach Temperamenten, Einsichten und Neigungen der Menschen zu richten, ohne falsch zu sein; sich ungezwungen in den Ton jeder Gesellschaft stimmen zu können, ohne weder Eigentümlichkeit des Charakters zu verlieren, noch sich zu niedriger Schmeichelei herabzulassen. Der, welchen nicht die Natur schon mit dieser glücklichen Anlage hat geboren werden lassen, erwerbe sich Studium des Menschen, eine gewisse Geschmeidigkeit, Geselligkeit, Nachgiebigkeit, Duldung.«

Für Gastgeber, Maître, Kellner ist es seither wichtiger denn je, sich eine gewisse Menschenkenntnis zu erwerben und in den Gast einzufühlen. Es kann keine generelle Order geben, wie man mit dem Gast umzugehen habe. Der eine schätzt das gewitzte Gespräch mit dem Kellner, der andere möchte für sich bleiben; der eine erwartet Beratung, der andere ist selbst Connaisseur und Kenner der Genüsse. Nur nicht rechthaberisch gegenüber dem Gast sein! Man sollte dem Gast soviel Spielraum geben wie möglich; aber der Gast sollte auch zum Kellner charmant sein.

Eine zentrale Maxime im Umgang mit Menschen lautet bei Knigge: »Interessiere Dich für andre, wenn Du willst, daß andre sich für Dich interessieren sollen!« An Castiglione erinnernd, zieht er etwas später den Schluss: »Eine gewisse Leichtigkeit im Umgang also, die Gabe, sich gleich bei der ersten Bekanntschaft vorteilhaft darzustellen, mit Menschen aller Art zwanglos sich in Gespräche einzulassen und bald zu merken, wen man vor sich hat und was man mit jedem reden könne und müsse, das sind Eigenschaften, die man zu erwerben und auszubauen trachten soll.«

Die gastronomischen Ansprüche in deutschen Landen stiegen im Laufe des achtzehnten Jahrhunderts. Ahmte die hergebrachte Fürstenherberge mehr oder minder den gehobenen Komfort eines Patrizierhauses nach, so entstanden jetzt in den führenden Städten luxuriöse Hotels, die tatsächlich fürstliche Schlösser imitierten und auf das Grandhotel des neunzehnten Jahrhunderts vorauswiesen. August Maurer beschrieb 1799 in seinem Buch »Leipzig im Taumel« das dortige »Hôtel de Saxe« in der Klostergasse 9 als ein solches (nicht zu verwechseln mit dem heutigen »Hotel de Saxe« in der Gohliser Straße; das Original hat sich nicht erhalten): »Allein ich wüßte auch weit und breit unter den öffentlichen Häusern keines, in welchem man so bequem, so reinlich und kommode wohnen könnte und in welchem man in jeder Hinsicht eleganter, angemessener und prächtiger bedient würde als eben in diesem. Die Stuben sind geräumig, schön ausmöbliert und zu jeder Bequemlichkeit ganz vortrefflich angelegt. Die Markörs und Lohnbedienten sind abgerichtet wie die Jagdhunde, und es ist, als witterten sie schon den entferntesten unserer Wünsche.«

Während die traditionelle Fürstenherberge eher einen zwanglosen Service bot, orientierte sich nun die neue Form des Luxushotels eher am Service der Lakaien im fürstlichen Palais. Das mochte nicht nur den Wünschen aristokratischer Gäste, sondern auch dem Verlangen wohlhabender Bürger entsprochen haben, die im Hotel fürstlich bedient werden wollten.

Doch diese Marotte hinkte damals schon dem Prozess der Zivilisation hinterher. Wahre Gastlichkeit trachtet von jeher nach Menschlichkeit, nach einer Begegnung auf Augenhöhe, frei von strengem Protokoll, wie es Castiglione oder Knigge erörterten. Lange noch hielt man den steifen, lakaienhaften Service in luxuriösen Hotels für besonders nobel und fein, teilweise bis in die jüngste Zeit hinein, ganz so, als sei das Ancien Régime, die alte Gesellschaftsordnung, noch gültig.

Vergnügen macht ein opernhafter Service heute nur noch, wenn er mit Augenzwinkern betrieben wird, als ein gewitztes Spiel mit der Tradition höfischer Gesellschaft. Wenn Maurer über den Service im »Hôtel de Saxe« sagt, dass er »den entferntesten unserer Wünsche« gewittert habe, so klingt das auch ein wenig spöttisch. Tatsächlich kann es nerven, wenn der Kellner vermeint, jeden Wunsch des Gastes bereits zu kennen. Man fühlt sich überfahren, überversorgt. Wenn diese Bemerkung allerdings gemeint haben sollte, dass sich der Service in den Gast einfühlt, so wies das in die Zukunft.

In einem war dieses Hotel schon wegweisend. Die hergebrachte Table d'hôte, die gemeinsame Speisetafel der Hotelgäste mit vorgegebenem Menü zur bestimmten Zeit, war abgeschafft worden. Der Speisesaal stand sowohl Hausgästen als auch Bürgern der Stadt offen, die hier ein Abendessen zu sich nehmen wollten. Die formelle Ordnung des Tafelsaals verwandelte sich mehr oder minder in ein Restaurant mit freiem Zugang und zwangloserer Art. Der Begriff des Restaurants war dem Autor offenbar noch nicht bekannt; der Name tauchte zu dieser Zeit aber schon in Paris auf und meinte Lokale, die Einzelgerichte servierten. Mauerer schrieb: »Die Messen über wimmelt dieses Haus von vornehmen Herrschaften, und des Abends wird auf dem Saale offene Tafel mit Musik gehalten – ein Vergnügen, dem selbst viel hiesige Kaufleute beiwohnen und das ich jedem empfehle, der Lust hat, ungeniert zu speisen. Alles ist heiter und vergnügt, von steifem Wesen sieht man hier gar nichts, und oft werden ein adliger Baron und ein armer Student bei dieser Gelegenheit die innigsten Freunde. Dieses Vergnügen verdankt man lediglich dem Geiste des Wirts.« Deutlich wird, dass eine solche Art von Restaurant noch etwas Neues war und von der Persönlichkeit des Patrons abhing.

Sprezzatura nördlich der Alpen

Neue Wege geht in Leipzig heute auch das Hotel »The Westin«. Noch zu Zeiten der DDR, in den Achtzigern, von Japanern geplant und erstellt, ragt es als Hotelturm aus der Stadt. Der oberste Stock wird mittlerweile nicht mehr nur als Bar genutzt, sondern auch als Restaurant. Der Gast sitzt rund hundert Meter über der Stadt am Tisch und schaut durch große Fenster. Unten funkeln abends die Lichter: Leipzig strahlt, als sei es ein Ort von Glanz und Glamour. Tatsächlich war ja die Stadt im achtzehnten und neunzehnten Jahrhundert eine Messe-

und Handelsmetropole von europäischem Rang, wo Kaufleute alles feilboten, was die Welt an Luxus hergab: Gewürze, Seidenstoffe, Porzellan.

Im himmelhohen Restaurant »Falco« des »Westin« kommt die Phantasie schnell in Gang, sei es im Restaurant selbst, sei es in der benachbarten Lounge mit Bar. Der städtische Luxus von einst setzt sich hier auf moderne Art fort: als ein Genussleben in der Höhe, als zeitgemäße Feinschmeckerei und Gastlichkeit auf höchstem Niveau: ungezwungen, elegant, als schwebe man über den Dingen.

Dementsprechend nennt Küchenchef Peter Maria Schnurr seine Kochkunst »cuisine passion légère«. Er ist hier die treibende Kraft, welche gewohnte Strukturen aufbricht, unterstützt von einem nicht minder famosen Serviceduo, von Maître Oliver Kraft und Sommelier Christian Wilhelm. Das jüngste Konzept heißt »DER! Tisch«. Gemeint ist ein viergängiges Menü, das nicht im Restaurant, sondern nebenan in der Lounge serviert wird: an einem großen blanken Eichenholztisch, wo zehn bis zwölf Personen Platz haben, individuell buchbar, zu einem verhältnismäßig günstigen Preis, ohne dass der Gast auch nur ein Jota an kulinarischem Genuss einbüßt. Die Leute sitzen dicht an dicht und können sich leicht gegenseitig kennenlernen, wenn sie wollen. Zwanglos verbindet sich hier traditionelle Gasthauskultur mit Gourmetküche und Höhenblick. Das Mittag- oder Abendessen beginnt ohne Brimborium. Es gibt keinen Gruß aus der Küche, keinen aufwendigen Service. Den übernimmt schlicht der Barkeeper der Lounge, während der Maître oder der Sommelier des Restaurants gelegentlich auf einen Sprung vorbeikommen, sich auf einen Plausch mit den Gästen einlassen oder sie nach Bedarf bei der Weinauswahl beraten. Gourmandise soll sich an diesem Tisch in den Alltag einfügen, nicht zu formell, nicht zu teuer, aber doch das gewisse Etwas bieten.

Traumhaft der Kabeljau aus Island, kross auf der Haut gebraten, kurz im Ofen mit Rosmarinzweigen nachgegart. Die Rippen des dikken Filets zerbrechen zart und saftig auf der Zunge und vermitteln einen Hauch von Meeresbrise, zugleich wird die bestimmte eigene Süße der Kabeljaus subtil von der Herbe des Rosmarins ausbalanciert. Vertiefte Sensorik! Auch dieser Kabeljau erscheint, wie jeder der vier Gänge, in relativ einfachem Geschirr, in einer Art von flachem Suppenteller, in diesem Fall mit metallisch glänzendem Goldrand. Ohne

Pinzetten-Akrobatik wurde das weiße Filet mit brauner knuspriger Haut in die Mitte gelegt, umzogen von cremefarbener Soße, von einer Champagnernage; darauf liegen flockenleicht grüne Rosenkohlblätter, gehackte Rosinen und Rauchnüsse.

Verlockend gehen Farben, Düfte, Aromen ineinander über. Es sind keine extravaganten Gewürze nötig, denn der verführerische Geschmack erwächst aus den Dingen selbst. Man freut sich am Ganzen, doch auch an jeder Einzelheit, die ohne Anstrengung wahrzunehmen ist. Jede Zutat wahrt den Schein des Natürlichen; die Mühe des Kochs, die dahintersteckt, wird nicht noch durch technisch-dekorative Mätzchen hervorgekehrt. Wirklich: »cuisine passion légère«.

Oder: Sprezzatura auf dem Teller und im Service! Der Barkeeper empfiehlt dem Gast, er möge doch zwischen den Gängen einmal die gerösteten Nussbrotstifte in Verbindung mit dem griechischen Joghurt probieren, pfiffig mit Nori-Alge und Chili gewürzt. Mit sächsischem Charme sagt er: »Ditschen Sie die Stifte einfach in das Joghurt.« Der Gast hat einen Heidenspaß daran.

Sobald gelegentlich Maître, Sommelier und andere Kellner vom Restaurant in die Lounge kommen, nimmt man auf angenehme Weise wahr, dass sich die Leute vom Service untereinander grün sind, frei von Hierarchieallüren – ein eingespieltes Team. Sommelier Christian Wilhelm verrät: »Wir verstehen uns untereinander fast blind. Wenn wir merken, dass einer von uns mit einem bestimmten Gast nicht so gut zurechtkommt, geht ein anderer hin. Es gibt kein Schema F, um den Gast glücklich zu machen. Wir versuchen so einfühlsam wie möglich, gewisse Situationen zu nutzen, um mit ihm ins Gespräch zu kommen. Das kann dann ein sehr lustiger Abend werden, für alle Seiten.« So ist es.

17

GEDECKTER TISCH

Der Frauenplan in Weimar zählt zu den schönsten Plätzen der Stadt, lichtvoll und zugleich traulich in seinen Ausmaßen. Eine kleine Welt für sich – und doch nicht weit entfernt vom Markplatz sowie vom herzoglichen Schloss und dem Park an der Ilm. An der Nordseite des Platzes dehnt sich ein stattliches Haus aus, errichtet im Stil des Barock, durchaus mit Zügen eines Palais. Es liegt leicht erhöht und beherrscht den Platz, ganz so, als könnte dort nur eine bedeutende Familie wohnen. Nachdem Goethe, der Favorit des Herzogs Carl August von Sachsen-Weimar, 1782 vom Kaiser zum Baron erhoben worden war und fortan ein vollwertiges Mitglied bei Hofe war, zog er hier als Mieter ein, bis das Haus samt Hinterhaus und Garten in den 1790er Jahren in sein Eigentum überging.

Goethe ließ nun das Anwesen nach seinen Idealen umbauen. Er opferte einige Zimmer, um ein großzügiges Treppenhaus zu schaffen, das in die Wohn- und Repräsentationsräume im ersten Stock führte. Der Gast ging jetzt über eine langgestreckte dreiläufige Treppe langsam nach oben, vorbei an Nischen mit Figuren des klassischen Altertums, stieg Stufe um Stufe in eine andere Wirklichkeit auf, erlebte im Glücksfall eine Verwandlung – oder, in Goethes Worten, eine Metamorphose.

Der Besucher wurde schon beim Gang in den ersten Stock auf besondere Erlebnisse eingestimmt. Auf dem Treppenpodest angekommen, las er vor der Türschwelle, als Intarsie eingelassen: »Salve« – Sei gegrüßt! Hier empfing ihn der Hausherr. Man betrat sogleich das Speisezimmer. Es war zunächst, wie das Treppenhaus, lindgrün getüncht worden, später wurde es nach Goethes Farbenlehre gelb gestrichen, weil Gelb das Gemüt ermuntere und zum Essen und Trinken passend sei. Die Wände schmückten Radierungen, ein Zyklus über Amor und Psyche, weil der Hausherr ebenso der Meinung war, dass sich beim Essen und Trinken vorzüglich über Kunst reden lasse. In der Mitte des länglichen Zimmers stand ein Esstisch für sechs Personen, der bei Bedarf ausgezogen werden konnte. Im wesentlichen findet man heute noch alles so vor wie zu Goethes Lebzeiten.

Goethe führte ein gastfreundliches Haus. Es war neben dem Schloss des Herzogs die etwas andere Residenz eines Barons und hohen Hofbeamten, eines Dichters und Patriziersprösslings der Freien Reichsstadt Frankfurt am Main. Das Anwesen erschien wie der Frauenplan als eine kleine Welt für sich, weniger höfisch bestimmt, freier in seiner Lebensart, ohne dass es an Stil gemangelt hätte.

Zwar gab es Leute, die Goethe als steif und abweisend empfanden, aber es kamen eben viel zuviele nach Weimar, die glaubten, Anspruch auf eine Einladung bei ihm zum Essen und Trinken zu haben. Oft wusste er sich nicht anders zu helfen, als sich zurückzuziehen, sei es, dass er sich gar nicht blicken ließ, sei es, dass er das Essen bald beendete. Dennoch fand man in dem kleinen Residenzort niemanden, der gastfreundlicher war als er. So berichtet etwa Friedrich Wilhelm Riemer in seinen »Mittheilungen über Goethe«: »Er, der gastfreiste Mann Weimars, ohne der reichste des Ortes zu sein, sah wöchentlich nicht nur, sondern fast täglich Gäste bei sich, einheimische und fremde.«

Riemer hob dabei auch die bedeutende Rolle von Christiane Vulpius hervor, Goethes Geliebter und Mutter des gemeinsamen Sohnes August, eine Bürgerliche, die von den höfischen Kreisen in Weimar geschnitten wurde. Anfänglich war Christiane nicht in die Führung des Haushalts eingebunden, weil dafür Mägde und Diener da waren. Doch sie hatte ihrerseits ein Faible für Essen, Trinken und Gastlichkeit und übernahm bald das Regiment in Küche, Keller und Garten.

Zuvor, in seinem ersten Weimarer Jahrzehnt, hatte sich Goethe darauf eingelassen, dass ihn die Hofdame Charlotte von Stein, die er damals umschwärmte, ein Stück weit zum Höfling erzog; doch blieb er immer auch Dichter und Künstler sowie der Patriziersohn der Freien Reichsstadt Frankfurt am Main, jemand, der sich selbst bestimmt und Dinge tut, die ungewöhnlich sind. Goethe fühlte in sich auch so etwas wie eine gastrosophische Sendung, geschult am großbürgerlichen Elternhaus in Frankfurt am Main, an der Gastlichkeit in Leipzig während seiner Studentenzeit sowie an südländischer Lebensart, wie er sie während seiner italienischen Reise erlebt hatte.

Während August Maurer 1799 in seinem Buch »Leipzig im Taumel« darüber berichtete, dass dort das erste Haus am Platze, das »Hôtel de Saxe«, die Table d'hôte abgeschafft und den Speisesaal in eine Art von Restaurant verwandelt hatte, veränderte auch Goethe in derselben

Zeit die Gepflogenheiten an seiner Tafel. Er schaffte den französischen Service ab und ging zum russischen über. »Service à la française« bedeutet im Barock, gerade bei Hofe, dass alle Speisen eines Gangs, der aus mehreren Gerichten bestand, in Schüsseln und auf Platten in die Mitte des Tisches gestellt wurden; jeder Gast musste sich darum bemühen, dass er das eine oder andere Stück erhielt. An ein angenehmes Gespräch war kaum zu denken, denn ständig bat der eine Gast den anderen darum, diese oder jene Schüssel weiterzureichen. »Service à la russe« hieß hingegen, dass dem Gast die Gerichte, die man in der Küche vorschnitt, nacheinander auf einem Teller serviert wurden. Das wirkte für das Auge weniger spektakulär, denn es standen nicht mehr so viele Schüsseln und Platten auf dem Tisch, auch nicht mehr so viel pompöses Tafelgerät. Die hohen Kerzenständer, Kredenzen, Weinschiffe, Pokale und dergleichen wurden durch Dinge ersetzt, die niedriger und zierlicher waren. Für die Teilnehmer der Tafelrunde war dieser Service viel angenehmer und bequemer; der eine sah den anderen besser, dessen Minenspiel und Gestik; zugleich erhöhte sich die Wahrscheinlichkeit, dass das einzelne Gericht den Gast wirklich warm erreichte. Man konnte sich unterhalten.

So lud Goethe Ende der Neunziger zu Ehren der Dichterin Sophie von La Roche zum Abendessen ein, dazu auch Charlotte von Stein, die ehemals Umschwärmte, die nun Goethes Geliebte, Christiane Vulpius, aus verletzter Eitelkeit eine »Mägdenatur« nannte. Baronin von Stein beobachtete alles mit Argusaugen und erkannte, dass hier eine höfische Tradition zu Bruch ging. Sie schrieb an Charlotte Schiller: »Gestern aß ich mit der Laroche bei Goethe. Es war ein empfindsames Diner. Wir mußten uns jedes nach unseren Namen auf dem Couvert setzen, und Nachbarn oder Visavis, eines oder das andere, waren am schicklichsten zur Unterhaltung ausgesucht. Auf dem Tisch standen anstatt der Gerichte Blumennäpfe mit raren Gewächsen und Bouteillen mit Wein dazwischen. Die Unterhaltung ging gleich auf die Blumen, und nach einer Weile wurden uns vorgelegte Speisen gebracht.«

Goethe führte eine neue Art der Tischordnung ein: Nicht mehr der soziale oder höfische Rang entschied über die Plazierung bei Tisch, sondern die Natur der Gäste. Die Leute sollten ihrem Temperament oder Talent nach zueinander passen, damit unterhaltsame Gespräche entstanden. Auf jedem Couvert, jedem Tischgedeck lag offenbar ein

Namensschildchen, wenngleich Frau von Stein diesen Begriff noch nicht kannte. Da die Mitte des Tisches nicht mehr mit vielen Schüsseln und Platten vollgestellt wurde, sondern die Speisen auf Tellern gebracht wurden, blieb mehr Platz für andere Dinge wie Blumen und Weinflaschen. Es ging nicht mehr so sehr darum, dass die Gäste bei Tisch an Distinktion hinzugewannen, sondern Genuss erlebten.

Goethes Formen der Gastlichkeit blieben variabel. Mal entschied er sich für den »Service à la française«, mal für den »Service à la russe«. Im anderen kleinen Esszimmer, wo im vertrauten Kreis gespeist wurde, ging es ohnehin informeller zu. Auch wurden dort zwischendurch deftige Sachen genossen, wie hausgemachte Bratwürste am Schlachttag, so, wie sie bis heute am besten schmecken: aus purem durchwachsenen Schweinefleisch, zerkleinert, gewürzt und in Naturdarm gefüllt, roh auf den Rost gelegt, serviert mit Sauerkraut. Wie vormals Horaz mochte auch Goethe einfaches, herzhaftes Essen. Insgesamt achtete er auf eine »diätetische«, das heißt, abwechslungsreiche und gesunde Kost.

Geschätzt wurden frische Erzeugnisse aus dem eigenen Garten. Das Menü leitete oft eine Rindsbrühe mit Nudeln oder anderen Einlagen ein, dann folgten Salat und Gemüse. Der Hausherr liebte als Vorspeise grünen Kopfsalat und Gurken, mariniert mit frisch gepresstem Olivenöl; unter den Gemüsen mochte er besonders die Kohlsorten wie Wirsing, Kohlrabi, Blumenkohl, Brokkoli, aber auch Spargel und Artischocken durften nicht fehlen. Nach Suppe, Salat oder Gemüse gab es oft, zumal wenn im großen Esszimmer aufgetischt wurde, einen Fischgang, hauptsächlich Süßwasserfische aus der Ilm, Karpfen, Hecht, Lachs, auch Krebse, dann folgte ein dritter Gang, verschiedene Bratengerichte, bevorzugt Geflügel, Wildgeflügel wie Rebhuhn und Fasan, dazu größeres Wild, abgeschlossen von einem Dessert und Früchten, Erdbeeren, Kirschen, Pfirsichen. Auch überregionale Delikatessen wie Melonen, Feigen und Datteln wurden nicht verschmäht, bezogen vom Weimarer Hofkoch Françoise le Goullon. Dieser brachte ebenso russischen Kaviar, Straßburger Pastete mit Gänsestopfleber und Trüffel oder frische Austern und lebende Hummer aus England. Joachim Nagel hat diese Tafelkunst in seinem Buch »Zu Gast bei Goethe« anschaulich dargestellt; vorzüglich ergänzt durch das Werk »Gestern aß ich bei Goethe« von Sybil Gräfin Schönfeldt.

Gemäß seiner Kunsttheorie mochte es Goethe, wenn bei den Speisen nicht die Manier des Kochs, sondern die Wesensart der Waren zum Zug kam – was man vornehmlich durch genaues Garen erreichen konnte. Immer wieder stellten Gäste fest, dass die Speisen nicht überladen waren, dass sie schlicht, aber gut zubereitet auf den Tisch kamen. In seinem Aufsatz »Einfache Nachahmung der Natur, Manier, Stil« sah Goethe den Künstler der Manier kritisch: »Er erfindet sich selbst eine Weise, macht sich selbst eine Sprache«, ohne die Natur zu achten, was dazu führe, dass die Manier »immer leerer und unbedeutender« werde. Der Künstler des Stils hingegen dringt auf das »Wesen« der Gegenstände und bringt sie charakteristisch zur Erscheinung – eine höhere Erfahrung vermittelnd.

Wegweisend blieb Goethes flexible Art des Essens und Trinkens. Der Gedanke der Diätetik, der gesunden Ernährung, war ihm zwar sympathisch, aber er ließ sich davon nicht drangsalieren. Er gab keineswegs den Olympier, den nichts anficht. Er konnte und er wollte – ähnlich wie Horaz oder Montaigne – kein Tugendheld sein, der rigorosen Idealen folgt und sich Erlösung davon verspricht. Auch für ihn galt die Maxime: Wer sich immer fest im Griff hat, dem droht das Leben verlorenzugehen. Das ethische Ideal ist nicht die statische Mitte, sondern die Balance, ein ausgeglichenes Leben, bei dem das Pendel auch mal nach der einen oder anderen Seite ausschlägt.

Goethe war ein Lebemann, neugierig, lernend, produktiv, genießend. So mancher asketische Protestant oder puritanische Preuße, der nach Weimar kam, staunte, wie am Frauenplan gelebt wurde. Gäste berichteten, dass Goethe oft nach Herzenslust aus den Schüsseln nachfasste und gern einen tüchtigen Schluck aus der Pulle nahm, sprich, dass er den Wein nicht nur in kleinen Mengen verkostete, um im Stil heutiger Zeit laborhafte Analysen zu machen, sondern ein gewisses Quantum goutierte, um sich davon berauschen und verzaubern zu lassen. Gastlichkeit war für ihn Verwandlung, Metamorphose, vom einstimmenden Aufstieg im Treppenhaus bis zum Nachtisch mit edelsüßem Wein. Sitten und Lebensart schlossen für ihn ausgelassene Momente mit ein.

1827 hielt sich der Dramatiker Carl von Holtei in Weimar auf und erinnert sich dann später an Goethes Mittagstisch, »wo acht bis zehn Personen versammelt wurden, (…) um bei einem wohlbereiteten, schlichten Mahle und sehr guten Weinen ein paar Stunden frei und heiter zu verleben. Er war ein sehr angenehmer, aufmerksamer Wirt; behielt sogar im Gedächtnis, was dieser und jener vorzüglich zu essen liebte, und trieb dann durch bedeutende Augenwinke die Diener an, jene beliebte Schüssel noch einmal an den passenden Platz zu tragen. Zum Trinken nötigte der hohe Greis selten mit Worten, – wohl aber durch Tat und Beispiel; denn er trank wie ein Alter, und mich hat es immer in meinem Herzen mit gelabt, wenn ich ihn seinen Würzburger voll Andacht schlürfen sah. Ein Fläschchen Champagner zum Dessert verschmähte er auch nicht. Der Genuß des Weines belebte sichtlich seine Sprechlust und steigerte die Fülle seines Ausdrucks.«

In seinem Aufsatz über »Die Metamorphose der Pflanzen« rückte Goethe zwei Ausdrücke in den Vordergrund: Wandlung und Steigerung. Er übertrug diese Begriffe gern auf den Menschen und seine Kultur. Auch bei einer festlichen Mahlzeit sollten sich Wandlung und Steigerung vollziehen. Möglich war das nur bei dezentem Beginn. Der Treppenaufgang im Haus am Frauenplan war nicht barock bewegt, sondern klassisch ruhig. Der gedeckte Tisch, den der Gast bald sah, mutete ebenfalls vornehm zurückhaltend an. Einer Steigerung der Gefühle stand nichts im Weg.

Schlimm, wenn heutzutage der festlich gedeckte Tisch wie aufgedonnert erscheint. Viel einladender ist es, wenn sowohl die Hierarchie der Sitzordnung als auch die Eindeckung des Tisches flach bleiben. Einnehmend wäre ein Tuch aus weißem Damast über dem Tisch, unterlegt von weichem Molton. Weißes Porzellan – ein Teller pro Gedeck – wäre der natürliche Spielpartner, um den sanften Glanz von Damast unaufdringlich zu steigern. Rechts neben dem Teller läge ein Messer, mit der Schneide zum Teller hin, links eine Gabel, mit den Spitzen nach unten gewendet. Eine weiße Stoffserviette läge lässig auf dem Teller, nur einmal leicht umgelegt. Rechts oben stünde ein Mineralwasserglas, daneben höchstens noch ein Weinglas. Schon sind einige glänzende Materialien auf dem Tisch: Damast, Porzellan, Besteck aus Metall, vielleicht Silberbesteck, dazu Gläser. Das Spiel der glitzernden Dinge könnte sich fortsetzen mit einer niedrigen Vase aus Hochglanzkeramik oder mit einem niedrigen Kerzenständer. Blumen könnten unmittelbar das Thema der Natur anklingen lassen; das Kerzenlicht mag, bewusst oder unbewusst, an die Urszene des Essens am Lagerfeuer erinnern. Insgesamt sollte der Tisch weder zu grell noch zu schummrig beleuchtet sein, damit sich Glanz und Glitzer entfalten könnten und bald auch die Farben der Speisen und Getränke zur Geltung kämen.

Charmant wäre die Sitzordnung: eine Dame, ein Herr, eine Dame, ein Herr. Ehe- und Freundespaare sollte der Gastgeber nicht unbedingt auseinandersetzen, weil beide Seiten oft froh sind, wenn sie einen festlichen Abend nebeneinander verbringen können. Hauptsache, die Leute sitzen so, dass sie vom Temperament her zusammenpassen und Lust am Gespräch haben. Der dezent gedeckte Tisch wäre eine wunderbare Einstimmung. Bevor das Menü begönne, könnte man noch ein Brotkörbchen, Butter und Olivenöl auf den Tisch stellen, dazu ein Brottellerchen links oben am Gedeck. Von Gang zu Gang gäbe es neue Teller, neues Besteck, neue Gläser – Wandlung und Steigerung.

18

KUNST DES TISCHGESPRÄCHS

Wenn sich Goethe nicht gerade unpässlich fühlte, war er ein wunderbarer Gastgeber, voll von Bonhomie, Menschenfreundlichkeit. Wie bereits berichtet, nutzte er zuweilen, noch bevor der Service begann, Utensilien auf dem Tisch, um für zwanglose Gespräche zu sorgen. Er stellte, was bis dahin unüblich war, Blumenvasen auf die Tafel, und siehe da: »Die Unterhaltung ging gleich auf die Blumen«, wie es Charlotte von Stein im Brief an Charlotte Schiller bezeugte. Es waren seltene Blumen, die tatsächlich ein Gespräch darüber reizvoll machten. Man könnte heute statt rarer Gewächse auch ein kleines Salzfass aus Porzellan mit brillanten Farben und Formen des Rokoko in die Mitte rücken. Schon hätte der Gastgeber wohl keine Mühe, das Gespräch in Gang zu bringen.

Der Gastgeber kann bei einer kleineren Runde nach Belieben auf Namensschildchen auf dem Gedeck verzichten und die Gäste mit netten Worten plazieren. Auch auf diese Weise läuft das Gespräch gut an. Natürlich sollte es dabei nicht passieren, dass nur einem bevorzugten Gast der Platz angewiesen wird. Jede Person sollte das Gefühl haben, dass sie mit Bedacht das richtige Gedeck erhält.

Ideal ist es, wenn sechs Personen Platz nehmen. Eine Besetzung mit vier Leuten wirkt fast schon zu intim, bei einer Runde mit acht Teilnehmern bricht die Gruppe leicht in zwei Blöcke auseinander. Sechs Personen bilden im Glücksfall einen magischen Kreis, nicht zu vertraut, aber auch nicht zu lose. Es entsteht in der Regel ein Gespräch, an dem alle teilnehmen. Entzückend, wenn jeder einmal das Wort ergreift und die anderen ihm zuhören; wenn sich jeder zurücknimmt und zugleich einbringt.

Neben Schmuckstücken auf dem Tisch können Bilder an der Wand wie von selbst für Gesprächsstoff sorgen, vorzugsweise Kunstwerke als Unikate, nicht als Reproduktionen; es sollte sich um echte, originelle Dinge handeln, die nicht jeder kennt; es sei denn, junge Leute laden ein und machen das Beste aus dem, was sie haben. Es muss nicht alles und jedes bestimmten Idealen entsprechen. Wer kein echtes Gemälde an der Wand hängen hat, nicht einmal als feines Schnäppchen vom Trödler oder Antiquar, der hat dann halt Erzähltalent und kann für Unterhaltung sorgen. Ansprechend sind im Esszimmer allemal Stillleben mit Blumen, Früchten und dergleichen, Sujets, die Sinnlichkeit vermitteln und auf das Essen und Trinken einstimmen.

Die Sitten bei Tisch sollten nicht zu streng sein. Gastgeber und Gäste sollten selbstverständlich Freude daran haben, sich auf ein Rollenspiel einzulassen, auf galante Umgangsformen, die ihrem Ursprung nach auf Leute wie Cicero, Horaz oder Ovid zurückgehen und spätestens seit den Minneliedern und Epen des hohen Mittelalters in Europa eine Tradition haben. Die Rollen, die zu vergeben sind, heißen »Dame« und »Herr«, möglichst gewandt, beredt, gebildet, ohne Dünkel. Es besteht die Chance, aus der Prosa des Alltags auszubrechen – und so todernst muss man die Tischrituale nicht nehmen. Das Diner ist heiteres Theater mit feinem Essen und Trinken.

Wenn einer der Gäste mit den Regeln nicht so vertraut ist, dann sollte der Gastgeber ihn das nicht merken lassen, sondern der Eigenart des Gastes mit Gelassenheit entgegenkommen. Goethe war ein Meister darin und bewies es beispielsweise gegenüber Martin Friedrich Arendt, dem »Runenantiquarius«, wie er ihn nannte. Arendt gehörte zu jenen Fremden, die sich selbst im Haus am Frauenplan zum Essen und Trinken empfahlen. Friedrich Wilhelm Riemer schilderte in seinen »Mittheilungen über Goethe« die Begebenheit: »Es schmeckte diesem Ausgehungerten jederzeit so vortrefflich, daß er eines Mals, nachdem er mit Hammelbraten und Gurkensalat zuerst den Teller, dann den Magen reichlich gefüllt hatte, nun auch die köstliche Brühe von Gurkensaft und Öl und Essig nicht wollte umkommen lassen. Den Teller schon mit beiden Händen zu den Lippen erhoben, um ihn auszuschlürfen, fiel es ihm doch noch ein, für die studentikose Manier um Erlaubnis zu bitten. Goethe mit unnachahmlicher Bonhomie, Ruhe und Treuherzigkeit hieß ihn ›sich nur ja nicht zu genieren‹, indem er, während daß jener schlürfte, das Leckere einer solchen Mischung von Bratenbrühe und Gurkensaft rühmend auseinandersetzte und so den Genießer ermutigte, sich ganz zwanglos dem Behagen des erquicklichen Trankes hinzugeben.«

Es sollte gescherzt und gelacht werden. In der Manier des Hausvaters oder Patriarchen tranchierte Goethe oft selbst das Fleisch und servierte es den Gästen. Caroline Schlegel war 1796 zu Gast am Frauenplan und berichtete:»Goethe gab ein allerliebstes Diner, sehr nett, ohne Überladung, legte alles selbst vor, und so gewandt, daß er immer dazwischen noch Zeit fand, uns irgend ein schönes Blatt mit Worten hinzustellen oder uns sonst hübsche Sachen zu sagen.«

Es ging nicht um Etikette, höfisches Protokoll, Distinktionsgewinn, auch nicht darum, über irgendwelche Themen mitreden zu können, es ging zuallererst um Menschlichkeit, um die Bereicherung des Lebens durch die Kunst des Tischgesprächs. Gewisse Situationen wurden genutzt, um gewitzte Äußerungen zu machen oder um eine gute Geschichte zu erzählen, aus dem Leben zu greifen; oder man schnitt musische Themen an, Leseerlebnisse, Reisen, Theaterbesuche. Nach und nach kamen zu den Genüssen der Unterhaltung die Genüsse des Essens und des Trinkens hinzu, die dann ihrerseits zum Gesprächsstoff wurden, und sei es die Vorzüglichkeit der Gurkensalatmarinade.

Ein Nest wie Weimar übernahm Ende des achtzehnten und Anfang des neunzehnten Jahrhunderts die Rolle der literarischen wie gastrosophischen Avantgarde. Allerdings bildeten in dieser Periode auch Leipzig, Dresden oder Wien, die kaiserliche Residenz des Heiligen Römischen Reiches Deutscher Nation, eine Schule der Geselligkeit, des Umgangs, der Manieren. Kurios waren in Wien die 1780er Jahre, als dort der Jesuitenorden seinen Einfluss verlor (weil ihn der Papst gerade aufgelöst hatte) und zugleich Kaiser Joseph II. nicht länger neben seiner strengglläubigen Mutter, Kaiserin Maria Theresia, regierte, sondern allein, und aufklärerische Ideen zuließ. Mehr denn je war Wien diesseitig gestimmt, ein Ort der Musen und Grazien, der Musik und der Oper, neuerdings auch der Salonkultur.

Berühmt wurde der Salon der Gräfin Maria Wilhelmine von Thun, mindestens ebensosehr von Persönlichkeiten von nah und fern frequentiert wie Goethes Haus am Frauenplan in Weimar. Der Kaiser zog abends einen zivilen Gehrock an und setzte sich unter die Gäste, auch Mozart war darunter. An seinen Vater schrieb der Komponist 1781:»Gestern habe ich bey der Gräfin thun gespeist, und Morgen werde ich wieder bey ihr speisen. – Ich habe ihr was fertig ist (von der ›Entführung aus dem Serail‹) hören lassen. – sie sagte mir auf die lezt, daß sie sich getraue mir mit ihren leben gut stehen, daß das, was ich bis dato geschrieben, gewiß gefallen wird.« In den Salons wurde gespeist,

Musik gespielt, über die Musik geredet und den Leuten Zuversicht vermittelt.

Volkmar Braunbehrens hat dieses wunderliche Milieu der 1780er Jahre in seinem Buch »Mozart in Wien« dargestellt; er zitiert dabei auch einen englischen Gentleman, der Gast bei der Gräfin Thun war: »Die Gräfin besitzt die Kunst, eine Gesellschaft zu erhalten, und zu machen, daß sie einander selbst unterhalte (...). Bei vielem Witz und einer vollkommenen Kenntnis der Welt besitzt sie das uneigennützigste Herz. Sie ist die erste, die die guten Eigenschaften ihrer Freunde entdeckt, und die letzte, die deren Schwachheiten merkt. Eine ihrer größten Vergnügungen ist, Vorurteile unter ihren Bekannten aus dem Wege zu räumen und Freundschaften zu stiften und zu befördern.«

HINAUS INS GRÜNE

Als König Friedrich II. von Preußen – gemeinhin Friedrich der Große oder der Alte Fritz genannt – im August 1786 starb, war das Bedauern in Berlin nicht groß, eher herrschte Erleichterung, wie es damals Graf Mirabeau beobachtete. Der verstorbene König galt vielen als ein barscher Zyniker. Doch nun setzte sich ein Lebemann auf den Thron: Friedrich Wilhelm II., großzügig in seiner Art, musisch begabt, ein brillanter Geigenspieler, sehr belesen, Rousseau-Liebhaber, umgänglich, liebenswürdig, mit Neigung zur Mätressenwirtschaft wie zum Okkultismus, nächtlichen Geisterbeschwörungen.

Der König wollte rasch ein Zeichen setzen, dass nun eine andere Epoche beginne: nicht mehr so stark soldatisch geprägt, mehr den Musen und Grazien zugetan. Während Friedrich II. noch im Spätbarock und Rokoko verwurzelt gewesen war, wandte sich Friedrich Wilhelm II. dem Klassizismus zu und damit dem klassischen Altertum. Der König beauftragte 1789 den Baumeister Carl Gotthard Langhans, für Berlin ein neues Stadttor nach Westen hin zu entwerfen: das Brandenburger Tor.

Langhans orientierte sich am antiken Athen, an der legendären Stadt der schönen Künste und Wissenschaften, auch als Wiege von Freiheit und Demokratie angesehen. Der Baumeister erklärte selbst seinen Entwurf:»Die Lage des Brandenburger Thores ist in ihrer Art ohnstreitig die schönste in der ganzen Welt, um hiervon gehörig Vortheile zu ziehen, und dem Thor so viel Oeffnung zu geben, als möglich, habe ich bey dem Bau des Neuen Thores das Stadt-Thor von Athen zum Modelle genommen, so wie solches von Le Roy und Stuart et Revett nach denen noch gegenwärtig in Griechen-Land befindlichen Ruinen umständlich beschrieben wird.«

Die Vorlage bildete zwar nicht, wie Langhans meinte, das antike Stadttor von Athen ab, aber doch das Haupttor der Akropolis, die Propyläen. Dementsprechend schuf Langhans für Berlin ein breites Tor mit fünf Öffnungen. Das Tor verlor seinen militärischen Charakter, gab nur noch die Idee eines Tores wieder. Es erhielt durch seine horizontale Ausrichtung eine gewisse Bodenhaftung, wirkte aber zugleich luftig, durchlässig, menschenfreundlich, als freier Übergang von der Stadt ins Grüne.

Ursprünglich war der Bereich westlich vor dem Brandenburger Tor ein kurfürstlich-königliches Wildrevier, der Große Tiergarten. Doch schon Friedrich II. ließ das Areal in einen öffentlich zugänglichen Waldpark verwandeln. An seiner nördlichen Seite, um das heutige »Haus der Kulturen der Welt« herum und nahe der Spree, wurden bereits seit 1745 Zelte aufgestellt, wo die Besucher Erfrischungen haben konnten. Im neunzehnten Jahrhundert mauserte sich der Tiergarten dann zum Tummelplatz der Berliner. Seit 1835 wurde der Waldpark nach Plänen von Peter Joseph Lenné in einen Landschaftspark nach englischem Vorbild umgestaltet. Die Zelte im nördlichen Bereich ersetzte man durch feste Häuser mit Terrassen, die Tausende von Durstigen bewirten konnten.

Nach Jürgen Osterhammel fand im neunzehnten Jahrhundert allgemein »Die Verwandlung der Welt« statt. Die zunehmende Industrialisierung, vermehrte naturwissenschaftlich-technische Forschung, verbesserte Hygiene und Ernährung ließen die Bevölkerung im westlichen Teil Europas, in Nordamerika und in Japan in einem bislang nie dagewesenen Ausmaß ansteigen, seit 1890 mit großer Beschleunigung. Es entstand ein Boom der Stadtbildung und Urbanisierung.

Den drei menschlichen Urveränderungen – Beginn von Kunst und Gastlichkeit vor rund vierzigtausend Jahren; Erfindung der Landwirtschaft mit Viehhaltung und Ackerbau vor rund zwölftausend Jahren; Gründung von Städten und Stadtstaaten vor rund fünftausend Jahren – schloss sich eine vierte an: Industrialisierung und Urbanisierung, im Schlepptau die Elektrifizierung und Digitalisierung.

Im neunzehnten Jahrhundert wurde der Ruf nach dem Grünen immer lauter, an Sonntagen oder sommers nach Feierabend den dichten Stadtkernen zu entkommen. Die Caféterrassen und Biergärten im Berliner Tiergarten wurden größer und größer. Seit 1869 baute man dort das »Zoo-Restaurant« aus, mit Kaisersaal, Musikpavillon, Weinlokal, Bierschenke, Kaffee- und Teeraum. Es war eine Attraktion, sowohl die Tiere im Zoo anzuschauen als auch im »Zoo-Restaurant« einzukehren. Schließlich fanden drinnen zehntausend, draußen im Konzertgarten zwanzigtausend Gäste Platz. Es handelte sich um die größte

Restaurantanlage der Welt. Im Grieben-Reiseführer »Berlin und Umgebung«, der seit 1899 in mehreren Auflagen erschien, hieß es: »An schönen Sommerabenden entfaltet sich auf dem Konzertplatz ein froh belebtes, echt großstädtisches Leben und Treiben.«

Eugen Szatmari schildert 1927 in seinem »Buch von Berlin« das Geschehen »In den Zelten«, in jenen Lokalen des Tiergartens, die im achtzehnten Jahrhundert aus Zelten bestanden und jetzt illustre Gartenlokale darstellten: »Da ist plötzlich Licht, Musik und Betrieb. Eine Dame, ein Herr, eine Dame, ein Herr, so zieht man ein durch die Pforte von Zelt eins, so nimmt man Platz an einem der Tische, so bestellt man Bier und Kaffee, hört man die Militärmusik, und so geht man wieder hinaus in den Tiergarten. Zwei leere Bänke werden schon noch irgendwo zu haben sein.« Es entstanden neue Formen der Gastronomie: im Grünen, in großer Dimension, ungezwungen, volkstümlich.

Zwischenzeitlich ging jedoch die Herrlichkeit des Berliner Tiergartens im Bombenhagel des Zweiten Weltkriegs unter. Der Park wurde vorübergehend in Ackerflächen verwandelt und erst seit 1949 wieder als solcher hergerichtet, allerdings nicht mehr unbedingt als Landschaftspark nach englischem Vorbild, eher wieder als Waldpark, mit nur wenigen weiten Rasenflächen. Man vermisst heute ein wenig das arkadisch-bukolische Flair, das sich der Englische Garten in München bewahrt hat, mit grandiosen Ausblicken auf die turmreiche Silhouette der Altstadt.

Das Münchner Pendant zum Berliner Tiergarten entstand seit 1789, just seit der Zeit, als an der Spree das Brandenburger Tor entstand. Der bayerische Kurfürst Carl Theodor beauftragte den Landschaftsgärtner Friedrich Ludwig von Sckell, an der Isar den Englischen Garten anzulegen. Ein Überraschungselement darin, der Chinesische Turm, eine Pagode mit mehreren luftigen Geschossen aus Holz, wuchs ebenfalls schon 1789 empor. Die Deutschen machten zwar in diesem Jahr keine politische Revolution wie die Franzosen, aber doch eine grüne.

Seit 1825 gab es am Chinesischen Turm ein Chinesisches Wirtshaus. 1974 entstand dann der dortige Biergarten in seiner heutigen Form mit siebentausend Sitzplätzen. Parallel zum Englischen Garten entwickelte sich in München das Oktoberfest, ursprünglich ein volksfestartiges Pferderennen draußen vor der Stadt, erstmals anlässlich der Hochzeit zwischen Kronprinz Ludwig mit Prinzessin Therese im Jahr 1810. Die

Tradition des Pferderennens verlor sich; typisch für das Oktoberfest wurden im Laufe der Zeit die riesigen Bierzelte mit Blasmusikkapellen und »Hendlbraterei«, dazu Schausteller mit Karussells, Hau-den-Lukas!, Achterbahn und so fort. Jährlich kommen von Mitte September bis Anfang Oktober rund sechs Millionen Besucher in diese weltweit berühmte Lokalität.

Fast möchte man meinen, hier zeigte sich immer noch die alte keltische Narretei für großartige gargantueske Feste im Freien. Jedenfalls beweisen die Deutschen, pardon, die Bayern, dass sie Gastronomie großen Stils aufziehen können. Man mag sich aber auch an das prachtvolle Hoffest vor den Toren von Mainz im Jahr 1184 erinnern fühlen, zu dem Kaiser Friedrich Barbarossa – nach unterschiedlichen Schätzungen – fünfzig- bis hunderttausend Gäste eingeladen hatte; oder man denke an das Konstanzer Konzil, an dem seit 1414 Zehntausende von Prälaten, Fürsten und Fürstinnen aus ganz Europa teilnahmen, die durchaus schon vor die Tore der Stadt zogen, um sich in Wirtshäusern am Waldrand oder beim Picknick auf den Wiesen zu vergnügen.

Im neunzehnten Jahrhundert entstanden in hiesigen Breiten vielerorts Biergärten außerhalb der Stadt, just über felsigen Kellern, in denen sommers das Bier reifte, wobei man die Keller durch schattige Kastanienbäume vor der prallen Sonne schützte. Darunter ließ sich gut sitzen und der kühle Gerstensaft genießen. Ein Traum von einem Biergarten ist der »Spezial-Keller« in Bamberg, hoch über der Stadt, mit herrlichem Blick auf den Dom, die Klöster und Stiftskirchen des Ortes. Für die Deutschen ist nicht nur der Zug ins Häusliche, Innerliche, Gefühlvolle typisch, sondern auch der Zug nach draußen, ins Grüne, ins Freundliche, mehr denn je seit dem neunzehnten Jahrhundert.

Parallel zu den Biergärten vermehrten sich in den Weinbaugebieten die Besen-, Strauß- oder Kranzwirtschaften, oft mit begrünten Innenhöfen. Wilhelm Müller dichtete das beliebte Lied: »Im Krug zum grünen Kranze / Da kehrt' ich durstig ein: / Da saß ein Wandrer drinnen / Am Tisch bei kühlem Wein (...).« Seit 1833 ist es in seiner heutigen Melodie bekannt. Wunderbar, als Wanderer an der Bruchkante des Rheingrabens im pfälzischen Schweigen-Rechtenbach die Weinstube Jülg zu besuchen und im begrünten Innenhof zu sitzen. Es gibt zum eigenen Wein Gerichte der Pfälzer Küche, sorgfältig zubereitet, etwa »Pfälzer Teller« mit Saumagen, Leberknödel, Bratwurst, Sauerkraut und Bratkartoffeln, bestens begleitet vom »Riesling Gutswein«. Die würzige Säure des Weins macht das gehaltvolle Gericht leichter, hebt die Güte. Es ist regelrecht ein Fest, hier zu essen und zu trinken.

Unter den berühmten Lokalen im Berliner Tiergarten vor dem Zweiten Weltkrieg lebt eines bis heute fort: das »Café am Neuen See«, ehemals »Restaurant am Neuen See« genannt. Der Gastronom Roland Mary – der in Berlin unweit vom Gendarmenmarkt auch das renommierte Restaurant »Borchardt« betreibt – hat das Gartenlokal 1994 übernommen. Es liegt an einer der ruhigsten Ecken im Tiergarten und stammt in seiner heutigen Form aus den sechziger Jahren. Ein eingeschossiger Flachbau mit Wintergarten ist nach Westen hin auf den Neuen See ausgerichtet. Davor, im Viertelkreis um den Neuen See herum, schuf Mary vor zwanzig Jahren unter Kastanien, Linden und Eichen für eineinhalbtausend Menschen Platz – und hatte umgehend Erfolg.

Er vermied Fehler, wie sie für so manches Lokal im Grünen typisch sind. Häufig glauben die Wirte, es sei unnötig, Geld, Sachverstand und Liebe in den Garten zu stecken. Im Zuge der Industrialisierung überlässt man es Großbrauereien und anderen Getränke- und Lebensmittelkonzernen oder Zigarettenfirmen, das Gartenlokal mit einem Kuddelmuddel aus farbig bedruckten Sonnenschirmen und buntscheckigen Pavillons auszustatten: Ein Wald von Werbung zerstört das Idyll.

Bezaubernd jedoch, wenn im Freiluftlokal das Natürliche des Gartens im Vordergrund steht. Für jene Flächen, die nicht mit Bäumen bewachsen sind, kaufte Mary einfarbige helle Sonnenschirme, und für Ausschank, Grill und Pizzaofen ließ er Pavillons bauen, deren Dächer auf luftigen Holzkonstruktionen ruhen. Vom Café aus gesehen, stehen die hinteren Reihen der Tische und Bänke auf niedrigen, terrassenförmigen Holzpodesten und erinnern im Ansatz an eine Arena. Überall bieten sich freundliche Blicke: auf Menschen, auf das Grün und das Wasser.

Auch wenn der Garten schon halb gefüllt ist, bleibt es hier noch wundersam ruhig. Das Flair ist um so angenehmer, als auch ein netter Service geboten wird. Unmittelbar vor dem Cafégebäude kann man sich bedienen lassen, und auch wenn man die Getränke und Speisen ansonsten selbst von den Pavillons holen muss, so ist doch ständig Personal unterwegs, das die verlassenen Tische zügig abräumt und im Garten insgesamt für Sauberkeit und angenehme Atmosphäre sorgt.

Man findet im Berliner Tiergarten noch einen anderen reizvollen Ort, der erst vor ein paar Jahren in eine gastronomische Institution verwandelt wurde: den ehemaligen Zollpackhof, nun mit Restaurant, Terrasse und Biergarten, unmittelbar am nördlichen Spreeufer, vis à vis vom Kanzleramt. Es dürfte einmalig auf der Welt sein, dass man von einem Biergarten aus die Zentrale der Macht in Augenschein nehmen kann, ganz so, als sei Politik eine gemütliche Sache. Seit dem Umzug der Regierung von Bonn nach Berlin im Jahr 2000 präsentieren sich im nordöstlichen Teil des Tiergartens Kanzleramt und Parlamentsbauten, wo weite Rasenflächen vorherrschen. Nach außen hin gibt sich die deutsche Politik heute entspannt und regiert quasi im Grünen. Bundeskanzlerin Angela Merkel zeigt Staatsgästen mit Stolz die freien Blicke von ihren Arbeitszimmern aus.

Lohnend ist für den Flaneur ein Spaziergang zum »Zollpackhof«, beginnend am Bahnhof Friedrichstraße. Nach Westen hin dem südlichen Ufer folgend, stößt man nach der Marschallbrücke auf einen der angenehmsten innerstädtischen Spazierwege, die in jüngerer Zeit geschaffen wurden, stets am Fluss entlang, ohne störenden Autoverkehr – zunächst mit spektakulärem Augenschmaus angesichts von wuchtigem Reichstag und luftigen Parlamentsbauten. Die Spree bildet dann einen weiten Bogen, links mit Kanzleramt, rechts mit Hauptbahnhof. Bald sieht man am anderen Ufer einen einladenden Biergarten mit hohen Bäumen. Doch erreicht ihn der Spaziergänger erst, wenn er bis zur Lutherbrücke weitergeht und auf der anderen Seite zurückläuft.

Nun schwenkt man in den »Zollpackhof« ein. Das Hauptgebäude stammt noch von 1855. Davor beherrscht eine altehrwürdige Rosskastanie die Atmosphäre und ruft ein Gefühl von Standhaftigkeit hervor. Michael Keitsch, der Betriebsleiter, meint nicht zu Unrecht, dass hier einige wesentliche Merkmale des guten Biergartens vereint seien: reizvoller Ausblick, Wassernähe, vorbeifahrende Ausflugsdampfer, gepflegtes Essen und Trinken, ehrliche Sachen, keine Fertigprodukte, kein Chichi. Die Imbisse im Garten, wie Bratwürste, Weißwürste und Leberkäs, sind eher von süddeutscher Art, stammen jedoch vom Berliner Fleischer Horst Bahlmann. Das Bier, der »Edelstoff« aus dem Holzfass vom Münchner Augustiner-Bräu, schmeckt wirklich gut: kein bitteres Pils, sondern ein süffiges Helles, von dem man gern ein Glas mehr trinkt. Menschen unterschiedlicher Couleur kommen hier zusammen: Anzugträger und Kostümträgerinnen aus den Büros des Kanzleramtes und der umliegenden Ministerien sowie Leute in legerer Freizeitkleidung, mit T-Shirt und kurzer Hose.

20

NATURNAHE KÜCHE

In vieler Hinsicht ist die Industrialisierung ein Segen für die Menschheit. Wo sie sich durchsetzen konnte, hat sie in der Regel dafür gesorgt, dass die Menschen nicht mehr hungern müssen. Auch neue Formen von Luxus entstanden: nicht mehr bloß für die oberen Zehntausend, sondern für das breite Publikum – Industrialisierung hat auch etwas mit Demokratisierung zu tun. Viele Menschen können heute reisen, mit dem Auto, der Bahn, dem Flugzeug oder Kreuzfahrtschiff.

Der Radius für die Ausflüge ins Grüne wurde im zwanzigsten Jahrhundert immer größer: von den städtischen Parks hinaus an den Stadtrand, ins Umland, in die Berge, ans Meer, in exotische Länder. Für manche Zeitgenossen kann das Reiseziel gar nicht weit genug entfernt sein. Gefühlsmäßig beginnt der Süden für die meisten Deutschen erst jenseits der Alpen.

Aber Süden ist ein relativer Begriff. Iso Camartin erklärt in seinem Buch »Jeder braucht seinen Süden«: »Dieser Süden hat wenig mit Längen- und Breitengraden zu tun. Er ist nur mit Licht- und Wärmegraden der Seele zu messen. Seine Dimensionen haben einen einzigen Maßstab: den der Begierde nach dem Hellen und nach dem Weiten.« Demnach könnte man auch schon einen der nördlichsten Punkte in Deutschland als Süden begreifen: den unendlich weiten Sandstrand von Amrum, oben bei Norddorf, oder andere Strände der nordfriesischen Inseln. Schon die Anreise nach Amrum wäre entspannend: mit der Bahn bis Dagebüll, dann zwei Stunden mit der Fähre durch das Wattenmeer. Süden ist dort, wo man wirklich den Wechsel von der Urbanität zur Bukolik erlebt.

Süden ist Naturnähe, unverfälschte Landschaft, Stille, Träumerei, zurückgewonnene Feinfühligkeit, Geschmeidigkeit, Hochherzigkeit, Gastlichkeit, Delikatesse. Süden ist das gute Leben, das Glück und das Schöne. Man könnte auch sagen: Süden ist jene Gegend, die von der Industrialisierung noch nicht voll erfasst wird: wo technische Reproduktion, Digitalisierung, Cyberspace mit der Natürlichkeit beziehungsweise der Naturästhetik der Landschaft und der Lebensmittel nicht recht konkurrieren können, eine Gegend, wo es auch noch ökologische Landwirtschaft und gutes Handwerk gibt, Fischer, Gärtner, Bäkker, Metzger, Winzer, Brauer, Kellner, Köche, wo der Gast noch historische Orte und Stadtkerne entdeckt, die etwas erzählen können, wo man gegebenenfalls Kunst aus verschiedenen Jahrhunderten kennenlernt. Natürlich sollte es sommers auch warm und sonnig sein, und es sollte Wasser geben, einen großen See, das Meer – eben Helle und Weite.

In Deutschland vereint die Bodenseeregion vieles von dem. Die Tourismusindustrie hat die Gegend noch nicht recht entdeckt. Man findet viele kleinere Gasthäuser und Hotels, idyllische Winkel, malerische Orte – und wünscht sich, dass diese Potentiale umsichtig und nachhaltig weiterentwickelt würden. Man entdeckt das eine oder andere traditionelle mondäne Hotel: in Lindau das Grandhotel »Bayerischer Hof«, ebenso das Hotel »Bad Schachen«, in Konstanz das »Steigenberger Inselhotel« im ehemaligen Dominikanerkloster und, etwas moderner, das »Riva«.

Der Gast kann das Auto daheim stehenlassen, sich in den Zug setzen und nach Konstanz fahren, von dort mit dem Linienschiff oder der Fähre den Bodensee nach Norden hin überqueren: bis bei Meersburg gleichsam die deutsche Südküste aufsteigt. Hinreißend, wenn auf dem Dampfer oder der Fähre der See wie das Meer erscheint, unglaublich weit, und doch eingefasst von ebenen Gefilden oder steilen Küsten, Hügelreihen der Voralpenlandschaft und erhabenen, nackten Bergzacken. Das Wasser blinkt, Segelboote ziehen dahin. Mal liegen die Berge im Dunst, mal treten sie bei Fön ekstatisch hervor. Vom Alltag ist bald nichts mehr zu spüren: Auch hier herrscht Dolce vita.

In den ersten Jahrzehnten nach dem Zweiten Weltkrieg wäre es schwer gewesen, sich solchen Gedanken hinzugeben. Die Deutschen waren die Verlierer und mussten die Schande des Nationalsozialismus aufarbeiten. Doch man läuterte sich, so gut es ging, befreite sich von muffigen Anschauungen und entdeckte die Potentiale des eigenen Landes neu: eben Gegenden des Südens, kunstreiche Stadtkerne, moderne Baukunst, kulinarisches Erbe, Bier- und Weinkultur.

Meersburg erscheint vom Dampfer aus an einem rivieraartigen Steilhang mit Unter- und Oberstadt. Anziehungspunkt der Unterstadt ist die Seepromenade. Jedes Schiff, jede Fähre bringt in der Saison hunderte von Besuchern an diese Flaniermeile am Wasser. Nachbarorte, die Meersburg um diese vielen Gäste beneiden, sprechen despektierlich von Massentourismus. Aber was heißt das schon?

Es macht Spaß, so viele Menschen dort zu sehen, im ständigen Kommen und Gehen. Ohnehin wirkt die Promenade attraktiv. Zugeschnittene Platanen mit kugelförmigen Laubkronen spenden Schatten; ein Lokal reiht sich ans andere, Eisdielen, Cafés, Restaurants; für jeden ist etwas dabei. Sonnenschirme und Markisen sind in der Regel hell und freundlich und ohne Werbung, nichts wirkt marktschreierisch. Es ist ein Boulevard für alle Bürger. Man sieht die neue Generation rüstiger Rentner, behelmt und ein Fahrrad vor sich herschiebend, daneben jüngere Leute, zuweilen in eleganter, maritimer Kleidung, mit Strohhut, Sonnenbrille, weißem Kleid.

Nicht jeder nutzt die Gelegenheit, auch die Oberstadt zu besuchen. Doch bezaubernd staffeln sich in der Steigstraße die Fachwerkhäuser empor. Oben, am kleinen Marktplatz, springen die Dachlinien wie im Takt auf und ab, ganz so, als entstehe Musik. Neben dem bürgerlichen Bereich breitet sich der höfische Bezirk der einstigen Fürstbischöfe von Konstanz aus: mit mittelalterlicher Burg, barockem Schloss, für das Balthasar Neumann das prachtvolle Treppenhaus entworfen hat, und mit Reitschule.

Geht der Besucher oben auf dem Steilhang östlich aus der Stadt hinaus, entdeckt er das »Terrassenhotel Weißhaar«: ein glänzend weißes Gebäude mit flachem, mediterran anmutendem Ziegelwalmdach, als sei es von Italien hierher verpflanzt worden. Im wesentlichen erhielt das Haus sein Gepräge in den sechziger Jahren, und es wirkt nach wie vor gepflegt. Die Lage über dem See ist traumhaft, und die gastronomische Terrasse des Hauses gehört zu den schönsten, die man in Deutschland finden kann. In der Ferne ragt das Appenzeller Säntismassiv hoch und erinnert an den provenzalischen Bergzug Sainte-Victoire, wie ihn Cézanne gemalt hat. Man kann stundenlang dort sitzen, essen, trinken, plaudern und zuschauen, wie die Abendsonne das Säntismassiv auflodern lässt.

Nur eine halbstündige Dampferfahrt von Meersburg entfernt, Richtung Lindau, liegt Immenstaad. Über einen Damm kommt man ins Dorf. Rechts ist der Yachthafen, an den sich das »Hotel Seehof« anschließt. Auf der Terrasse des Hauses fühlt man sich gleich wohl. Patron und Küchenchef Jürgen Hallerbach vertritt das Konzept einer regionalen Küche. Selbstverständlich gibt es frisch gefangene Bodenseefische, welche die Fischerfamilie Meichle aus Hagnau bringt: Felchen vor allem, aber auch Seesaibling, Seeforelle, Flussbarsch, Zander, Hecht, dann und wann Trüsche und Aal. Das regionale Konzept beschränkt sich aber nicht nur auf die heimischen Süßwasserfische. Hinzu kommen Salat und Gemüse von der Insel Reichenau, Lamm aus Salem oder Rind aus dem Linzgau, gut abgehangen. Hallerbach erklärt: »Wenn die Lebensmittel aus der Region wirklich gut sind, dann nehmen wir sie. Aber man hat auch mal Lust auf Hummer.« Der Regionalgedanke ist hier kein Dogma; er bürgt für erstklassige frische Waren, ohne sich ganz auf das Heimische einzuschränken.

Frei von großen Formspielereien erscheinen die Lammkoteletts mit Senfkruste auf dem Teller, umzogen von Pfifferlingen, grünen Bohnen, gelben Kartoffelknöpfen und braunem Jus. Die Zutaten präsentieren sich vorwiegend in den eigenen Farben und Formen, heiter und fröhlich. Die dicken Koteletts zeigen sich saftig und rosarot, die Pfifferlinge muten wie kleine Trompeten an. Dem Gast offenbart sich gleichsam Naturästhetik, die symbolisch vermittelt, dass Koch und Lieferanten schonend mit den natürlichen Gütern umgehen. Man fühlt sich entspannt, hat ein gutes Gewissen und genießt. Bezaubernd der Thymianduft des zarten Fleisches, betörend die federleicht gelierte, feinwürzige Soße, deren Fond zuvor zwei Tage sanft eingekocht wurde, wie Hallerbach verrät.

Die Traditionsküche kommt erst zum Tragen, wenn sowohl Produkte als auch Kochkunst etwas taugen. Wo das nicht der Fall ist, ist der Name der Regionalküche oft nur Etikettenschwindel. Hallerbach hat in seinen Lehr- und Wanderjahren bei berühmten Meistern Erfahrung gesammelt. Wichtig war für ihn bereits die Lehrzeit im »Hotel Colombi« in Freiburg im Breisgau unter Küchenchef Alfred Klink. »Es wurde dort nie gepfuscht«, erklärt Hallerbach, »sondern stets präzises Handwerk ausgeübt; wir arbeiteten immer mit frischen Waren und genauen Garmethoden.«

Seit den sechziger, siebziger, achtziger Jahren bürgerte es sich ein, dass deutsche Köche über den Tellerrand schauten und auch im Ausland Erfahrungen sammelten. Für Hallerbach folgten nach dem »Colombi« Etappen in drei Häusern mit jeweils drei Michelin-Sternen: in

Illhäusern bei Paul Haeberlin, wo er die Soßenkunst der klassisch-französischen Küche erlernte; dann in London bei Albert Roux; schließlich in Mailand bei Gualtiere Marchesi. Gerade der letztere versuchte, Gourmetküche mit Traditionsküche zu verbinden, und wurde berühmt für seinen Risotto mit Safran und Goldblatt als Symbol der feinen lombardischen Küche. Als Hallerbach Mitte der Neunziger nach Immenstaad zurückkehrte, wollte er kein Gourmetrestaurant mit fünf Tischen betreiben und sich dafür völlig verausgaben. »Mein Bruder und ich«, sagt er, »wollten ein Gasthaus, das lebt. Wir wollten für viele Gäste kochen, einen guten Standard bieten.« Solche Worte sind natürlich eine Untertreibung, denn der Standard ist nicht nur gut, sondern exzellent. Auch das ist neues deutsches Selbstvertrauen: das zu machen, was aus dem eigenen Antrieb, aus der eigenen Tradition erwächst – und nicht einfach internationalen Moden der Hochküche zu folgen.

Hallerbach fragte sich, als er daheim als Küchenchef begann – während Bruder Frank den Service übernahm –, was die Quintessenz der feinen Bodenseeküche oder alemannischen Küche sei, als Pendant zum Risotto in der Poebene. Es lief auf die Spätzle zu. Es ging für ihn nur noch darum, Spätzle als kulinarische Herausforderung zu begreifen und sie so gut wie möglich zu machen.

Zuerst suchte er dafür nach den besten regionalen Zutaten, die von sich aus viel Geschmack mitbringen. Er stieß früher oder später auf die traditionsreiche Stelzenmühle in Bad Wurzbach, die ihm ein etwas gröber gemahlenes Mehl aus Weizen und Dinkel liefert. Die Eier stammen von einem Geflügelhof mit Bodenhaltung. Die Spätzle werden täglich frisch gemacht, in der Regel sogar zweimal, morgens und nachmittags. In den Teig kommen viele frisch aufgeschlagene Eier, so dass kein Wasser mehr nötig ist, um den Teig geschmeidig zu machen. In der Rührmaschine wird er gut geknetet, anschließend entweder vom Brett in sprudelndes Wasser geschabt oder in Form von Knöpfle gehobelt. Das Spätzle-Wasser ist schließlich die Grundlage für die Käsesoße. Dafür werden nur große Käselaibe verwendet und in der Küche gerieben, vorwiegend aus der Region: Bergkäse aus dem Allgäu und aus Vorarlberg, ferner Appenzeller sowie, aus dem weiteren Umkreis, Greyerzer.

Der Gast sitzt auf der schattigen Terrasse vor dem Yachthafen und strahlt, wenn die nette Kellnerin die »Käsespätzle mit vielerlei Alpenkäse, Zwiebelschmelze und Blattsalaten« auf den Tisch stellt. Die Teigware ist von wunderbar elastischer Konsistenz, voll von mildwürzigem Aroma; die Soße unterstreicht das Ganze mit etwas kräftigeren Noten; herrlich das Sämig-Süße der Zwiebelschmelze. Über den Bodensee hinweg steigen die Appenzeller Berge auf. Der Gast jauchzt: Naturnahe Küche!

21

BIER WIE WEIN

Lange Zeit schien es so, als habe das Bier gegenüber dem Wein als vornehmes Getränk keine Chance. Während die Weinszene in den letzten zwei oder drei Jahrzehnten mit einer beindruckenden Vielfalt an Rebsorten, Anbauregionen und individuellen Winzertypen auftrumpfte, schrumpfte die Zahl der Bierstile und Brauereien auf ein Minimum zusammen, aufgeteilt auf ein paar Konzerne, die Biere konzipierten, die allgemein gefallen und ein möglichst breites Publikum ansprechen sollten.

Nicht unbedingt Geschmack, Charakter, Individualität des Bieres zählten, sondern die stark rationalisierte Herstellung und günstige Kosten. Die Welt des Bieres geriet in einen vertrackten Kreislauf, in dem der eine Erzeuger den anderen im Preis zu unterbieten versuchte. Es drohte das universale Einheitsbier, technisch sauber gemacht, aber ohne Tiefe.

Ein immenser Aufwand an Werbung übernahm die Herkulesaufgabe, dieses Dilemma zu kaschieren und dem Bier einen zeitgemäßen Anstrich zu geben. Das Pils wurde zur Ikone erhoben, zum Inbegriff des Bieres: blond, schlank, mit leicht bitterer Note. Doch der Kenner ließ sich nicht blenden. Das Bier schaffte es nicht, zum Thema der Lifestyle-Magazine zu werden, geschweige denn auf den Getränkekarten feiner Restaurants ähnlich viel Platz zu erhalten wie der Wein.

Die Revolution kam von unten. In den Vereinigten Staaten, wo die Vereinheitlichung des Bieres am extremsten betrieben wurde, entstanden seit den späten Siebzigern quasi Garagenbiere. Bierliebhaber und Quereinsteiger probierten zunächst privat das Brauen und betrieben es bald auch professionell. Das Ei des Kolumbus hieß: Handwerk, Geschmack, Vielfalt.

Es entstand die Craft-Bier-Bewegung. »Craft« meint auf Deutsch eben Handwerk und »Craft Bier« handwerklich gebrautes Bier. Man nahm sich Zeit, spielte unbefangen mit den herkömmlichen Zutaten: Getreidemalz, Hopfen, Hefe, ebenso mit uralten Ingredienzien wie

Kräutermischungen. Oder man setzte gebrauchte Holzfässer aus der Whiskyherstellung für die Reifung des Bieres ein.

Sylvia Kopp stellt in ihrem Werk »Das Craft-Bier-Buch. Die neue Braukultur« diese Szene vor. Eine Schlüsselfigur der Bewegung ist der Amerikaner Garrett Oliver, seit 1994 Braumeister der legendären Brooklyn Brewery in New York. Oliver übernahm für das Bierbrauen die Prinzipien der zeitgenössischen Hochküche: Verwendung von besten regionalen wie globalen Zutaten, darunter alte wie neue Hopfensorten und Hefen; hohe Sorgfalt bei der Verarbeitung; frei-kreatives Komponieren. Echtes Bier soll sich mit echtem Essen vereinen. »Ich lasse mich inspirieren«, sagt er, »von Gewürzen und Techniken anderer Brauer ebenso wie von der ganzen Genussszene.«

Der Startschuss für die hiesige Craft-Bier-Bewegung fiel 2007, als Garrett Oliver nach Deutschland kam und gemeinsam mit Hans-Peter Drexler, dem Braumeister der Brauerei Schneider Weisse in Kehlheim, einen transatlantischen Sud ansetzte und die Hopfenweisse erfand. Braumeister wie Eric Toft von der Brauerei Schönram in Petting oder Frank Müller von der Brauerei Riegele in Augsburg waren bald ähnlich mutig. Nur weg vom Pils als industriellem Einheitsbier!

Zur neuen Ikone für die Craft-Bier-Brauer wurde das englische India Pale Ale, ein stark gehopftes Bier, das den Gaumen herausfordert. »Braufactum« nennt eine Variante des India Pale Ales »Progusta«. Es wird auf der Internetseite der Betriebs beschrieben, wie man es ähnlich von feinstem Wein gewohnt ist: »Die Progusta Harvest Edition ist eine in Handabfüllung hergestellte, limitierte Sonderauflage unseres India Pale Ales. Für unsere Harvest Edition haben wir frisch gezupften Hopfen ›Hallertauer Mittelfrüh‹ und ›Magnum‹ innerhalb eines Tages nach der Ernte eingebraut. Der erntefrische Hopfen verleiht diesem Bier eine außergewöhnliche, noch intensivere Hopfenaromatik. Zusätzlich wird die Progusta Harvest mit der Hopfensorte Citra aus den USA kaltgehopft und erhält dadurch die typische zitrusfruchtige Note.« Als kulinarische Empfehlung dazu gilt Steak vom Grill.

Ob sich allerdings jeder traditionelle Bierliebhaber in Deutschland an das bitterstoffreiche India Pale Ale, abgekürzt IPA, gewöhnen wird, bleibt abzuwarten. Unter den drei Hauptstilen des Bieres: dem hopfen-, dem hefe- und dem malzbetonten Bier, vermittelt vornehmlich letzteres echte Substanz, mit dem typischen Touch von milder Würze, Süße und Fülle. In der deutschen Brautradition zählen dazu das Helle, das Märzen, der Bock oder Doppelbock sowie das Bayerisch Dunkel.

Prima, dass die Craft-Bier-Bewegung auch den hergebrachten heimischen Bierstilen neue Aufmerksamkeit schenkt. In vielen kleinen Brauereien wird mittlerweile beides gepflegt: sowohl das frei komponierte Craft-Bier als auch das traditionelle Bier; das eine profitiert vom anderen. Es ist eine Freude, dass die heimischen Sorten wieder erstklassig schmecken: so das strohgelbe, leicht gehopfte Kölsch, weich und schlank im Trunk, etwa von der Brauerei Päffgen; ferner das bernsteinfarbene, malzbetonte Märzen, beispielsweise von der Brauerei Ayinger; schließlich der kastanienbraune Bock, mit Noten von Dörrobst und Schokolade, beispielsweise der Asam-Bock von der Weltenburger Klosterbrauerei, die sich selbst als die älteste Klosterbrauerei der Welt vorstellt.

Zu den Urtypen der deutschen Biere gehört schließlich auch das Rauchbier beziehungsweise Rauchmärzen, das in Bamberg und Umgebung von einigen Brauereien hergestellt wird, etwa von der »Brauerei Spezial«: mit einem ausgewogenen Spiel von Süße und Karamell, Röst- und Rauchnoten, untermalt von feiner Säure, welche die Kehle erfrischt. Die leicht herben Rauchnuancen des Biers erinnern an Wald, würziges Holz, Kaminfeuer, Romantik – urdeutsch, wenn man so will.

Das Comeback des Bieres gibt dem Gastgeber neue Möglichkeiten an die Hand. Es ist reizvoll, exzellentes Bier als Aperitif einzuschenken oder den ersten Gang des Menüs damit zu begleiten, bevor Wein zum Zug kommt. Warum auch soll man das Spektrum der eigenen Getränketradition nicht nutzen? Ein hefebetontes fruchtiges Weizenbier harmoniert mit Salaten und Fischen, ein Kölsch mit »Himmel und Erde«, ein süffiges Helles mit Bratwürsten, ein Märzen oder Rauchmärzen mit Schweinebraten, ein Bock oder Doppelbock mit Rind, Wild und sogar mit Süßspeisen.

Auch die Passion für den Wein hat nördlich der Alpen eine lange Tradition. Klimatisch zählt die Region bis Main und Mosel noch zum erweiterten Mittelmeergebiet, selbst wenn die hohen Bergkämme der Alpen wie ein unüberwindbarer Riegel erscheinen. Archäologen konnten bereits für die Periode um 5000 v. u. Z. hierzulande wilde Weinreben nachweisen. Spätestens die Kelten und die Germanen wählten bestimmte wilde Reben aus, um sie gezielt anzupflanzen.

Man sollte meinen, dass Deutschland von jeher ein Weißweinland gewesen sei, eben weil es sich am nördlichen Rand des erweiterten Mittelmeergebiets befindet, in einer klimatischen Grenzzone, wo es nicht mehr ganz so warm ist, was dem Weißwein besser bekommt als dem Rotwein. Dem war aber nicht immer so. Anfänglich wurden mehr oder minder wahllos weiße und rote Reben angepflanzt, vorzugsweise im gemischten Satz, jeweils nach roten und weißen Reben getrennt.

Erst ab dem späten Mittelalter wuchs das Gespür für besonders feine Reben, denn sie wurden damals schon gelegentlich sortenrein in Weingärten angebaut: nämlich Riesling (bei den Weißweinen) und Spätburgunder (bei den Rotweinen). Beide Sorten sind sich darin ähnlich, dass sie auf ihre je eigene Art verhältnismäßig viel Säure, Frische, Frucht aufweisen: Es sind quasi die Merkmale des deutschen Weins – sofern die Winzer diese Stärken zu betonen verstehen.

Riesling, die deutsche Erzrebsorte, gründet auf einer wilden Rebe des Rhein-Mosel-Gebiets, in die Traminer und Heunisch eingekreuzt wurden. 1435 erschien der Name »rießling« erstmals im Rechnungsbuch der Grafen von Katzenelnbogen auf der Burg in Rüsselsheim. Eine Wormser Urkunde von 1490 gibt schon früh den Hinweis auf eine sortenreine Anpflanzung. Rheingau und Rheinhessen an der Rheinfront waren die Ursprungsgebiete. Bereits 1614 wollte dann ein Graf Philipp Ernst von Hohenlohe-Langenburg das übliche Kuddelmuddel aus mäßigen weißen und roten Reben beenden und gab für sein Gebiet die Parole aus, »gutes Zeugs« wie »Rißling« zu pflanzen.

Auch die Tradition des Spätburgunders – in Frankreich Pinot noir genannt – reicht zeitlich weit zurück. 1313 wurde der »Seeburgunder« im Zisterzienserkloster Salem am Bodensee dokumentiert. 1476 erschien im Kellerverzeichnis des Zisterzienserklosters Eberbach im Rheingau der »Klebroit« als Spätburgunder. Zur selben Zeit gab es im benachbarten Hattenheim einen »Clebroit-wyngart«.

Seit dem siebzehnten Jahrhundert drängten die geistlichen Herrschaften ihre Pächter allerdings dazu, vermehrt auf edle Weißweinreben zu setzen: an der Mosel und im Rheingau auf den Riesling, weiter südlich, in der Pfalz, in Baden oder in Franken, kamen andere edle Weißweinreben dazu: Traminer oder Gewürztraminer sowie Gelber Muskateller, Silvaner, Weiß- und Grauburgunder, schließlich Gutedel.

Gerade mit sortenreinem Weißwein dieser feinen Sorten, so gab man sich überzeugt, könne man der Konkurrenz aus Frankreich und Italien Paroli bieten: leicht, frisch, verspielt, aromatisch, einzigartig – köstlich zu Salat, Gemüse, Teigwaren, Süßwasserfisch, Huhn.

Wenn es heute darum geht, den Speisen Leichtigkeit zu verleihen, dann macht dieser klassische deutsche Weißwein eine hervorragende Figur dazu: vor allem die Einstiegsweine, der »Gutswein« trocken mit 11,5 bis 12 Volumenprozent Alkohol, beispielsweise als Riesling vom Weingut Robert Weil im Rheingau, als Silvaner vom Weingut Schmitt's Kinder in Franken oder als Gelber Muskateller vom Weingut Bassermann-Jordan in der Pfalz. Köstlich schmeckt ebenso der traditionelle »Kabinett« mit leichter Restsüße, oft nur mit 10 Volumenprozent Alkohol, beispielsweise als Riesling vom Weingut Joh. Jos. Prüm an der Mosel, mit perfekter Balance zwischen Säure und Süße.

Dagegen lässt sich der Hype um die trockenen »Großen Gewächse« des heimischen Weißweins mit einem lachenden und einem weinenden Auge betrachten. Lachend, weil die deutschen Spitzenwinzer heute beweisen, dass sie ungemein füllige und würzige Weine herstellen können, mit 13 Volumenprozent Alkohol und mehr, wuchtige Tropfen, die sich mit berühmten französischen Chardonnays messen können. Weinend, weil die Einzigartigkeit des deutschen Weißweins, diese leichte, frische, verspielte, aromatische Art sowie das Sortentypische und die Bodenwürze verlorenzugehen drohen, eingelullt von der Glyzerinsüße des hohen Alkoholgrades. Schlimm, wenn dem Gast schon zum ersten Gang ein großes Gewächs eingeschenkt wird.

Deutschland ist für den Riesling das führende Weinbaugebiet in der Welt, doch ist es in Europa nach Frankreich auch der größte Produzent von Spätburgunder beziehungsweise Pinot noir. Es gibt Zeitgenossen, die älteren deutschen Spätburgunder aus den 1920er Jahren probiert haben und ins Schwärmen geraten. Doch nach dem Zweiten Weltkrieg war der heimische Spätburgunder im internationalen Vergleich ein Niemand. Man setzte auf hohe Erträge und nahm dafür eine belanglose Qualität in Kauf. Seit rund zwei Jahrzehnten spielt der deutsche Spätburgunder allerdings in der ersten Liga wieder mit. Die führenden heimischen Winzer bevorzugen Trauben mit kleineren Beeren und pflegen nach Möglichkeit ältere Rebstöcke, was dazu führt, dass die Erträge des Spätburgunders geringer werden, während die

Feinheit steigt. Ein Winzer, der auf sich hält, liest die Trauben mit der Hand, sorgt im Keller dank moderner Technik für eine schonende Gärung und verwendet auf überlegte Weise auch das kleine feinwürzige Eichenfass, das Barrique, für die Reifung.

Im Idealfall ist der Spätburgunder keine Majestät wie der Bordeaux, eher eine Diva, launisch, zauberhaft, nie ganz ergründbar; zuweilen auch enttäuschend, egal ob der Wein sündhaft teuer ist oder nicht. Paul Fürst vom Weingut Rudolf Fürst im fränkischen Bürgstadt am Mainviereck, einer der Schrittmacher des neuen deutschen Spätburgunders, meint, er sei den Bedingungen für feinsten Spätburgunder immer noch nicht ganz auf die Spur gekommen, obwohl er nun schon dreißig Jahre darüber nachdenke und Erfahrungen sammle. Friedrich Becker vom gleichnamigen Weingut im pfälzischen Schweigen-Rechtenbach äußert sich ähnlich. Spätburgunder könne man nicht behandeln wie jede andere Rebsorte, er verlange eine ganz eigene Aufmerksamkeit. Irgendwann habe er gelernt, dass die Endphase der Maische eine hohe Temperatur von 33 Grad Celsius erreichen sollte, damit sich der Gerbstoff rund und elegant entwickelt. Der Sommelier wiederum, möchte man hinzufügen, sollte den Rotwein nicht mit Zimmertemperatur, sondern mit 16 Grad Celsius servieren, denn nur so schmeckt er frisch, fruchtig und elegant; und für den Weißwein sind 8 Grad Celsius ideal.

Der deutsche Spätburgunder wird normalerweise trocken vergoren, bietet in bester Ausprägung ein funkelndes Rubin, keineswegs undurchdringlich, sondern transparent, regelrecht verheißungsvoll; er verströmt einen nuancenreichen, wenn nicht märchenhaften Duft mit schmeichlerischer Fruchtsüße, Anklängen von roten Früchten, Kirsche, Himbeere, dazu Veilchen, Orange, Schokolade; typisch sind ebenso Pfeffer-, Boden- und Kräuterwürze; er wirkt nicht zu dicht, sondern eher verspielt, nervig, seidig, geschmeidig – eine vorzügliche Begleitung für Rind und Wild.

Bestens, wenn man sich an Goethe hält und auch einmal ein zweites und drittes Glas trinkt. Der Wein- wie der Biergenuss darf heute, im Zeitalter der Naturwissenschaft und Technik, keineswegs zur bloßen Verkostung ausarten, als sitze man im Labor und notiere fleißig jede Nuance. Viel herrlicher ist es, wenn der geistig-alkoholische Stoff der Getränke den Gastgeber und die Gäste gesprächiger und freimütiger macht. Wie wunderbar auch, wenn man dann und wann – sobald zum neuen Gang ein neuer Wein eingeschenkt wird – gemeinsam anstößt und die Gläser klirren hört, als sei es Tafelmusik. Béla Hamvas bringt es in seinem Buch »Philosophie des Weins« auf den Punkt: »Der Rausch ist ein grenzenlos höherer Zustand als die alltägliche Vernunft und der Beginn der eigentlichen Wachheit. Der Beginn von allem, was schön, ernst, genußbringend und rein im Leben ist. Es ist die höhere Nüchternheit, die eigentliche Nüchternheit. Es ist der Enthusiasmus, wie die Alten sagten, aus dem die Kunst, die Musik, die Liebe, das wahre Denken entspringt.«

ATMOSPHÄRE, WITZ, GESCHMACK

Der Fremde wird zum Vertrauten – so könnte die Kurzformel der Gastlichkeit lauten. Es vollziehen sich Prozesse der Verwandlung, ausgelöst durch sinnliche wie sittliche Eindrücke: im Dreiklang von Atmosphäre, Witz, Geschmack, genauer gesagt: von Raum und Einrichtung; Service und Gespräch; Speisen und Getränken. Gut, wenn der Gastgeber auf alle drei Bereiche ein Auge hat.

Raum und Einrichtung verlangen heute mehr denn je nach Klarheit, damit sich der Gast entspannen kann. Die Schönheit des Materials soll wirken, ohne Ziererei: Naturstein, Holz, Stoffe, Leder, Metalle, Lüster, gläserne Wände, polierter Beton, ergänzt durch Kunstwerke wie Gemälde und Skulpturen. Geschickte Lichtregie sorgt für Fluidum und Atmosphäre. Für den gewerblichen Gastgeber macht es sich bezahlt, wenn er dafür Experten ins Haus holt. Aufmerksamkeit verdient heute auch die gastronomische Terrasse, die ebenso sorgfältig gestaltet werden sollte wie der Innenraum.

Service und Gespräch richten sich auf den Umgang mit Menschen, nicht plump, nie aufdringlich, sondern lässig, ohne den Sinn für Form zu verlieren, gewandt, beredt, charmant. Es gibt dafür durchaus Kaderschmieden in Deutschland. Legendär die »Schwarzwaldstube« im »Hotel Traube Tonbach« in Baiersbronn. Über viele Jahre bildeten dort der Maître Ansgar Fischer, der Sommelier Stéphane Gass und der Küchenchef Harald Wohlfahrt ein Dream-Team, unterstützt von Patron Heiner Finkbeiner. Wer hier vor zehn Jahren saß, aß und trank, war entzückt, wie eingespielt Küche und Service agierten, mit welcher Leichtigkeit die Speisen und Getränke gebracht wurden, fast immer mit gewitzten Bemerkungen verbunden. Mittlerweile leitet Fischer »Brenners Park-Restaurant« in Baden-Baden. Einer seiner Schüler, Miguel Calero, war wiederum viele Jahre Maître in einem anderen Vorzeigerestaurant: im »Vendôme« im »Althoff Grandhotel Schloss Bensberg« in Bergisch Gladbach, wo er auf Augenhöhe mit Küchenchef Joachim Wissler zusammenarbeitete. Das Netz spinnt sich fort. Eine Schülerin von Calero, Catharina Boll, sorgt jetzt als Restaurantleiterin im »Haerlin« in Hamburg für charmanten Service.

Für die Speisen scheint die grundlegende Tendenz unseres Zeitalters die naturnahe Küche zu sein, so wie auch bei der Einrichtung des Restaurants die schnörkellose Schönheit des Materials beliebt ist oder im Service die natürliche Art des Kellners oder der Kellnerin, nichts Überladenes, keine angestrengte Ziererei. Das Motto lautet: schonender Umgang mit den Dingen der Natur. Naturästhetik wirkt gefälliger als übertriebene Manier des Kochs. Entscheidend für das Glück der Feinschmeckerei ist der gute Geschmack, sprich: der Sinn für das Ausgesuchte, Stimmige, Delikate. Harald Wohlfahrt, der Küchenchef der »Schwarzwaldstube«, hat einen ungemein feinen Sinn für das Erlesene: für Muscheln, rote Meerbarbe, Taschenkrebs und dergleichen. Sein Augenmerk liegt, abgesehen von der Warenkunde, auf genauen Gartechniken. Es liegt ihm daran, das Charakteristische der Zutaten zum Vorschein zu bringen. Er beobachtet die Küchenmoden der Zeit, probiert das eine oder andere aus, verliert dabei aber nie den Blick für das Wesentliche: für echte Substanz und Geschmack. Kein Koch in Deutschland hat gegenwärtig mehr Schüler, die mit einem, zwei oder drei Sternen von Michelin ausgezeichnet sind, als Wohlfahrt, der sich selbst seit über zwanzig Jahren mit drei Sternen schmücken kann.

Selbstverständlich darf die Hochküche auch experimentieren. Manchen Gast macht das Exzentrische glücklicher als das Exquisite. Ein ausgezeichneter Beobachter und Theoretiker einer solchen kulinarischen Avantgarde ist der Restaurantkritiker Jürgen Dollase, der den Begriff der »erweiterten Sensorik« hierzulande populär machte. In seinem jüngsten Werk »Himmel und Erde« schreibt er: »Sie werden in diesem Buch häufig auf Begriffe wie ›Sensorik‹, ›sensorisch‹ oder ›Akkord‹ treffen. (…) Diese Begriffe gehören zu einer neuen Art, den Prozess des Essens und der kulinarischen Wahrnehmung zu beschreiben und zu begreifen. Früher war es üblich, fast immer nur ganz allgemein vom ‹Geschmack› eines Produkts oder eines Gerichts zu sprechen. Was man damit meinte, war vor allem das Aroma. (…) Die moderne Sehweise ist anders. Sie hat viel damit zu tun, dass sich bei der Wahrnehmung im Mund (Geruch und Optik sind noch ein weiteres Feld) nicht nur aromatische Informationen ergeben, sondern auch Informationen über die Temperatur und Textur der Dinge.«

Völlig neu mag eine solche Sehweise nicht sein. Doch Dollases Versuch, einen regelrecht wissenschaftlichen Zugang zum Essen zu finden, wirkt auf nicht wenige Zeitgenossen faszinierend. Grundsätzlich dürfte aber die Avantgardeküche, die Moden wie die Molekularküche oder das Kochen mit Mikroelementen hervorbringt, einer entwickelten naturnahen Küche, die das Augenmerk auf die Naturästhetik und den Geschmack legt, nicht überlegen sein.

Keine der drei Säulen – Raum und Einrichtung; Service und Gespräch; Speisen und Getränke – kann Gastlichkeit alleine tragen. Es kommt auf das Zusammenspiel an. Es geht um sinnliche wie seelische Empfindungen: um Großzügigkeit und Freundschaft, um das alte Wissen der Welt, das sich über Jahrhunderte, wenn nicht über Jahrtausende entwickelt und bewährt hat. Das Glück der Gastlichkeit ruht nicht so sehr auf neuem technisch-digitalen Luxus, als vielmehr auf gewachsenen handwerklich-menschlichen Künsten. So ist die Tafelrunde für eine Weile der gewöhnlichen Welt enthoben. Der Fremde wird zum Vertrauten.

Anhang

Literatur

EINLEITUNG

Erfindung der Gastlichkeit

Altägyptische Dichtung. Ausgewählt, übersetzt und erläutert von Erik Hornung. Reclam, Stuttgart 2006 (zuerst 1996). Darin »Der weise Ptahhotep«

Die Bibel. Nach der Übersetzung Martin Luthers. Mit Apokryphen. Deutsche Bibelgesellschaft, Stuttgart 1985

Dietz Otto Edzard: Geschichte Mesopotamiens. Von den Sumerern bis zu Alexander dem Großen. C. H. Beck, München 2009

Israel Finkelstein und Neil A. Silberman: David und Salomo. Archäologen entschlüsseln einen Mythos. Deutscher Taschenbuch Verlag, München 2009 (zuerst im amerikanischen Original 2006)

Richard Elliot Friedmann: Wer schrieb die Bibel? So entstand das Alte Testament. Anaconda, Köln 2007 (zuerst im amerikanischen Original 1987)

Das Gilgamesch-Epos. Übersetzt, kommentiert und herausgegeben von Wolfgang Röllig. Reclam, Stuttgart 2009

Homer: Ilias und Odyssee. In der Übertragung von Johann Heinrich Voß. Winkler, München 1976

Neil MacGregor: Eine Geschichte der Welt in 100 Objekten. C. H. Beck, München 2011 (zuerst im englischen Original 2010). Darin Kapitel über den Faustkeil und über die Standarte von Ur

Christian Meier: Die griechisch-römische Tradition, in: Die kulturellen Werte Europas. Herausgegeben von Hans Joas und Klaus Wiegandt. S. Fischer, Frankfurt am Main 2010 (zuerst 2005)

Ian Morris: Wer regiert die Welt? Warum Zivilisationen herrschen oder beherrscht werden. Campus, Frankfurt am Main 2011 (zuerst im englischen Original 2010)

Hermann Parzinger: Die Kinder des Prometheus. Eine Geschichte der Menschheit vor der Erfindung der Schrift. C. H. Beck, München 2014

Steven Pinker: Gewalt. Eine neue Geschichte der Menschheit. S. Fischer, Frankfurt am Main 2011 (zuerst im amerikanischen Original 2011)

Wolfgang Schadewaldt: Der Gott von Delphi und die Humanitätsidee. Suhrkamp, Frankfurt am Main 1975

Hermann A. Schlögl: Das Alte Ägypten. Geschichte und Kultur von der Frühzeit bis zu Kleopatra. C. H. Beck, München 2006

Abdel Ghaffar Shedid und Matthias Seidel: Das Grab des Nacht. Kunst und Geschichte eines Beamtengrabes der 18. Dynastie in Theben-West. Philipp von Zabern, Mainz 1991

AUS DER DEUTSCHEN GESCHICHTE UND GEGENWART

1
Ursprüngliche Verzauberung

Nicholas J. Conard und Jürgen Wertheimer: Die Venus aus dem Eis. Wie vor 40 000 Jahren unsere Kultur entstand. btb, München 2013
Mihaly Csikszentmihalyi: Flow. Das Geheimnis des Glücks. Klett-Cotta, Stuttgart 2013 (zuerst im amerikanischen Original 1990)
Christian Graf von Krockow: Die Heimkehr zum Luxus. Kreuz Verlag, Zürich 1989
Claus Leitzmann: Die 101 wichtigsten Fragen – Gesunde Ernährung. C.H. Beck, München 2013
Hermann Parzinger: Die Kinder des Prometheus. Eine Geschichte der Menschheit vor der Erfindung der Schrift. C.H. Beck, München 2014
Josef H. Reichholf: Warum die Menschen sesshaft wurden. Das größte Rätsel unserer Geschichte. S. Fischer, Frankfurt am Main 2008
Alois Wierlacher: Gastlichkeit und Kulinaristik. Zur Begründung einer kulinaristischen Gastlichkeitsforschung, in: ders.: Gastlichkeit. Rahmenthema der Kulinaristik. Lit Verlag, Berlin 2011
Richard Wrangham: Feuer fangen. Wie uns das Kochen zum Menschen machte – eine neue Theorie der menschlichen Evolution. Deutsche Verlags-Anstalt, Stuttgart 2009 (zuerst im englischen Original 2009)

2
Himmlische Festtage

François Bertemes und Andreas Northe: Die Kreisgrabenanlage von Goseck. Archäologie in Sachsen-Anhalt, Sonderdruck Band 5/2011 (Neue Folge)
Harald Haarmann: Das Rätsel der Donauzivilisation. Die Entdeckung der ältesten Hochkultur Europas. C.H. Beck, München 2012 (zuerst 2011)
Jens Lüning: Steinzeitliche Bauern in Deutschland. Die Landwirtschaft im Neolithikum. Aus dem Seminar für Vor- und Frühgeschichte der Universität Frankfurt am Main, Verlag Dr. Rudolf Habelt, Bonn 2000
Michael Pollan: Kochen. Eine Naturgeschichte der Transformation. Kunstmann, München 2014 (zuerst im amerikanischen Original 2013)

3
Mehr Glanz und Glitzer

Athenaios von Naukratis: Das Gelehrtenmahl. Dieterich'sche Verlagsbuchhandlung, Leipzig 1985

Jörg Biel: Macht und Dynamik. Fürstengräber der frühen Keltenzeit, in: Wilfried Menghin und Dieter Planck (Hrsg.): Menschen, Zeiten, Räume. Archäologie in Deutschland. Konrad Theiss Verlag, Stuttgart 2002

Alexander Demandt: Die Kelten. C. H. Beck, München 7., durchgesehene Auflage 2011 (zuerst 1998)

Susanne Sievers: Manching – Die Keltenstadt. Konrad Theiss Verlag, Stuttgart 2., aktualisierte Auflage 2007 (zuerst 2003)

4
Sinn für Gemütlichkeit

Heinz Ludwig Arnold (Hrsg.): Deutschland! Deutschland? Texte aus 500 Jahren von Martin Luther bis Günther Grass. S. Fischer, Frankfurt am Main 2002. Darin Zitate von Luthers »Tischreden«

Asfa-Wossen Asserate: Deutsche Tugenden. Von Anmut bis Weltschmerz. C. H. Beck, München 2013

Athenaios von Naukratis: Das Gelehrtenmahl. Dieterich'sche Verlagsbuchhandlung, Leipzig 1985

Gaius Julius Caesar: Der Gallische Krieg. Übersetzt und herausgegeben von Marieluise Deissmann. Reclam, Stuttgart 1989

Herfried Münkler, Hans Grünberger und Kathrin Mayer (Hrsg.): Nationenbildung. Die Nationalisierung Europas im Diskurs humanistischer Intellektueller. Italien und Deutschland. Akademie Verlag, Berlin 1998

Hans-Jörg Nüsse: Geomagnetische Prospektion und archäologische Untersuchungen bei den Fürstengräbern von Marwedel, Landkr. Lüchow-Dannenberg – Ein Zwischenbericht, in: Praehistorische Zeitschrift, Bd. 82, 2007

Ralf Schwarz: Rangordnung bei den Germanen. Frühgermanische Grabfunde vom Schönhöck bei Schkopau, in: Harald Meller (Hrsg.): Schönheit, Macht und Tod. 120 Funde aus 120 Jahren. Landesmuseum für Vorgeschichte Halle. Begleitband zur Sonderausstellung vom 11. Dezember 2001 bis 28. April 2002 im Landesmuseum für Vorgeschichte Halle. Landesamt für Archäologie, Halle 2001

Heiko Steuer: Fürstengräber der Römischen Kaiserzeit in Germanien – Bestattungen von Grenzgängern, in: Monika Fludernik (Hrsg.): Grenzgänger zwischen Kulturen. Ergon, Würzburg 1999

Tacitus: Germania. Lateinisch / Deutsch. Herausgegeben und übersetzt von Alfons Städele mit einer Einführung und Erläuterung von Gerhard Fink. Artemis & Winkler, Düsseldorf und Zürich 1999

5
Muße, Kunst und warme Bäder

Marcus Gavius Apicius: De re coquinaria / Über die Kochkunst. Lateinisch / Deutsch. Herausgegeben, übersetzt und kommentiert von Robert Maier. Reclam, Stuttgart 1991

D. Magnus Ausonius: Mosella. Mit Texten von Symmachus und Venantius Fortunatus. Lateinisch / Deutsch. Herausgegeben, übersetzt und kommentiert von Otto Schönberger. Reclam, Stuttgart 2000

Bettina Birkenhagen: Die Römische Villa Borg. Ein Begleiter durch die Anlage. Verlag der Kulturstiftung für den Landkreis Merzig-Wadern, Merzig 2. Auflage 2012

Klaus-Peter Goethert: Römerbauten in Trier. Schnell & Steiner, Regensburg 2005

Horaz: Sämtliche Werke. Oden, Epoden, Satiren, Briefe. Aus dem Lateinischen von Manfred Simon und Wolfgang Ritschel. Mit einer Einleitung von Manfred Simon. Anaconda, Köln 2009

Eckard Lefèvre: Horaz. Dichter im augusteischen Rom. C. H. Beck, München 1993

Andrei Miron (Hrsg.): Das Badegebäude der römischen Villa von Borg. Verlag der Kulturstiftung für den Landkreis Merzig-Wadern, Merzig 1997

Vera Rupp und Heide Birley (Hrsg.): Landleben im römischen Deutschland. Konrad Theiss Verlag 2012

Helmut Schareika: Weizenbrei und Pfauenzunge. Die alten Römer bitten zu Tisch. Konrad Theiss Verlag, Stuttgart 2007

Karl-Wilhelm Weeber: Baden, spielen, lachen. Wie die Römer ihre Freizeit verbrachten. Primus Verlag, Darmstadt 2007

Willem van Wulfen: Der Genussmensch. Ein Cicerone im rücksichtslosen Lebensgenuss. Hyperionverlag, München 1911. Neu gedruckt bei Gerhard Stalling, Oldenburg 1920

6
Klösterliche Gastfreundschaft

Die Bibel. Nach der Übersetzung Martin Luthers. Mit Apokryphen. Deutsche Bibelgesellschaft, Stuttgart 1985

Briefe des Bonifatius. Willibalds Leben des Bonifatius. Nebst einigen zeitgenössischen Dokumenten. Lateinisch / Deutsch. Unter Benützung der Übersetzungen von M. Tangl und Ph. H. Külb neu bearbeitet von Reinhold Rau. Ausgewählte Quellen zur deutschen Geschichte des Mittelalters. Freiherr vom Stein-Gedächtnisausgabe. In Verbindung mit vielen Fachgenossen herausgegeben von Rudolf Buchner. Bd. IV b. Wissenschaftliche Buchgesellschaft, Darmstadt 1968

Cassiodor: Institutiones divinarum et saecularium litterarum. Einführung in die geistlichen und weltlichen Wissenschaften. Lateinisch / Deutsch. 2 Bände. Übersetzt und eingeleitet von Wolfgang Bürsgens. Herder, Freiburg im Breisgau 2003

Peter Heather: Der Untergang des Römischen Weltreichs. Klett-Cotta, Stuttgart 2. Auflage 2008 (zuerst im englischen Original 2005)

Niklaus Largier: Die Kunst des Begehrens. Dekadenz, Sinnlichkeit und Askese. C. H. Beck, München 2007

Jörg Lauster: Die Verzauberung der Welt. Eine Kulturgeschichte des Christentums. C. H. Beck, München 2014

Gert Melville: Die Welt der mittelalterlichen Klöster. Geschichte und Lebensformen. C. H. Beck, München 2012

Pachomius: Klosterregeln. Übersetzt und kommentiert von Heinrich Bacht. EOS Verlag, Sankt Ottilien 2010

Hans Conrad Peyer: Von der Gastfreundschaft zum Gasthaus. Studien zur Gastlichkeit im Mittelalter. Hahnsche Buchhandlung, Hannover 1987

Die Regel des heiligen Benedikt. Herausgegeben im Auftrag der Salzburger Äbtekonferenz. Beuroner Kunstverlag, Beuron 1990

7
Pracht des Staatsbanketts

Aristoteles: Nikomachische Ethik. Auf der Grundlage der Übersetzung von Eugen Rolfes herausgegeben von Günther Bien. Meiner, Hamburg 4., durchgesehene Auflage 1985

Olaf Asbach: Europa – Vom Mythos zur Imagined Community? Zur historischen Semantik ›Europas‹ von der Antike bis ins 17. Jahrhundert. Wehrhahn Verlag, Hannover 2011

Capitulare de villis. Verordnung über die Krongüter und Reichshöfe, in: Quellen zur Geschichte des deutschen Bauernstandes im Mittelalter. Lateinisch / Deutsch. Gesammelt und herausgegeben von Günter Franz. Deutscher Verlag der Wissenschaften Berlin. Freiherr vom Stein-Gedächtnisausgabe. In Verbindung mit vielen Fachgenossen herausgegeben von Rudolf Buchner. Bd. XXXI. Wissenschaftliche Buchgesellschaft, Darmstadt 1967

Einhard: Vita Karoli Magni. Das Leben Karls des Großen. Lateinisch / Deutsch. Übersetzung, Anmerkungen und Nachwort von Evelyn Scherabon Firchow. Reclam, Stuttgart 1995

Einhard / Notker der Stammler: Leben und Taten Karls des Großen. Mit einem Nachwort von Hermann Schreiber. Winkler, München 2. Auflage 1968

Siegfried Epperlein: Leben am Hofe Karls des Großen. Pustet, Regensburg 2000

Niall Ferguson: Der Westen und der Rest der Welt. Die Geschichte vom Wettstreit der Kulturen. Propyläen, Berlin 3. Auflage 2011 (zuerst im englischen Original ebenfalls 2011)

Johannes Fried: Karl der Große. Gewalt und Glaube. Eine Biographie. C. H. Beck, München 2013

Peter Heather: Die Wiedergeburt Roms. Päpste, Herrscher und die Welt des Mittelalters. Klett-Cotta, Stuttgart 2014 (zuerst im englischen Original 2013)

Herodot: Historien. Deutsche Gesamtausgabe. Übersetzt von A. Horneffer. Neu herausgegeben und erläutert von H. W. Haussig. Mit einer Einleitung von W. F. Otto. Kröner, Stuttgart 4. Auflage 1971

Karolus Magnus et Leo papa. Ein Paderborner Epos vom Jahre 799. Lateinisch / Deutsch. Herausgegeben und übersetzt von Franz Brunhölzl. Studien und Quellen zur Westfälischen Geschichte. Bd. 8. Bonifatius Druckerei, Paderborn 1966

Sven Spiong: Paderborn – Karls Gründung in den Sachsenkriegen, in: Archäologie in Deutschland, Heft 1, 2014

Alfred Walterspiel: Meine Kunst in Küche und Restaurant. Südwest Verlag, München 7. Auflage 1978 (zuerst 1952)

Wilhelmine von Bayreuth: Eine preußische Königstochter. Glanz und Elend am Hofe des Soldatenkönigs in den Memoiren der Markgräfin Wilhelmine von Bayreuth. Aus dem Französischen von Annette Kolb. Neu herausgegeben von Ingeborg Weber-Kellermann. Insel, Frankfurt am Main 1990 (entstanden um 1744)

8
Urbane Eleganz

Cicero: De officiis. Vom pflichtgemäßen Handeln. Lateinisch / Deutsch. Übersetzt, kommentiert und herausgegeben von Heinz Gunermann. Reclam, Stuttgart 2005

Cicero: Tusculanae disputationes. Gespräche in Tusculum. Lateinisch / Deutsch. Übersetzt und herausgegeben von Ernst Alfred Kirfel. Reclam, Stuttgart 2008

Carl Dietmar und Marcus Trier: Colonia. Stadt der Franken. Köln vom 5. bis 10. Jahrhundert. DuMont, Köln 2011

Einhard: Vita Karoli Magni. Das Leben Karls des Großen. Lateinisch / Deutsch. Übersetzung, Anmerkungen und Nachwort von Evelyn Scherabon Firchow. Reclam, Stuttgart 1995

Hinkmar von Reims: De ordine palatii. Herausgegeben und übersetzt von Thomas Gross und Rudolf Schieffer. Hahnsche Buchhandlung, Hannover 1980
Karolus Magnus et Leo papa. Ein Paderborner Epos vom Jahre 799. Lateinisch / Deutsch. Herausgegeben und übersetzt von Franz Brunhölzl. Studien und Quellen zur Westfälischen Geschichte. Bd. 8. Bonifatius Druckerei, Paderborn 1966
Harold McGee: On Food and Cooking. Das Standardwerk der Küchenwissenschaft. Matthaes Verlag, Stuttgart 2013 (zuerst im amerikanischen Original 1984 und 2004)
Steffen Patzold: Ich und Karl der Große. Das Leben des Höflings Einhard. Klett-Cotta, Stuttgart 2013
Francisco Pina Polo: Rom, das bin ich. Marcus Tullius Cicero. Ein Leben. Klett-Cotta, Stuttgart 2. Auflage 2011 (zuerst im spanischen Original 2005)
Walahfrid Strabo: De cultura hortorum. Über den Gartenbau. Lateinisch / Deutsch. Übersetzt und herausgegeben von Otto Schönberger. Reclam, Stuttgart 2002

9
Verfeinerung des Bürgers

Cicero: De officiis. Vom pflichtgemäßen Handeln. Lateinisch / Deutsch. Übersetzt, kommentiert und herausgegeben von Heinz Gunermann. Reclam, Stuttgart 2005
Peter Engels: Der Reisebericht des Ibrāhīm ibn Ya'qūb (961/966), in: Anton von Euw und Peter Schreiner (Hrsg.): Kaiserin Theophanu. Begegnung des Ostens und Westens um die Wende des ersten Jahrtausends. Bd. I. Stadt Köln 1991
Epik des deutschen Hochmittelalters. Herausgegeben und übertragen von Hans Joachim Gernentz. Union Verlag, Berlin 1973. Darin in weiten Teilen Übertragung des »Guten Gerhart« des Rudolf von Ems ins Neuhochdeutsche
Lampert von Hersfeld: Annalen. Neu übersetzt von Adolf Schmidt. Erläutert von Wolfgang Dietrich Fritz. Freiherr vom Stein-Gedächtnisausgabe. Herausgegeben von Rudolf Buchner. Bd. XIII. Wissenschaftliche Buchgesellschaft Darmstadt 1962
Rudolf von Ems: Der guote Gêrhart. Herausgegeben von John. A. Asher. Niemeyer, Tübingen 1962
Ruotger: Lebensbeschreibung des Heiligen Erzbischofs Bruno von Köln. Übersetzt und erläutert von Irene Schmale-Ott. Böhlau, Münster und Köln 1954
Madame de Staël: Über Deutschland. Vollständige Ausgabe. Nach der deutschen Erstausgabe von 1814 herausgegeben von Monika Boss. Insel, Frankfurt am Main 1985 (zuerst im französischen Original 1813)

Franz-Josef Verscharen: Köln im Zeitalter der Ottonen, in: Anton von Euw und Peter Schreiner (Hrsg.): Kaiserin Theophanu. Begegnung des Ostens und Westens um die Wende des ersten Jahrtausends. Bd. I. Stadt Köln 1991
Sonja Zöller: Kaiser, Kaufmann und die Macht des Geldes. Gerhard Unmaze von Köln als Finanzier der Reichspolitik und der ›Gute Gerhard‹ des Rudolf von Ems. Fink, München 1993

10
Erlesenes Menü

D. Magnus Ausonius: Mosella. Mit Texten von Symmachus und Venatius Fortunatus. Lateinisch / Deutsch. Herausgegeben, übersetzt und kommentiert von Otto Schönberger. Reclam, Stuttgart 2002
Anne Schulz: Essen und Trinken im Mittelalter (1000-1300). Literarische, kunsthistorische und archäologische Quellen. de Gruyter, Berlin und Boston 2011. Darin Übersetzung der »Benedictiones ad mensam« des St. Galler Mönchs Ekkehard IV. ins Deutsche
Heinrich von Veldeke: Eneasroman. Die Berliner Bilderhandschrift mit Übersetzung und Kommentar. Herausgegeben von Hans Fromm. Mit Miniaturen der Handschrift und einem Aufsatz von Dorothea und Peter Diemer. Deutscher Klassiker Verlag, Frankfurt am Main 1992

11
Liebenswürdiger Gastgeber

Augenzeuge des Konstanzer Konzils. Die Chronik des Ulrich Richental. Die Konstanzer Handschrift ins Neuhochdeutsche übersetzt von Monika Küble und Henry Gerlach. Mit einem Nachwort von Jürgen Klöcker. Theiss by Wissenschaftliche Buchgesellschaft, Darmstadt 2014
Karl Bertau: Wolfram von Eschenbach. Neun Versuche über Subjektivität und Ursprünglichkeit in der Geschichte. C. H. Beck, München 1985
August Gemperlein: Konrad Groß, der Stifter des Nürnberger Heilig-Geist-Spitals, und seine Beziehung zu Kaiser Ludwig, in: Mitteilungen des Vereins für Geschichte der Stadt Nürnberg, Bd. 39, Jg. 1944.
Hans Hajek (Hrsg.): Das buoch von guoter spîse. Aus der Würzburg-Münchner Handschrift. Berlin 1958
Georg Löhlein: Die Gründungsurkunde des Nürnberger Heilig-Geist-Spitals von 1339, in: Mitteilungen des Vereins für Geschichte der Stadt Nürnberg, Bd. 52, Jg. 1963/64
Enea Silvio Piccolomini: Briefe. Dichtungen. Aus dem Lateinischen übertragen von Max Mell (Briefe, Euryalus und Lucretia) und Ursula Abel (Chrysis)

und mit einem Nachwort versehen von Gerhart Bürck. Winkler, München o. J.

Ausgewählte Quellen zur Wirtschafts- und Sozialgeschichte Mittel- und Oberdeutscher Städte im Mittelalter. Freiherr vom Stein-Gedächtnisausgabe. Bd. XXXVII. Ausgewählt und übersetzt von Gisela Möncke. Wissenschaftliche Buchgesellschaft, Darmstadt 1982

Anne Schulz: Essen und Trinken im Mittelalter (1000-1300). Literarische, kunsthistorische und archäologische Quellen. de Gruyter, Berlin und Boston 2011. Darin Menükarte des Festmahls zu Ehren des Bischofs von Zeitz-Naumburg 1303 in Weißenfels

Peter Sloterdijk: Die schrecklichen Kinder der Neuzeit. Suhrkamp, Berlin 2014

Wolfram von Eschenbach: Willehalm. Herausgegeben von Joachim Heinzle. Text und Übersetzung. Deutscher Klassiker Verlag, Frankfurt am Main 2009

12
Erstes Haus am Platze

Jost Amman: Das Ständebuch. Herrscher, Handwerker und Künstler des ausgehenden Mittelalters. 114 Holzschnitte mit Versen von Hans Sachs. Herausgegeben und übersetzt von Ursula Schulze. Anaconda, Köln 2006

Antonio de Beatis und Ludwig Pastor: Die Reise des Kardinals Luigi d'Aragona durch Deutschland, die Niederlande, Frankreich und Oberitalien 1517-1518. Vero, Norderstedt 2013

Johannes Butzbach: Odeporicon. Wanderbüchlein. Aus dem Lateinischen übertragen und mit einem Nachwort versehen von Andreas Beriger. Manesse, Zürich 1993

Leben und Abenteuer des Ritters Hans von Schweinichen, in: Alexander Heine (Hrsg.): Deutsches Bürgertum und deutscher Adel im 16. Jahrhundert. Magnus, Essen o. J.

Martin Luther: An den christlichen Adel deutscher Nation. Von der Freiheit eines Christenmenschen. Sendbrief vom Dolmetschen. Mit einer kurzen Biographie und einem Nachwort herausgegeben von Ernst Kühler. Reclam, Stuttgart 2000 (zuerst 1520 und 1530)

Michel de Montaigne: Essais. Auswahl und Übertragung von Herbert Lüthy. Manesse, Zürich 1953 (zuerst im französischen Original 1580)

Michel de Montaigne: Tagebuch einer Reise durch Italien, die Schweiz und Deutschland in den Jahren 1580 und 1581. Herausgegeben und aus dem Französischen übertragen von Otto Flake. Mit Anmerkungen zum Text und einem Nachwort. Insel, Frankfurt am Main 1988

Nürnberg in alten und neuen Reisebeschreibungen. Ausgewählt von Barbara Fürst. Droste, Düsseldorf 1990

Erwin Seitz und Oskar Geidner: Wolframs-Eschenbach. Der Deutsche Orden baut eine Stadt. Verlag der Stadt Wolframs-Eschenbach 1997

13
Arkadisches Landhaus

Christoph Bertsch: Villa, Garten, Landschaft. Stadt und Land in der florentinischen Toskana als ästhetischer und politischer Raum. Mit einem Vorwort von Luigi Zangheri und Pflanzenfotografien aus dem Gartenarchiv von Lois Weinberger. Gebr. Mann, Berlin 2012

Willehad Paul Eckert und Christoph von Imhoff: Willibald Pirckheimer. Dürers Freund im Spiegel seines Lebens, seiner Werke und seiner Umwelt. Wienand, Köln 1971. Darin Pirckheimer an Bernhard Adelmann von Adelmannsfelden

Epikur: Philosophie der Freude. Eine Auswahl aus seinen Schriften übersetzt, erläutert und eingeleitet von Johannes Mewaldt. Kröner, Stuttgart 1973

Erasmus von Rotterdam: Colloquia familiaria. Vertraute Gespräche. Lateinisch / Deutsch. Ausgewählt, übersetzt und herausgegeben von Herbert Rädle. Reclam, Stuttgart 1976

Hans Rupprecht Goette und Jürgen Hammerstaedt: Das antike Athen. Ein literarischer Stadtführer. C. H. Beck, München 2004

Stephen Greenblatt: Die Wende. Wie die Renaissance begann. Pantheon, München 3. Auflage 2013 (zuerst im amerikanischen Original 2011)

Hölderlin: Werke und Briefe. Herausgegeben von Friedrich Beißner und Jochen Schmidt. Bd. 1, Gedichte – Hyperion. Insel, Frankfurt am Main 1969. Darin »Hälfte des Lebens«

Christof Metzger mit Ulrich Heiß und Annette Kranz: Landsitze Augsburger Patrizier. Deutscher Kunstverlag, München und Berlin 2005

Heinz Schilling: »Ruhe im Sturm«. Der historische Hintergrund der Augsburger Jahreszeiten-Bilder, in: Pia Maria Grüber (Hrsg.): »Kurzweil viel ohn' Maß und Ziel«. Alltag und Festtag auf den Augsburger Monatsbildern der Renaissance. Deutsches Historisches Museum, Berlin 1994

Das Buch Weinsberg. Aus dem Leben eines Kölner Ratsherrn. Im Auftrag der Stadt Köln herausgegeben von Johann Jakob Hässlin. Prestel, München 1961

14
Lust der Gärten

Hieronymus Bock und Sebisch Melchior: Kräutterbuch Weylandt des Weitberhümten vnd Hocherfharnen Herren Hieronymi Tragi genant Bock. (...) gemheret und gebessert (...) Durch Melchiorem Sebizium sampt Angehenckten Spießkammer. (…) Straßburg. In der Verlegung Wilhelm Christian Blasers Buchhandlers 1630

Die unaufhörliche Gartenlust. Hamburgs Gartenkultur vom Barock bis ins 20. Jahrhundert. Für das Museum für Hamburgische Geschichte herausgegeben von Claudia Horbas. Hatje Cantz, Ostfildern-Ruit 2006

Maister Hannsen – des von Wirtenberg Koch. Transkription, Übersetzung, Glossar und kulturhistorischer Kommentar von Trude Ehlert im Auftrag von Tupperware. Auer, Donauwörth 1996

Hildegard von Bingen: Heilsame Schöpfung – Die natürliche Wirkkraft der Dinge. Physica. Vollständig neu übersetzt und eingeleitet von Ortrun Riha. Herausgegeben von der Abtei St. Hildegard, Rüdesheim-Eibingen. Beuroner Kunstverlag 2012

Michael Kirsten: Gartenlust / oder Lob des Gartenbaus, 1651

Küchenmeisterei. In Nürnberg von Peter Wagner um 1490 gedruckt. Faksimile nach dem Exemplar der Herzog August Bibliothek in Wolfenbüttel. Eingeleitet von Hans Wegener. Harrassowitz, Leipzig 1939

Marx Rumpolt: Ein new Kochbuch. Dritter Nachdruck der Ausgabe Frankfurt am Main 1581. Mit einem Nachwort von Manfred Lemmer. Olms, Hildesheim, Zürich, New York 2002

15
Galante Seidenstoffe und Porzellan

Hartmut Boockmann: Wissen und Widerstand. Geschichte der deutschen Universität. Mit einem Nachwort von Wolf Jobst Siedler. Siedler, Berlin 1999

David Brooks: Die Bobos. Der Lebensstil der neuen Eliten. Econ, München 2002 (zuerst im amerikanischen Original 2000)

Norbert Elias: Über den Prozeß der Zivilisation. Soziogenetische und psychogenetische Untersuchungen. 2 Bände. Suhrkamp, Frankfurt am Main 13. Auflage 1988 (zuerst 1939)

Sven Frotscher: dtv-Atlas Keramik und Porzellan. Mit 140 Abbildungsseiten in Farbe. Grafische Gestaltung der Abbildungen Birgit und Sven Frotscher. Deutscher Taschenbuch Verlag, München 2003

Dieter Gleisberg (Hrsg.): Merkur & Die Musen. Schätze der Weltkultur aus Leipzig. Eine Ausstellung aus der Deutschen Demokratischen Republik im Künstlerhaus Wien. 21.9.1989 – 18.2.1990

Walter Jens: Christian Thomasius. »Disputire um Darthuung der Irrthümer willen«, in: Vera Hauschild (Hrsg.): Die großen Leipziger. 26 Annäherungen. Insel, Frankfurt am Main und Leipzig 1996

August Maurer: Leipzig im Taumel. Nach Originalbriefen eines reisenden Edelmanns. Insel, Leipzig 1988 (zuerst 1799)

Günter Meier: Porzellan aus der Meißner Manufaktur. Henschel, Berlin 1981

Nikolaus Pevsner: Leipziger Barock. Die Baukunst der Barockzeit in Leipzig. Mit einem Nachwort von Ernst Ullmann. Seemann, Leipzig 1990 (zuerst 1928)

Carl Ludwig von Pöllnitz: Das galante Sachsen. Mit zeitgenössischen Abbildungen. Nach der anonymen Erstausgabe »La Saxe Galante«, Amsterdam 1734, mit den Zusätzen späterer Ausgaben neu übertragen und mit einem Nachwort und einem Personenverzeichnis versehen von René Faber. Deutscher Taschenbuch Verlag, München 1995

Christian Thomasius: Deutsche Schriften. Ausgewählt und herausgegeben von Peter von Düffel. Reclam, Stuttgart 1970

Peter Watson: Der deutsche Genius. Eine Geistes- und Kulturgeschichte von Bach bis Benedikt XVI. Bertelsmann, München 2. Auflage 2010 (zuerst im englischen Original 2010)

16
Charmanter Service

Aristoteles: Nikomachische Ethik. Auf der Grundlage der Übersetzung von Eugen Rolfes herausgegeben von Günther Bien. Meiner, Hamburg 4., durchges. Auflage 1985

Baldassare Castiglione: Der Hofmann. Lebensart in der Renaissance. Aus dem Italienischen von Albert Wesselski. Mit einem Vorwort von Andreas Beyer. Wagenbach, Berlin 1996 (zuerst im italienischen Original 1528)

Cicero: De officiis. Vom pflichtgemäßen Handeln. Lateinisch / Deutsch. Übersetzt, kommentiert und herausgegeben von Heinz Gunermann. Reclam, Stuttgart 2005

Hellmut Flashar: Aristoteles. Lehrer des Abendlandes. C. H. Beck, München 2013

Adolph Freiherr von Knigge: Über den Umgang mit Menschen. Herausgegeben von Gert Ueding mit Illustrationen von Chodowiecki und anderen. Insel, Frankfurt am Main 2001 (zuerst 1788)

Martin Luther: An den christlichen Adel deutscher Nation. Von der Freiheit eines Christenmenschen. Sendbrief vom Dolmetschen. Mit einer kurzen Biographie und einem Nachwort herausgegeben von Ernst Kähler. Reclam, Stuttgart 2000 (zuerst 1520 und 1530)

August Maurer: Leipzig im Taumel. Nach Originalbriefen eines reisenden Edelmanns. Insel, Leipzig 1988 (zuerst 1799)

Martin Opitz: Buch von der Deutschen Poeterey. Mit dem Aristarch (1617) und den Opitzschen Vorreden zu seinen Teutschen Poemata (1624 und 1625) sowie der Vorrede zu seiner Übersetzung der Trojanerinnen (1625). Herausgegeben von Herbert Jaumann. Reclam, Stuttgart 1970

17
Gedeckter Tisch

Johann Wolfgang von Goethe: Werke, Hamburger Ausgabe in 14 Bänden, herausgegeben von Erich Trunz. C. H. Beck, München 13. Auflage 1987. Darin »Einfache Nachahmung der Natur, Manier, Stil«, Bd. 12, und »Die Metamorphose der Pflanzen«, Bd. 13
Jochen Klauss: Goethes Wohnhaus in Weimar. Ein Rundgang in Geschichten. Mit Aufnahmen von Jürgen Pietsch. Klassikerstätten zu Weimar, Weimar o. J.
Heidrun Merkle: Tafelfreuden. Eine Geschichte des Genießens. Artemis & Winkler, Düsseldorf 2001
Joachim Nagel: Zu Gast bei Goethe. Der Dichterfürst als Genießer. Mit 40 Rezepten von Peter Brunner. Rezeptfotos Bodo A. Schieren. Heyne, München 1998
Hans Ottomeyer: Service à la française und service à la russe. Die Entwicklung der Tafel zwischen dem 18. und 19. Jahrhundert, in: ders. und Michaela Völkel (Hrsg.): Die öffentliche Tafel. Tafelzeremoniell in Europa 1300-1900. Deutsches Historisches Museum, Edition Minerva Hermann Farnung, Wolfratshausen 2002
Sybil Gräfin Schönfeldt: »Gestern aß ich bei Goethe«. Bilder einer neuen Gastlichkeit. Arche, Zürich und Hamburg 2002

18
Kunst des Tischgesprächs

Volkmar Braunbehrens: Mozart in Wien. Mit einem Vorwort zur Taschenbuchausgabe. Piper, München und Zürich 2. Auflage 2006 (zuerst 1986)
Joachim Nagel: Zu Gast bei Goethe. Der Dichterfürst als Genießer. Mit 40 Rezepten von Peter Brunner. Rezeptfotos Bodo A. Schieren. Heyne, München 1998
Sybil Gräfin Schönfeldt: »Gestern aß ich bei Goethe«. Bilder einer neuen Gastlichkeit. Arche, Zürich und Hamburg 2002

19
Hinaus ins Grüne

David E. Barclay: Friedrich Wilhelm II. (1786-1797), in: Frank-Lothar Kroll (Hrsg.): Preußens Herrscher. Von den ersten Hohenzollern bis Wilhelm II. C. H. Beck, München 2000
Fritz Neumeyer: 1786-1848. Zwischen zwei Revolutionen: Das Experiment der Poesie, in: Joseph Paul Kleihues: 750 Jahre Architektur und Städtebau in

Berlin. Die Internationale Bauausstellung im Kontext der Baugeschichte Berlins. Hatje, Stuttgart 1987

Jürgen Osterhammel: Die Verwandlung der Welt. Eine Geschichte des 19. Jahrhunderts. C. H. Beck, München 2011 (zuerst 2009)

Hans-Christian Täubrich: Zu Gast im alten Berlin. Erinnerungen an die Alt-Berliner Gastlichkeit mit Hotelpalästen, Vergnügungslokalen, Ausflugsgaststätten und Destillen. Hugendubel, München 1990

20
Naturnahe Küche

Gernot Böhme: Atmosphäre. Essays zur neuen Ästhetik. Suhrkamp, Berlin 7., erweiterte und überarbeitete Auflage 2013 (edition suhrkamp)

Iso Camartin: Jeder braucht seinen Süden. Suhrkamp, Frankfurt am Main 2003

21
Bier wie Wein

Georg Freiherr von Blomberg: Der Riesling – Geschichte einer Rebsorte. Gesellschaft für Geschichte des Weines e. V., Schriften zur Weingeschichte Nr. 99, Jahr 1991

Kurt M. Hoffmann: Traminer und Muskateller und ihre Weine. Gesellschaft für Geschichte des Weins e. V., Schriften zur Weingeschichte Nr. 63, Jahr 1982

Sylvia Kopp: Das Craft-Bier Buch. Die Neue Braukultur. Gestalten, Berlin 2014

Franz Meußdoerffer und Martin Zarnkow: Das Bier. Eine Geschichte von Hopfen und Malz. C. H. Beck, München 2014

Walter Schenk: Zur Familie der Burgunder. Die Ampelographie der Burgunder-Rebsorten. Gesellschaft zur Geschichte des Weins e. V., Schriften zur Weingeschichte Nr. 73, Jahr 1985

22
Atmosphäre, Witz, Geschmack

Gernot Böhme: Atmosphäre. Essays zur neuen Ästhetik. Suhrkamp, Berlin 7., erweiterte und überarbeitete Auflage 2013 (edition suhrkamp)

Jürgen Dollase: Himmel und Erde. In der Küche eines Restaurantkritikers. Fotografiert von Thomas Ruhl. AT Verlag, Aarau und München 2. Auflage 2015 (zuerst 2014)

Dank

Der besondere Dank gilt meinem Freund und Verleger Jonathan Land-grebe, der die Idee zu diesem Buch beherzt aufgriff und die Arbeit inspirierte. Wesentliche Hilfe kam von meinem Lektor Wolfgang Kaußen, der das Schreiben sorgfältig begleitete. Herzlich danke ich Christiane Rost für das Lesen des Manuskripts und die ermunternde Diskussion. Anregend war das Gespräch mit den anderen Freunden: Thomas Bücker, Simone Kaempf, Charlotte Seither und Nikolaus von Taysen.